Jiang Jieshi
and
Dai Li

蒋介石与戴笠

刘会军 —— 著

团结出版社

图书在版编目（CIP）数据

蒋介石与戴笠 / 刘会军著. -- 北京：团结出版社，2018.1（2019.7 重印）
ISBN 978-7-5126-5778-6

Ⅰ. ①蒋… Ⅱ. ①刘… Ⅲ. ①蒋介石（1887-1975）—传记②戴笠（1897-1946）—传记 Ⅳ. ①K827=7 ②K827=6

中国版本图书馆 CIP 数据核字(2017)第 294876 号

出　　版：	团结出版社
	（北京市东城区东皇城根南街 84 号　邮编：100006）
电　　话：	(010) 65228880　65244790　（出版社）
	(010) 65238766　85113874　65133603（发行部）
	(010) 65133603（邮购）
网　　址：	http://www.tjpress.com
E-mail：	zb65244790@vip.163.com
	fx65133603@163.com（发行部邮购）
经　　销：	全国新华书店
印　　装：	三河市东方印刷有限公司
开　　本：	170mm×240mm　　16 开
印　　张：	16.5
字　　数：	235 千字
印　　数：	4046-6055
版　　次：	2018 年 1 月　第 1 版
印　　次：	2019 年 7 月　第 2 次印刷
书　　号：	978-7-5126-5778-6
定　　价：	48.00 元

（版权所属，盗版必究）

目录 Contents

引言　击鼙鼓而思戴笠

一　生当乱世

蒋介石立志 / 6
戴春风改名 / 12

二　君臣初定

溪口晋见 / 20
考验与赏识 / 21
"蓝衣社"辨正 / 25
特务处的班底 / 28

三　釜底抽薪

力行社全体出动 / 36
"南天王"失机 / 39

四　黑刀出鞘

六国饭店的枪声 / 46
杨杏佛喋血 / 48

暗杀史量才　　　　　　　　　　　　　　　　/ 52
盟兄之死　　　　　　　　　　　　　　　　　/ 55
斧砍唐绍仪　　　　　　　　　　　　　　　　/ 58

五　特工大手笔

军统大膨胀　　　　　　　　　　　　　　　　/ 62
中美合作　　　　　　　　　　　　　　　　　/ 67
"主任"学"校长"　　　　　　　　　　　　　/ 74
特工"天才"　　　　　　　　　　　　　　　/ 78

六　校长做主

人间地狱　　　　　　　　　　　　　　　　　/ 88
强大的保护伞　　　　　　　　　　　　　　　/ 92
威权赫赫　　　　　　　　　　　　　　　　　/ 97
为所欲为　　　　　　　　　　　　　　　　　/ 103

七　乃君乃臣

一脉相承　　　　　　　　　　　　　　　　　/ 108
忠蒋是命　　　　　　　　　　　　　　　　　/ 111
金钱与铁链　　　　　　　　　　　　　　　　/ 120
蒋介石的用人原则与戴笠的"政治艺术"　　　 / 131

八　如臂使指

管束少帅　　　　　　　　　　　　　　　　　/ 142
"迎接"杨虎城　　　　　　　　　　　　　　/ 146

擒杀韩复榘 /150
元老以下 /155
军事谍报 /159

九　反共高手

"深谋远虑" /164
宣侠父之死 /169
军统局内有共产党 /173
扑不灭的组织 /177

十　蒋汪大斗杀

汪精卫之死 /184
杀敌除奸 /189

十一　对日间谍战

游击乎？反共乎？ /204
敌后大破坏 /208
罗斯福想见戴笠 /213

十二　"奇妙"的运用

蒋介石、戴笠、周佛海 /224
策反乎？勾结乎？ /230
八十万伪军归麾下 /233
肃奸的"学问" /240

十三 命者？时也！

戴笠不得好死 　　　　　　　　　　　　　　　　　／246
蒋介石哭了 　　　　　　　　　　　　　　　　　　／250
命者，时也！ 　　　　　　　　　　　　　　　　　／255

引言　击鼙鼓而思戴笠

蒋介石与戴笠后代合影

1954年，台湾，蒋介石与戴笠的后代合影：蒋居中，左为戴笠儿媳——戴藏宜之妻郑锡英，右为戴笠长孙戴以宽，前为戴笠幼孙戴以昶。

照片上，蒋介石一改往日的刚毅、威凛，脸露慈和，双手抚在七岁的戴以昶肩上，很像慈爱的老爷爷。

这在蒋与家人以外的合影中是不多见的。

这张照片来之不易——

自1946年戴笠撞山而死，蒋介石与中共大战三年，兵败如山，落花流水。败退台湾后，他痛下决心，改造党务，把分崩离析的国民党重新拾掇成一个坚固的团体，扯起了"反共抗俄"、"反攻复国"的大旗。

但反攻大陆谈何容易？四百多万军队消亡殆尽，毛泽东的新中国正蒸蒸日上，连美国大老板都在朝鲜挂起了"免战牌"。于是，在国民党七大上，蒋介石又敲起了"政治作战"、"心理作战"的鼙鼓，鼓吹"重建大陆党务"，布置"敌后地下组织"、"工作据点"、"情报网"，实行"渗透"、"策反"和破坏，并多次布置谋杀中共高层领导人。

这不能不使他又思念起个中"高手"、得力鹰犬戴笠。也是

蒋介石与戴笠

为了表示他不忘旧情，笼络特务们为他拼死效力，亲令毛人凤运用潜伏的特务，千方百计，把戴笠的遗属从上海辗转接到台湾，并立即安排接见。

这才有了上面的合影。

后，戴笠长孙在美国获企业管理学士学位，幼孙毕业于台湾东吴大学，任职于台湾中华贸易开发公司。这，不能不说是蒋介石的"恩泽"所至。而要说清蒋介石之所以能对戴笠——这个黄埔六期学生如此重情，泽被后代，却要拉开戴笠与蒋介石——臣与君、仆与主二十年关系的帷幕……

一 生当乱世

蒋介石立志

1927年8月,浙江奉化溪口雪窦寺。

蒋介石端坐在太师椅上,眼望寺外佳山胜水,陷入深沉的回忆……

溪口,地处四明山南麓,浙江省奉化县城之北。早年隶属禽孝乡,1928年改称溪口乡,1935年改为溪口镇。

清末奉化溪口镇旧影

这里山环水绕,风景秀美。境内溪流潺潺,著名者三条,即县溪、锦溪、剡溪。剡溪源于四明山余脉横溪岭,回肠九曲,与县溪、锦溪汇于甬江,东流入海。第一曲名为六诏,传说当年王羲之隐居于此,晋帝六次下诏征其入朝,王均不应,因此得名。第二曲名为跸驻,相传吴越王钱镠曾驻跸于此,故名。第九曲经公塘南北两支汇合于锦溪,就是溪口,又名锦溪村。蒋介石就出生在这里。相传有诗赞溪口云:"为龙应不远,飞去只当前。"深为蒋介石所赞赏。

距溪口二十余里有雪窦山,为四明山支脉。这里"万峰绝顶,旷为平原,纵横宽坦,有一百余顷。村落相望,鸡犬相闻,稻麦咸青,恍若世外桃源。

四周有九峰环抱,其圆如珠者为玄珠峰;遥望腾空飞舞者为天马峰;如象鼻朝天者为象鼻峰;状如桫椤叶者为桫椤峰;东有东翠峰;西有琴峦峰等。山顶平地上有一古刹,即雪窦寺。因高出峰居正中的乳峰,下面有一石窦,泉水从中喷激而出,其色如雪,所以称为乳窦或雪窦。山名、寺名均源于此"。

这时,这位戎马倥偬的国民革命军总司令、南京政府缔造者,迫于各方压力,暂时辞去职务,正在这里沉思自己走过的路程。

蒋介石有这么一个特点——常常好回忆自己的过去,也常常检讨自己的过去。以追思自己往日所为的对与错,探讨未来的途径。后来,这几乎成了他生活中的一个定例,在日记中,设有每周、每月反省录。败退台湾后,更是深刻检讨各种失败的原因,在国民党党政军各级干部中宣讲,终于痛下决心,改造党务,把台湾治理成铁桶一般的蒋氏庭园。这是后话。

而今,他第一次下野,又人到中年,不禁想起了自己的童年、青年,追随孙中山到成为国民党军事领袖的生涯。

蒋介石,1887年10月31日生于溪口,斯年其父四十五岁,母二十三岁。

蒋介石儿时的性格,是好奇、好强、顽皮。其祖父为祈这个爱孙平安无事,曾为其改谱名为周泰。

1895年,其父蒋肃庵病逝,由其母千辛万苦,把他拉扯长大成人。那时的中国,传统观念积习甚深,家中无主夫,便要受欺侮。况王采玉是蒋肃庵的第三房妻子,因此遭受的不仅是社会上的欺凌,更有家族内的嫌隙,境况艰难。蒋介石哭母文曾说:"迨后先考中殂,家难频作,于此二六寒暑间,内弭阋墙之祸,外御横逆之侮,爱护弱子,督责不肖,维持祖业,丕振家声,何莫非吾母诚挚之精神,及无量苦心,有以致然也。"

其母王采玉,忍气吞声,

蒋介石第一次下野前与黄埔军校学生合影

督责幼子,使蒋介石幼年时就受到了较严格的传统教育。后他参加孙中山领导的国民革命,虽戎马倥偬,舟车逆旅,仍不忘读书。1924年,选编书目四十多种,"用资随时精讨"。其要目如下:

五经四子书

孔子家语左传

战国策六韬

孙子吴子

管子庄子

韩非子离骚

史记汉书

资治通鉴清史辑览

西洋史普法战史

拿氏战史日俄战史

欧战史各种军事学

战时正义巴尔克战术

中国地理亚洲地理

古文观止古文辞类纂

岳武穆集诸葛武侯集

戚武毅丛书文文山全集

胡林翼全集曾国藩全集

骆秉章全集左宗棠全集

樊山批读李鸿章全集

心理学中国哲学史讲话

社会学统计学

世界地理经济学

少年蒋介石还有一个特点需要提到,就是他性坚强,怀大志,不怕苦。他在日军振武学校时,每天操练,雪深数尺,早起要刷马,晚归要刮靴,如服苦役。但他"咬定牙根,事事争先,不自感觉其苦"。正是在此期间,他改名中正,字介石,其意为静则坚介如石,不为环境而动摇意志,动则识断果决,行动迅速,以达成功。并立志从戎,统一中国。有题照诗云:"腾腾杀气满全球,力不如人肯且休;光我神州完我责,东来志岂在封侯?"

生于忧患,死于安乐。应该说,正是这样的逆境,铸就了蒋介石的少年进取之心。

"报告!"声音打断了蒋介石的思绪,他睁开眼睛。"进来!""报告总座,该吃午饭了。"一个年轻的侍卫进来报告说。"唔,好,好。"

"总座,总座",蒋介石是国民革命军总司令,是南京政府军权在握的人物。这是怎么来的?是时代造成的,是社会造成的,也是自己奋斗得来的,又多亏了陈其美和孙中山。

辛亥革命时期的陈其美

饭后,蒋介石又陷入了沉思……

19世纪末20世纪初,中国先后发生了甲午中日战争、戊戌维新变法运动、八国联军侵华、日俄战争等一系列重大历史事件。在内外大潮的撞击下,早已颠顸孱弱的清王朝像一只漂荡的破船,随时可能灭顶。终于,辛亥革命的枪声响起,宣判了数千年的封建君主制的死刑。然而,多难的中华民族并没有因此走向昌盛,北洋军阀首领袁世凯又对善良的革命党人举起了屠刀。接下来的是军阀混战,狼奔豕突。残酷的现实惊醒了孙中山实业救国的残梦,这位中国民主革命的先驱重新扯起了"护法"的大旗,并在几经挫折后毅然决然地与中国共产党合作,改组国民党,并建立黄埔军校,组建"党军",从而奠定了统一两广、成功北伐的基础。

孙中山病逝后,革命形势继续发展。1926年7月9日,国民革命军在广州誓师北伐，十万大军投入战场，并迅速发展壮大。

北伐军先后消灭吴佩孚、孙传芳主力，下两湖，占江浙，入上海，定南京……

也就在这一过程中，蒋介石崛起了，成为中外注目的风云人物。

蒋介石1905年东渡日本，结识陈其美，并因陈之介绍，见孙中山于宫崎寅藏家中，参加同盟会活动。

1916年和1920年，孙中山手下的两员军事大将陈其美、朱执信先后逝去，蒋介石成为孙中山身边最得力的军事助手。

1922年6月，陈炯明叛变，蒋介石接到孙中山电召，乃"贻书张人杰，托以后事及二公子，洒泣登程"，在广州永丰舰上见到孙中山，并一直守候在身边，筹策指挥，直到安全脱险，护送到沪，使孙中山认为蒋介石确是忠心耿耿，视其为亲信。

1924年，孙中山建立黄埔军校，任命蒋介石为校长。当时，角逐校长一职的人很多，而且有

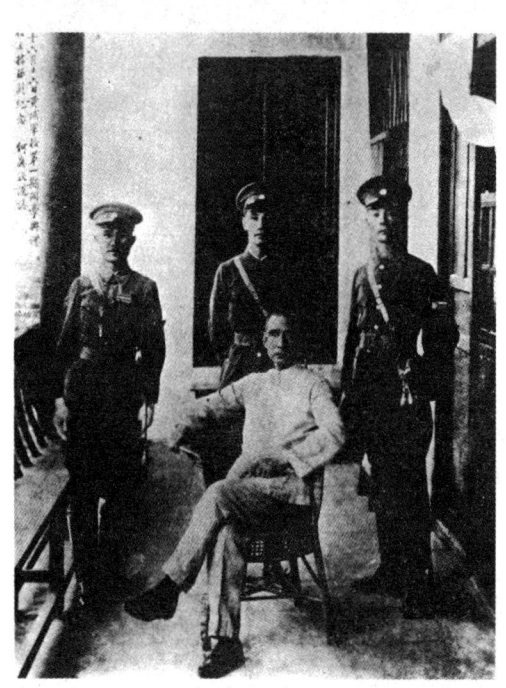

孙中山与蒋介石（后中）、何应钦（后左）、王柏龄（后右）在黄埔军校合影

的人资历老、根基深。但争议中，孙中山一锤定音："如果不叫介石当校长，宁可不办！"就这样，蒋介石登上了校长的宝座。

黄埔军校是蒋介石起家的资本。孙中山的用意是以黄埔军校为基地，培训出一批革命的军事将领，以建立一支革命的"党军"，因此，谁入主军校，也就预示着将来谁将握有广东的军事实权，谁就将负起组建新型武装力量的大任。蒋介石对这一切都认识得很清楚。孙中山逝世后，蒋介石撰祭文说："英士既死，吾师期我以继英士之事业，执信踵亡，吾师并以执信之责任归诸中正……"表示要"教养学子，训练党军，继续革命，复

兴中华"。可以说是以未来的军事统帅自居了。

如果单纯就管理、建设黄埔军校和统一广东，北伐吴、孙来说，孙中山可以说是选将得人。

出任校长后，蒋介石几乎是把全部身心都放在了军校建设上。他经常对学生训话，讲革命的目的、意义，讲军校的教育方针。强调要有"统一的精神，统一的意志和统一的组织……"教育学生要不怕苦、不怕难、不怕死。在校内建立了严格的军纪，学生见到老师，下级见到上级，必须敬礼，否则即视为严重的违纪行为。并实行连坐法："比方打仗的时候，上级没有命令，一班人同退，就枪毙班长，一排人同退，就枪毙排长，一连人同退，就枪毙连长，以至于一营一团退下来，就枪毙营长、团长。"同时，对学生的生活也十分关心，经常讲要注意卫生，防止疾病，让学生们"茶水菜饭都要注意，饭碗竹筷都要揩得干净……吃东西要嚼得碎，不可不嚼就吞下去，因为胃的消化能力是有限的……"还有"每个礼拜要吃一次金鸡腊霜丸；夜间放哨的弟兄，第二天总要吃碗姜汤，发泄寒气，免得感风受寒"，等等。到1926年春天，黄埔军校就已招收五期学生，共七千四百人，成为国民革命军的中坚力量。当然，蒋介石在黄埔军校中也培植了大批个人势力，他经常找学生聊天、谈心，一来了解学生的思想动态；二来建立特殊的师生关系，寻找、培养自己的嫡系。后来，国民党中的黄埔系，就成为蒋介石维持个人权势的中坚力量。

在统一广东的过程中，他指挥着黄埔学生军，平商团叛乱，击溃陈炯明粤军，定杨希闵、刘震寰，战功赫赫。1926年6月5日，国民党中央决定出师北伐，特任蒋介石为国民革命军总司令，成为广东国民政府的最高军事指挥官。继而，北伐获胜，他成了耀眼的军事新星，举世瞩目的大英雄。

然而，随着北伐的胜利，个人声望的鹊起，这位校长、总司令已经不满足于只当一个军事统帅了，他要当拿破仑，当袁世凯，要以军权来攫取全国最高的统治权。为此，他早就开始这方面的筹划：一是步步打击中国共产党，削弱共产党的力量；二是攫取党政权力，以形成自己的政治重心。而在实践中，又是把这二者结合起来进行的——

1926年3月，他通过中山舰事件，将第一军中的共产党员全部清出。

1926年5月，国民党二届二中全会上，提出《整理党务案》，限定共产党员在国民党各级党部中任执行委员数不得超过三分之一，不得担任国民党中央部长。这次会上蒋介石当上了中央执行委员会常务委员会委员，与其关系最密切的张静江当上常委会主席。继而，蒋介石又当上了国民党中央组织部长，国民政府委员。

1926年6月，在其任国民革命军总司令时，又据《国民革命军总司令部组织大纲》，任以"总司令兼军事委员会主席"。

1926年12月，将途经南昌赴武汉的国民党中央委员和国府委员截留，拟将国民党中央党部、国民政府设在南昌，置于自己总司令的麾下，因受到坚决反对，未得。

1927年4月12日，在上海进行大屠杀，发动血腥的"四·一二"反革命政变。

1927年4月18日，在南京建立蒋记国民政府，开始了蒋家王朝对中国的统治。

古语云："匹夫无罪，怀璧其罪。"南京政府建立，表明蒋介石要独揽全国统治权。而这个在国民党一大上连中央委员都不是的总司令虽有军权，但毕竟根基尚浅。于是，汉方、宁方内部的桂系等群起攻之，蒋介石不得不于8月13日宣布辞去国民革命军总司令职，在杭州小住后，回到溪口老家。

正是在此期间，他接见了黄埔军校骑兵营代表，陆军中士戴笠。

戴春风改名

正在蒋介石追忆自己发家史的当儿，通往雪窦寺的路上，走来三个人——蒋介石的一个副官和黄埔军校骑兵营的两个代表，其中就有后来成为蒋介石得力臂膀之一，在中国人人谈之色变的戴笠。

戴笠原名春风，学名征兰。说起他的家世、青少年时的经历，与蒋介石颇有相似之处……

闽、浙、赣交界处，有一道蜿蜒陡峭、风光秀美的仙霞岭。仙霞岭脚下，有个保安村，属浙江省江山县所辖。

戴笠的家乡浙江保安

1897年5月28日（夏历四月廿七），保安村戴冠英家里，一声啼哭打破了邻舍的宁静，冠英妻蓝月喜生下了一个白胖胖的儿子，其祖父戴顺旺为其取名戴春风。

这一年，蒋介石十岁。

春风降世，给戴家带来了不尽的欢喜。他家薄有田产，一家子夫唱妇随，敬老爱幼，快快乐乐地生活着。然而，好景不长，戴顺旺不久谢世，春风五岁时，戴冠英一病归天。整个家庭的担子一下子落在年轻的寡妇蓝月喜肩上。

由于戴家无主，便常受族人的欺负。一次，春风与小朋友玩时，发现本家的堂叔正在砍他家的竹子，倔强的春风冲上去，把他堂叔臭骂一顿。他的堂叔恼羞成怒，便来追打他，直追到戴家门口，又骂了一顿。蓝月喜虽然知道过不

戴笠的母亲蓝月喜

在己家，但无力争斗，只好忍气吞声，一面向这个亲戚道歉，一面严责己子，盼其成才。

在严母的教诲下，戴笠从小入私塾读书，十分刻苦。十三岁，以第一名的成绩考入文溪高等小学，到江山县城读书。十七岁，又考入全省最好的学校——省立第一中学。

但由于身处逆境，与乡里、族人争气不过，他便把自己的怨气在同学们中发泄。少年的戴春风常好打抱不平，谁有了麻烦事，他都愿意出头，并且为人豪爽，手里有了钱，就请同学下饭店、吃小馆子。久而久之，竟在自己周围聚拢了一些同学，放学后一起游逛，假期则去爬山游水。后来还成立了青年会，戴春风自任会长，倡导女子不缠足，男子剪辫子，闹得不亦乐乎。

实际上，这一点与少年蒋瑞元（蒋介石）颇为相似。瑞元少年时，常常与其祖父蒋玉表在一起，受之影响甚深。溪口有武岭山，有雪窦寺，是个旅游的好地方，常有游客到这里玩赏。但这里服务设施少，游人饮食困难。蒋玉表常以茶饭饷客，虽素不相识，亦足其茶，饱其食。瑞元受乃祖熏陶，也颇有豪气。其父逝后，家里来客，其母王采玉，因妇道人家不好出席，便令瑞元作陪。瑞元必劝客至醉方休，客人不好意思多吃好菜，他就抓住客人筷子，按到好菜盘上。戴春风请同学下馆子，有时宁可赊账也在所不惜。这一共同特性，待以后二人有了一定权势时，都体现出来了：对异己派系，蒋介石常用金钱收买，对部下也以金钱奖励；戴春风则为蒋介石的金钱收买策略跑前跑后，运筹指使，对部下也动辄批下特别费若干元，以笼络人心，为己效命，这是后话。

且说戴春风考入省立一中，正该用心学习，以图进取之时，却不久就被学校开除了。

原来，那时的中学有舍监，晚上要到学生宿舍查夜。这个舍监穿着皮鞋，走楼梯时"咚咚"直响。偏偏戴春风的寝室正靠楼梯口，常常在睡梦中被脚步声惊醒。同学们敢怒不敢言，而戴春风却恨得直咬牙，决心教训教训这个舍监。

一天夜里，戴春风正在梦中酣睡，"咚咚"的脚步声又响起来，把他惊醒。

他听到脚步声上了楼,走远了,便悄悄爬起身,摸出一副木哑铃,蹑手蹑脚地跑出去放在楼梯口,回来后,钻进被窝,静听动静。一会儿,舍监查完寝,黑灯瞎火地下楼,刚走到楼梯口,一脚踩在哑铃上,哑铃一轱辘,舍监顺着楼梯滚下去。当时就被摔得鼻青脸肿,捂着腰眼走了。寝室的同学被响声惊醒,都不知怎么回事。戴春风却情不自禁地大笑起来,眉飞色舞地讲起了自己的"英雄事迹"。

谁想,这下惹了大祸。第二天,校长查出是戴春风干的,一气之下,将其开除。一生的学业,就被一个恶作剧断送了。这个全省首屈一指的中学里的学生,不得不到一家豆腐店去做工。

戴春风不仅常常惹是生非,而且颇有骗的本领。他为人极要脸面,常常出手豪阔,有一个花俩。但因囊中羞涩,掏不出足够的钱来,便去骗。他在杭州与远房亲戚徐老板的儿子同回江山,船到富阳,他谎称有东西忘了带,辞别徐老板的儿子,独自上了岸。他跑回杭州,直接赶到徐老板的家里,说徐子的钱包被人偷了,困在半路,请他回来找徐老板要钱。他把谎话编得十分完全,讲得活灵活现,说在船上有流氓调戏妇女,缠着不肯放手,引起旅客围观,扭打时,徐子被撞倒,起来后才发现钱包不见了。徐老板听后十分着急,马上拿出一百元钱让戴春风捎给儿子。戴接过钱后,真是心里乐开了花,想不到这么容易就搞到这么多钱。于是,上街给母亲、妻子、儿子买了礼物,兴冲冲赶回家里。

第一次骗钱轻易得手,戴春风的胆子更大,骗术也更高明了。一次,他到华春荣的纸坊去,在桌上

若干年后戴笠与母亲合影。谁曾想到,这个当年令母亲头疼不已的儿子,竟出息为一个令人谈之色变的角色

发现一张盖有印鉴的信笺，便偷偷拿回家里，把原有的文字裁去，只留下盖有印鉴的信纸，在空白处写了几行字，便成了一张支款的便函。他把便函拿到经销华春荣草纸的鼎丰钱店，顺利地支走一百块银洋。年终，华春荣与钱店结账时，发现是戴春风搞的鬼，便责令戴还钱，但钱早被戴花得精光，只好让他写张悔过书了事。后来，戴笠当上军统局副局长，有人密报华春荣是共产党员，他便电令戴藏宜指使特务把华春荣暗杀。1950年，戴藏宜以杀害共产党员华春荣之罪被人民政府枪毙。

此后，戴春风曾先到浙军第一师潘国纲学兵营当兵，后在宁波、上海、杭州、金华、衢州等地流浪，回乡后，又任过仙霞乡学务委员，保安乡自卫团团总，徘徊乡里，无所作为。

1926年春末夏初，戴春风在江山城里悦来客栈邂逅文溪高小同学毛人凤，时名善馀。其时，毛人凤正在黄埔军校潮州分校，请假回乡奔丧。相谈之下，毛人凤告之"革命朝气在黄埔"，并且正在招生。戴春风闻之，大受鼓舞，想自己十三岁时，在作文《试各言尔志》的题下曾出笔惊人，写下"希圣希贤希豪杰"，备受老师称赞。而今，年已三十（时人以虚岁计年），寸功未立，长此以往，是何结局？不如就去报考黄埔，以求进取。他背着母亲，做好了准备，行前的晚上，对比自己大两岁的妻子毛秀丛谈了自己的抱负："家庭夫妇之间，别离当然没有团聚好。可是为了追求一种远大的理想，开创一桩伟大的事业，就不能不有别离的时候。短暂的别离，要比长期厮守有意义。真正的孝道，要以事业的成就来报答亲恩，光耀门庭。"他的妻子毛秀丛是个典型的农家妇女，听不懂这些大道理，却晓得夫唱妇随。知道丈夫要远行了，噙着泪水为他收拾东西，送他出门，并把一支金簪送给他，以备旅费不足时使用。

戴春风到广州后，决心一改以前混世的态度，踏踏实实求进取。为了表示要痛改前非，他把名字改为戴笠，字雨农。取《风土记》"卿虽乘车我戴笠，后日相逢下车揖，我步行，君骑马，他日相逢君当下"之意，表示要干一番大事业，而不以贵贱论交情。

1926年9月，戴笠考入黄埔军校第六期，分到入伍生部第一团十七连。

这时，北伐军正顺利进军，统一战线内部国共关系已日趋紧张。北伐

北伐军在武昌集会，纪念阵亡将士

军攻到武汉，蒋介石密派胡靖安、陈超回广州，联络军校学生，为反共预做准备。戴笠入校后，即一改往日之争强出头之性格，默默读书，默默操练，人目之为"乡巴佬"。实际上这正是他高明的地方：他暗暗把军校作为晋身的起点。但当时形势复杂，难辨前途，故只好缄默其口，暗中却对各方面动向密切关注。特别是对同学中有左倾思想，类似共产党言行者，更是窥察其详，并有记录。俟"四·一二"政变发生，开始全面清党，戴笠所在连的二十多名共产党员因戴笠之举报，全被肃清。从此，戴笠开始活跃起来，重新施展他的辩才，投入到各种活动中，并被举为国民党营党部委员。

这时，北伐军继续挺进，控制长江下游各省，转向中原挺进。为适应平原地区作战，蒋介石电令黄埔军校校本部从第六期学生中挑选三百人，组成骑兵营，听候调用，戴笠亦在其中。

蒋介石下野时，骑兵营已开到苏州，其去向无人过问，军饷也无人再管，请示广州黄埔军校本部，也不得要领。于是，营长决定派戴笠等二人去溪口，代表骑兵营当面向身为总司令和黄埔军校校长的蒋介石当面请示。

这一年，蒋介石四十岁，戴笠三十岁。

二　君臣初定

溪口晋见

当戴笠他们向雪窦寺行进的时候,蒋介石已从深沉的回忆回到了现实,想到了这次下野。

"娘希匹,桂系真不是东西,要不是他们,我也不至于下野。"蒋介石一想起桂系来就生气。正当宁汉双方争斗甚酣,冯玉祥出面调停之际,南京政府内部的桂系从后面插了蒋介石一刀。1927年8月8日,李宗仁领衔致电汪精卫,庆贺其驱逐共产党,并告诫召集国民党中央执行委员会之意见。电文中,将身为总司令的蒋介石排在第四位。最可气的是"小诸葛"白崇禧。8月12日,蒋介石在军事会议上说"我即将离开大家,以后大家一切听党中央命令"时,白崇禧唯恐蒋介石不辞职,首先表态:"党中央既已决定,我同意这个决定,同意蒋先生出国休息一段时间。"四方交迫声中,蒋介石不得不承认"诽谤集余一人",于8月13日,率卫队二百人离宁赴沪,旋经杭州归溪口。

"我还会回来的!"离开南京时,蒋介石恨恨地说。他的下野,只是为了暂避矛盾,徐图再起。8月11日,他在日记中写道:"时局纷扰内部复杂,南北皆同,只有静镇谨守,持之以定,则待机而得,无不得最后之胜利也。"

回到溪口后,他一方面祭母陵,游山水,似乎在隐居;但另一方面,无时无刻不在密切注意政局变化,并运用小组织的力量酝酿东山再起。正是在此时,由陈果夫、陈立夫在上海成立了中央俱乐部(CC),为蒋复职而招兵买马,暗中活动。以胡靖安为首的黄埔学生情报组织也源源不断地把各种情报送到溪口。而且,国民党的党政军要员也不停地穿梭往来,请示机宜。可以说,蒋介石正用一只看不见的手操纵着整个政局。正如当时的一个外国记者在访问他后所写的评论断言:"如果说蒋将军是在隐居,毋宁说是一种神话。在此僻远之地,蒋将军本欲暂忘怀于国事军事者,却不可得。"

这些，当时的许多人都被迷惑——反蒋之人拍手称快，拥蒋之人或颓丧扼腕，或煎心熬肺，还是雪窦寺的老和尚太虚法师看得明白。他在给蒋介石算命时断言：蒋这次下野是"飞龙返渊，腾骧在望"，"不出明年，一定会东山再起"。

正在这时，戴笠他们来了。按理，蒋总司令虽然是在隐居，但要接见中外记者，要会见各方政要，还要写信，还要筹划东渡日本，想法追求宋美龄，虽说不是日理万机，但一个小小的骑兵营代表，他是没有精力去安排接见的；但蒋介石一直对黄埔学生深深偏爱，并且还要靠黄埔学生打天下，因此，他接见了戴笠他们。

"唔、唔，你们有什么事？"在雪窦寺的一间禅房里，戴笠他们见到了身着长衫的总司令。在蒋介石锐利的目光注视下，他们敬了礼。

"我们恳请校长收回辞职宣言，率领我们继续北伐！"戴笠"啪"地又是一个敬礼，双手呈上骑兵营的陈情信。

"唔，唔，很好！"蒋介石看完信，又问，"骑兵营的情况怎么样？"戴笠报告了情况后，蒋介石沉思了片刻说："唔，你们放心，困难是暂时的，我会妥善安排的，你们回去吧！"

戴笠他们告辞出去了，回到苏州，仍然不得要领。不久，骑兵营因军饷无着，大部分人离去，余人以营长沈振亚夫人变卖首饰维持伙食，而戴笠，这时已决心攀住校长这个高枝，以遂腾达之梦……

考验与赏识

1928年，主持浙江省政的周凤岐突然接到一封中央的电报，说：据报，某方已派奸细多人，潜入杭州进行秘密活动，希从速严查。周得讯后，即派大批军警、便衣出动。不几日，抓到一个可疑的汉子，马上严刑拷打，辣椒水灌得鼻孔流血，皮鞭打得血肉模糊，可这个人就是什么也不说。正在此人受刑吃苦时，第二封电报到浙，说"中央为研判敌情，如捕获类似奸细嫌疑时，希立即解京审讯……"于是，这个人被解南京。

他，就是刚到总司令部从事情报工作不久的戴笠。

自溪口晋见回苏州后，戴笠就决心直接投效蒋介石。不久，他听说蒋介石到了上海，便即刻赶往上海。当时，胡靖安正在上海联络黄埔学生为蒋介石搜集情报。但因蒋已下野，经费不足，故多离去，正在缺人之际，恰好戴笠来了。早在黄埔时，胡靖安为入伍生部政治部主任，清党时对戴笠印象很深，于是将其罗致为情报员。当时，胡靖安领着蔡劲军、乔家才、戴笠为蒋介石搜集情报，因无经费，生活非常艰难。戴笠住在张姓表亲的小阁楼上，时以冷饭烧饼充饥，但他仍然孜孜不倦，积极而认真地工作着。加之他以前在沪、杭等地闲混时交结过很多朋友，故情报来源也较为广泛。于是，戴笠渐渐受到重视。

且说戴笠干的是秘密的情报工作，所以许多人不知道他的去向。以后军校迁到南京，他未报到，第六期学生毕业典礼，他也未参加，所以，他实际上并没有毕业。直到1939年兼任国民党中央训练团警卫组组长时，才由蒋介石下手令追认戴笠为黄埔军校第六期正式毕业生。

1928年1月，蒋介石复职，派胡靖安到德国留学，戴笠则在总司令部内负责搜集情报，职务最初为少尉，后升任上尉参谋。但他并不在总司令部办公，而是不时地到各处搜集情报，薪水等都由别人代领。所以，司令部的人极少认识他。

他干的是情报工作，有时情报重要而紧急，他又不能直接晋见蒋介石，据说他屡次请见，都被侍从人员拒绝，于是，他决定"拦车上书"。

一天，蒋介石的座车刚回到司令部门口还未等下车，戴笠就从斜刺里冲过去，手举着情报，边跑边喊"校长！校长！"侍卫们大吃一惊，以为有人行刺，急忙拔枪护卫，并冲上去把他打倒。侍卫长王世和说："如戴笠敢再捣乱，即拿送宪兵部惩办。"但戴笠仍然不懈地去拦车，上条陈，既有情报的研判分析，也有他对情报工作的想法。如此数次之后，蒋介石见他的情报确有一些很有价值，关于情报工作的设想也很奇诡，于是决定对他再行考验，派他刺探周凤岐对中央的意向。并有意让他被抓获，以观其表现。这才有了戴笠被抓那一幕。

此事之后，蒋介石对戴笠开始信任，亲自召见，慰勉有加，并嘱咐侍从官：

"如戴笠有事面报，准其随时来见。"

既有此晋身之阶，戴笠便不辞辛苦地干起来。蒋介石复职后，继续北伐，戴笠常一人一骑，奔走于津浦铁路、陇海铁路两侧，搜集情报。那时，苏、鲁一带的马鞍，多是木制的。没有几天，他的臀部被磨破，满裤子血迹。有一天，在萧山被同考入黄埔的徐亮发现，强迫他到旅馆休养，并请来医生、护士，替他洗涤包扎伤口，陪住护理。没过几天，他乘徐亮外出时，连夜离去，又上前线去工作。后来徐亮对人说："人称戴笠是英雄，我以为是怪物……这种人醉心事业，连皮肉痛苦，都能忘却，非怪物而何？"但在戴笠，却以为自己已年过三十，其他同学有的已官至少将、县长，自己则不过是个上尉参谋，这次能得校长垂青，必当有重要表现，以求发展。

其后，他以徐州戒严司令部少校副官名义，搜集军事情报。当时与他住在一起的是邓展谋，时任六十九军十九师上尉。邓见他白天行动匆忙，晚上回来即在灯下疾书，很是纳闷，便问他写什么，他说是写情书。一天凌晨，邓乘戴沉睡之机偷看，才知全是情报。当时戴笠搜集情报，确是吃了不少苦头。他因经费不足，经常需要其母亲接济，就由邓展谋代收。他风餐露宿，先后住过军用敞车、房屋檐下，也蹲过车站。一次，路遇同学王兆槐，见他无住处，便领他到一处空厂房，权歇一夜。破厂房已通风漏雨，难以成眠，但他第二天又照常精神十足地奔波于各地。这些表现使他逐渐得到蒋介石的赏识。1928年6月，蒋介石视察华北、北平时，戴笠作为随员同行。

从戴笠以后的表现和贡献看，蒋介石确实没有看错人。东北易帜后，蒋介石为了荡平各派系军阀，先后进行了蒋桂战争、蒋冯战争。而在这期间，戴笠始终穿梭于各军事要地，搜集情报，其中一件事，表现了他突出的特务才干。

1929年12月，在蒋桂战争中被起用的张发奎和驻广西的桂军联合反蒋，组成护党救国军。12月5日，被蒋介石任命为讨逆军第五路军总司令和讨冯前敌总指挥的唐生智在郑州举起反蒋大旗，自称护党救国军第四路军总司令。其时，浦口的石友三也起兵反蒋。一时之间，三方告急，蒋介石急调兵力攻防。当时戴笠正在潼关，以军事杂志社记者的身份从事秘密活动。听到唐生智反叛的消息后，立刻急返河南，侦察唐部情形，并伺机联络黄埔学生，准备策反。他到河南后，在信阳结识的一个小学校长李某，帮助他打探消息。一天，戴笠到李家，李告诉他，唐生智已下令捉拿蒋介石从南京派来的奸细，并已封锁道路，清查户口，不许藏匿生人。这时，戴笠已感到危险来临，脑子急遽地转开了，但表面上却不动声色，佯说晚上可能还要到李家住宿。回去后，脱去中山装，换上一件长衫，戴上眼镜，大模大样地住进军警督察处的隔壁——佛照楼旅社。对方做梦也没想到眼皮底下就住着奸细。而这时戴笠已查清军警督察处处长叫周伟龙，湖南人，黄埔第四期毕业，原来是唐生智的特务营营长。

第二天一早，周伟龙正在办公，忽有人报告，说东方白求见。东方白是周伟龙黄埔时的同学，也是他的好友，于是马上吩咐快请。等见了面，却不是东方白，乃是一个素不相识的汉子。周伟龙甚是惊怒，尚未开言，戴笠已开门见山："我是蒋总司令的情报人员，到你这里侦查情况。你是校长的学生，和校长作对，必遭失败，不如弃暗投明，为校长效力。如执迷不悟，我今天就是自投虎口，你拿我这头颅去领赏，可名利双收。"周伟龙沉吟着，他深知唐生智不是蒋介石对手，不如趁此机会勾上南京，以图进退两全。于是，将军事部署详情告诉戴笠，并设计助戴脱险。

当天中午，周伟龙在宴阳楼请戴笠喝酒，对人说是给朋友饯行，酒后送到车站上了火车。以后，在蒋唐战争中，由于中央军情报准确，并有部分唐军被策反倒戈，因而，唐生智迅速失败。两年之后，周伟龙成为戴笠麾下的特务，抗战结束后升至交通警察总局局长。

中原大战之中，戴笠更加繁忙，他一面派王孔安赴北平，以改组派代表名义参加扩大会议，一面搜集情况、研判各方动向，随时报告蒋介石。

蒋介石对各派系军阀的打法是：一方面陈兵布阵，击败对方；另一方面，更多的是收买对方的重要将领，称之为"策反"。这是成功的战略。而这其中，戴笠等人不仅要搜集对方军事驻地、装备、给养、战略、战术等情况，而且要洞悉各派系之间的关系和每一派系内部各将领的出身、嗜好、弱点、彼此的关系等，然后对症下药，进行收买。在此方面，可以说戴笠发挥了无可替代的作用。蒋介石也没有亏待戴笠，1931年底，总司令部密查组成立,由戴笠任组长。"这是戴氏的情报事业,由个人活动而变成组织活动之开始。"这个单位虽然不列入公开编制,却有一定的人员和经费,有固定的办公地址。当时除戴笠外,还有马策、胡天秋、徐亮、赵世瑞、郑锡麟、张炎元、方超、唐纵、吴乃宪、王天木,人称"十人团",办公地址就在南京鸡鹅巷53号。

中原大战结束后蒋介石、冯玉祥、阎锡山合影,然而这并不意味着国民党内部的争斗就此结束,这为戴笠的崛起提供了有利条件

转过年来,1932年,蒋介石又任命戴笠为力行社特务处处长,擢拔其于黄埔二期等诸同学之上,并委以特工大权。可见,蒋介石认定了——这个勇于吃苦,不顾生死,孜孜苦干的黄埔六期学生,正是自己需要的特工干才。

"蓝衣社"辨正

1932年初,首先从国外传出消息,说中国出现了一个被称为"蓝衣社"的组织,专门干杀人越货的勾当。一时间,"蓝衣社"的名字不胫而走,成为恐怖的代名词。甚至在伪满洲国军政部顾问部的情报中,都充斥了关于"蓝衣社"组织的记载。其中说到"蓝衣社"东北总支部的地下组织特别庞大,并列有组织系统表,言之凿凿。

其实,"蓝衣社"的组织并未存在过,只是一种讹传。其始因概源于何应钦的秘书刘健群写的一本小册子。他提出仿照意大利的黑衫党成立一个组织,一律着蓝色服装。其中关于这个组织的纲领、组织体系、计划等写得颇为详细,有呼之欲出之感。俟这个小册子的内容传开后,人们就以为"蓝衣社"真的存在了。实际上，这个小册子虽上呈过蒋介石，但没有被采纳，而真正的蒋介石麾下的黄埔系军人组织叫"三民主义力行社"，其中到处杀人越货、密捕刑侦的则是"三民主义力行社特务处"。刘健群小册子的内容传开、三民主义力行社的出现、力行社特务处的行动几乎同时发生，而力行社及其特务处又是极端机密的组织，外间人不明底细，就把它们与"蓝衣社"混为一谈了。

要想说清戴笠与蒋介石的关系，必须先了解三民主义力行社。可以说，蒋介石从任戴笠为力行社特务处处长开始，才把组建特工组织的大权交给他，戴笠也正是从此才施展手脚的。而在这一过程中，力行社对戴氏的特务"事业"确实助益非常，力行社又是蒋介石的个人派系组织。因此，可以说，力行社的发展就是蒋介石个人势力的发展；戴笠特务"事业"的发展，又是力行社发展的一个"副产品"。只不过，后来因应时势的需要，"副"反为正——特务处不断发展壮大，力行社反而在抗战中被取缔了。

三民主义力行社是内忧外患刺激的结果，是时代的产物。"九·一八"事变后，国民党蒋介石面临着极为严峻的政治形势。首先是外患频仍。"九·一八"事变，日本占领了中国东北；"一·二八"事变虽然以签订停战协议暂告一段落，但近在京畿的炮声却震撼着国民党人的心灵。其次，中国工农红军取得了第三次反"围剿"的胜利，并在1931年11月成立自己的政权组织——中华苏维埃共和国临时中央政府。更为严重的是，"九·一八"事变后的不抵抗政策使国民党蒋介石受到全社会的普遍指责，以前追随国民党反共的民族资产阶级转过脸来，严厉批评国民政府，抗日的呼声一浪高过一浪。墙倒众人推，国民党内的各派系这时也纷纷起而攻蒋，内讧不断，战火欲燃。蒋介石四面楚歌，只好再次拿出以退为进的把戏来。1931年12月15日，蒋介石发表下野通电，辞去国民政府主席、行政院院长、陆海空军总司令职务，旋返溪口"静养"。

但蒋介石的下野并非甘心，他乃是准备避过风头，卷土重来。因此，他下野时，一是将其亲信顾祝同、鲁涤平、熊式辉、邵力子分别安排为江苏、浙江、江西、甘肃省主席，并让宋子文控制住财权，使新政府无法维持；二是指示属下中坚分子抓紧筹划个人派系的政治组织，以作为政争中的工具。这就是力行社产生的背景。

早在"九·一八"事变前，忠实于蒋介石的一些黄埔毕业生就感到应该结成一个坚固的团体，以维护蒋介石集团在国民党统治中的核心地位。于是，由滕杰、酆悌、邓文仪发起，以聚餐会形式进行讨论、酝酿。"九·一八"事变后，此事加紧进行，并成立了筹备处，租用南京二郎庙康济医院的一栋木屋为集会的场所。筹备处成立后，一方面酝酿组织名称，草拟纲领和计划；另一方面由蒋介石的侍从秘书向已下野的蒋介石报告。

1932年1月，蒋介石与汪精卫联袂入京的第二天，即召见滕杰、贺衷寒、康泽等人，听取详细汇报。后将这些人召集到中山陵园中山堂内开会。经三天讨论，1932年3月1日，三民主义力行社在南京黄埔路励志社客厅内举行成立大会，正式宣布成立，并成立了中央干事会，由蒋介石任社长，他指定了滕杰等人为常务干事，滕杰为书记。干事会下设组织、训练、军事、特务四个处。戴笠被指定为中央干事会候补干事兼特务处处长。

三民主义力行社的宗旨主要有两条，一是鼓吹"一个党、一个主义、一个领袖"，实行独裁统治。认为"当政的中国国民党需要一个唯一的领袖，自是毫无疑义的急迫的要求"。而"在事实上，蒋委员长实为中国现时唯一适当之军事最高领袖"。蒋介石应该像墨索里尼和希特勒那样：墨索里尼的"一切行动意志便成了全意大利的真理"，而"德意志国社党人对希特勒独裁的拥戴更为真切……希特勒就是做错了，国社党人还是认为是唯一的真理"。连蒋介石自己也说："革命团体的一切，都要集中于领袖，党员的精神，党员的信仰要集中，党的权力以及党的责任也要集中。党员的所有一切都要交给党，交给领袖……"总之，是唯蒋命是从。二是力行哲学，强权政治。实行独裁，必须通过残暴的强权政治，也就是像希特勒那样"左手执政府之政策，右手挥犀利之宝剑，一方推不足以应付非常难局之议会民主制上断头台，一方则发挥集团独裁之精神……"力行，就是"实干"、"硬干"、"苦干"，"就是杀身成仁，舍生取义，亦是甘之如饴，无所畏惧"。

力行社全由忠于蒋介石的黄埔系军人组成，处于高度秘密状态。为了扩大影响，以它为核心，建立了革命青年同志会和革命军人同志会，两会之下，成立中华复兴社，复兴社下，还有许多杂七杂八的外围组织。这些社、会均奉蒋介石为社长、会长，宗旨、纲领也都是一个。两会的干部由力行社派出，复兴社的干部由两会派出，因之可保证贯彻蒋介石的意图。可谓煞费苦心了。

戴笠的崛起，与力行社组织也有极大关系。良雄在《戴笠传》中说："在实际上，力行社所予戴氏助力，可说无与伦比。即说力行社几年耕耘，唯一收获者，只有戴氏，亦不为过。"因为力行社是一个集权性组织，参加者心中只许有"领袖"，而不许有自我，故名分、地位都不能顾及，而只视工作需要安排人事，而这个安排又都是蒋介石一句话决定，别人只有服从，不许讲价钱。正因为如此，出身黄埔六期的戴笠能够被蒋介石任为特务处处长，而出身一、二期的一些人，或早有较深资历者——如梁干乔、郑介民、邱开基等却要列在其下，并无条件服从领导。国民党是个有较长历史的政党，有很多元老，因之在其党政军体系中，论资排辈倾向很严重，唯其在力行社中，摒弃此恶俗，而收到高效之结果。再者，力行社成员要把特务工作当作中心工作，不管在哪里，都要帮助特务处工作，此亦为戴笠的特务工作增添了极大方便和力量。如福建事变时，力行社凡有关系者，都按蒋介石要求集于戴笠麾下，服从特务处指挥，才使福建事变一战而平。就连特务处的纪律、原则，也几乎全部取之于力行社，如：无条件服从，不论资排辈，不许自由进退，保守"团体"秘密，违者严厉制裁等。但应指出的是，力行社是一个政治组织，而非特务组织。它的成员在国民党军队中有公开职务，只是以拥护蒋介石为政治之集结力。所以，它与特务处不同。现在有人把力行社当成特务组织，是不准确的。

特务处的班底

南京城内北门桥附近，在一条窄窄的巷子中，有一个不大的宅院，黑色的铁门总是紧紧地关闭着，只有人进出时才打开一霎，铁门的门牌上标明鸡鹅巷53号。这里原是一个商人的宅院，后为胡宗南第一师驻京办事处。

1931年春，胡宗南把它借给戴笠，因此，它成了戴笠的住宅和特务处的第一个办公处所，特务们称之为"甲室"。

鸡鹅巷53号并不宽敞：进门右首有一间矮房，隔成两间小屋，外间是警卫室，室内放着一部电话，号码是22531。戴笠的许多联系和指挥活动，都是通过这部电话进行，蒋介石有急事找戴笠，也要打这个号码。里间是负责总务的特务居住办公。大门左侧，有一栋房屋，中间是穿堂，前边是会客室，后边为戴笠及其家人的饭厅。穿堂两侧各有两间小室，左边为戴笠的起居室和办公室，右边两间分别是戴母的居室和胡宗南来南京时的住室。在这个居室的左边，有一个大敞厅，一半停放着戴笠的座车，另一半放着大餐桌，供鸡鹅巷特务们吃饭用。从敞厅走过后面，有一小块草地，穿过草地，是三间小屋，分别是收发室、特务的寝室和办公室。

却说戴笠受命为特务处处长，即马上搭班子，集人员，风风火火地行动起来。而这一过程，又是蒋介石为其撑腰的。

在挑选特务处处长的人选时，共有六个人角逐，蒋介石最终选中了戴笠。据说，人选定下后，还有人找蒋介石，要把戴笠拉下来。戴笠也深知此任难当，不知有多少人要在背后使枪弄箭。于是，他去求见蒋介石："校长，这个职务我干不了。""不，你一定能干好，凡事有我做主，你去干吧！"蒋介石果然言而有信，对特务处在关键时刻和每个关键问题上都给予帮助。

蒋介石之所以对戴笠如此支持，首先是因为他对特务工作极为重视。蒋介石青年时曾任军事参谋工作，深知情报工作的重要。迨至广东时期，各方矛盾纷繁复杂，这个早年奉陈其美命暗杀过陶成章的人更深知特务工作之不可缺，于是他曾密派若干人，打入各方关键部位，使他能够及时探知"红白两面之动向"。在中山舰事件和整理党务案中，他既能对中共及有关各方施以沉重打击，又能掌握分寸，不使对方激怒，而最终使自身得益最大，恐怕亦与其准确掌握了各方动向有关。据董显光《蒋总统传》记载：自廖仲恺被刺后，蒋介石就加强了情报工作。到"九·一八"事变后，国内形势更加复杂，自然更加需要特务工作之发展。其次是戴笠本人的素质符合蒋介石的要求。戴笠虽进入黄埔较晚，但在社会上混迹多年，有丰富的社会经验，这是特工工作所必需的。他能吃苦，不怕死，有强烈的事业心，

资历和军阶均高于戴笠的郑介民,不仅是戴笠特工生涯初期("十人团"阶段)的老班底之一,而且也是戴笠丧生后的继任者

把这项工作交给他,他一定会尽全力去做。蒋介石用人的原则是一浙江,二黄埔,戴笠这两条都占。至于说他资历甚浅,这正中蒋介石下怀:因为他资历浅,每一个进身阶梯都是我老蒋提供的,所以他才能为我效死力,离开我,他就什么也不是,甚至连命都保不住。这比那些资历较深,有一定根基的人,好统御多了。

用人不疑,疑人不用。蒋介石对戴笠可以说做到了这一点。他既然任命戴笠组建特工系统,便对他给予了全面支持。

第一,政治上支持。1932年4月1日,力行社特务处正式成立,蒋介石亲自到场并训话。以后,一些重要的特务训练班开学、毕业,蒋介石或亲自去训话,或亲自拟拍电报,颁布训词。这样,既增强了特务组织的向心力,也抬高了戴笠的身价。

第二,人力上支持。特务处成立之始,只有戴笠找来的十个人,作为工作人员。蒋介石立即派黄埔二期的郑介民为侦察科长,后又升为副处长;侍从室警卫组组长邱开基为执行科科长。这两个人都比戴笠的资格老,军衔也高得多。如郑介民,其时已任职军事委员会第二厅,其后由副厅长升任厅长,军衔由上校、少将到中将,一直比戴笠高一级,但在特务处及后来的军统局,他却一直是戴笠的部下和助手,要服从戴笠的命令。特务处成立后,首先遇到的问题就是人手不足。蒋介石特准他办洪公祠训练班和杭州警校特训班,因现招生来不及,便在中央军校军官班和杭州警官学校学员中挑选。这两个班的学员经过短期训练后,都派在特务处工作。

第三,经费上支持。特务处成立后,开初是由特别费中支取经费的,但其人员越来越多,特别费没有固定的来源,难以保证特务处的需要。蒋介石便成立了军事委员会调查统计局,把徐恩曾的"党方"特务系统、戴笠的力行社特务处和丁默邨的邮电检查处都纳入进去,分别为一处、二处、三处。所以,戴笠既是力行社特务处处长,又是军事委员会调查统计局第二处处长。这个局先后以贺耀祖、陈立夫为局长,局长只是名义上的,三个处都由自己的处长直接对蒋介石负责。但这个局的设立,使特务组织纳入到政府机关建制内,从而有了公开的名义和正常的经费来源。

第四,工作上支持。特务处成立之初,人员既少,设备又无。特务处的重要工作是搜集情报,而情报又是有较强的时间性的,这就需要通讯迅速。但特务处当时又无电台,于是由蒋介石下令,戴笠可用党务调查科和军事委员会的电台。当然,用别人的毕竟有许多不便,常常影响时效不说,因戴笠特务处是极秘密的机构,外界不知,他拍过几次电报后,竟遭到怀疑。军令部交通司司长就曾收到过"查嫌疑分子戴笠"的呈请。后来,还是无线电专家魏大铭加入特务处,发明了小型特工机,给各地基层组织配备,才解决这一问题。而特工机制成后,蒋介石亲自召见魏大铭,并观看演示,也算勖勉有加了。福建事变时,蒋

特务头子徐恩曾

中统局的创立者之一陈立夫

介石派了许多人协助戴笠的特务处策反十九路军，也取得了显著成效。

蒋介石为戴笠解决了经费、编制、通讯等问题，戴笠就用有成效的工作作为回报。他先后扩大了特务处的组织，并在鼓楼附近的四条巷增加了"乙室"，作为特务处的机关所在地。"乙室"设有书记室，承戴笠之命指挥全处的工作，内部人员分工核阅各内勤部门之公文。除书记室外，设有情报科、行动科、译电股、人事股、督查室、会计室、警务股、事务股等单位，各司其职。同时，在全国若干重要城市设立基层组织，如上海、北平等地设区，南京、武汉、广州等地设站或组。戴笠由鸡鹅巷通过四条巷指挥各地特务的工作，由四条巷的乙室，将戴笠的指示和文电向各所属单位下达。下边的情报和请示，也通过四条巷上报鸡鹅巷。

戴笠对特务处内部管理得井井有条。凡需戴笠过目的情报和文件，由秘书签拟后，分轻重缓急，用三种颜色的卷宗夹呈送戴笠：最急的用红色，随收随呈；次要的用绿色，每隔三到四个小时送一次；普通的用白色，每晚汇齐，翌晨送呈。由于戴笠抓得很紧，特务们丝毫不敢懈怠。这里的工作极忙，每天的工作都要在十个小时以上。所有工作人员都住在处内，每周轮流休息半天，在南京有家眷者，一周可回家住一天。

当时，情报科有个姓徐的特务，年近三十，一直没有小孩。邻家的女人见徐妻常守空闺，感到很奇怪，问她："徐太太，你家先生到底做什么工作，那么忙碌？总要隔个把礼拜，才回家一两次，你年轻美貌，老是让你独居在家，他不担心吗？"徐妻只好装作气愤地说："别提了，我先生一向在镇江、无锡等地跑单帮做生意，因此常常一个礼拜，甚至十天半月才能回家一趟。这还不算什么，最近突然有人说，他近日赚了钱，竟然在外面找了女人。他不愿意回来，南京这样大，又不好去找，你说怎么办？"女邻居见问出这样的事来，十分尴尬，以后再也不问了。

特务处的工作不断有新的起色，戴笠也就日益得到蒋介石更大的信任和重视。1934年7月，军事委员会委员长南昌行营调查科科长邓文仪被撤职，蒋介石命戴笠接任。七个月后，南昌行营调查科归并特务处。

南昌行营调查科的并入，是特务处成立后，戴笠特务生涯中的第一个里程碑。南昌行营调查科成立于1933年，当时，蒋介石正坐镇南昌，指挥"剿共"军事，特设调查科，统率各特务组织进行活动。调查科内部设有一室三组及两个侦察队，在华中、东南各省设有区、站或组，所属人员分派各地搜集情报。同时，豫鄂皖"剿匪"总司令部第三科、禁烟密查组、各省保安处谍报股，均受其指挥，并培训部分军事情报人员，派往驻外使馆工作。调查科可以说是蒋介石最切近的特务组织，其规模超过徐恩曾、戴笠的系统，因之，蒋介石以自己的亲信侍从秘书邓文仪为科长。后因查处南昌飞机场纵火案中，邓文仪对蒋介石隐匿了真相，蒋怒而将其撤职，改以戴笠充任，并不久又将其正式归并到特务处。

戴笠接收了南昌行营调查科，也就接收了调查科所控制的各公开机构，声势果然不同凡响，人员也由原来的六百多人增加到一千七百多人，于是，开始"全面有系统地布置"，在全国各省市设立区、站、组，有的地方还设立了复式机构，戴笠本人也因当上科长而晋升上校军衔。

别看戴笠只是个上校，其实权势可大多了，有许多县长、团长都被他罗致到门下，作为部下驱使，而且有人是蒋介石直接安排给戴笠的。1935年，国民革命军第四军十二师团长杨继荣突然接到命令，让他到庐山见蒋介石。蒋介石见他后，没问什么话，只是告诉他："戴科长的工作很重要，你去帮助他。"就这样，杨继荣成了戴笠的书记，也就是秘书。这个"铁军"的团长，就这样成了戴笠的部下。

三　釜底抽薪

力行社全体出动

1933年11月,特务处的工作突然加倍紧张起来,戴笠在南京调兵遣将,深入福建及十九路军中活动,蒋介石也命力行社成员中凡在福建及十九路军中有关系者,均到特务处报到,由戴笠指挥,进行瓦解福建和十九路军的活动。

原来,十九路军总指挥蒋光鼐、军长蔡廷锴虽然曾追随蒋介石,参加反共战争和国民党内的新军阀混战,但与蒋介石有矛盾。"九·一八"事变后,即主张停止内战,一致抗日。"一·二八"淞沪抗战,十九路军打得勇敢坚强,受到全国舆论的热烈赞扬。但这却引起蒋介石的深刻不满,视之为异己力量,乃将其调入福建,负责进攻苏区,拟在其进攻红军中削减其实力。1932年底,蒋光鼐就任福建省政府主席,蔡廷锴任驻闽绥靖公署主任。他们拟采取对红军消极作战方针,保存自己实力。但蒋介石的目的,

福建人民政府委员兼财政委员会主席 蒋光鼐

福建人民政府委员兼人民革命军第一方面军总司令 蔡廷锴

就是要让十九路军和红军在作战中两败俱伤，于是频频催战，十九路军不得已，只好进攻苏区，蒋介石却又不派兵配合，致使十九路军在反共战争中损兵折将。在这一过程中，蒋光鼐、蔡廷锴逐渐认识到，继续与红军作战，十九路军绝没有好出路，加之全国抗日高潮的推动，于是决定与第三党合作，揭起抗日反蒋的大旗，并派人与红军联络停战事宜。

1933年10月，十九路军与红军草签了《反日反蒋初步协定》，实现了停战。

1933年11月，十九路军、第三党、神州国光社的首领李济深、陈铭枢、黄琪翔、蒋光鼐、蔡廷锴、徐谦、陈友仁等决定起事。11月20日，在福州市南校场召开了中国人民临时代表大会，成立了中华共和国人民革命政府。史称福建人民革命政府。

福建人民革命政府发表宣言，改组军队，通缉蒋介石、汪精卫、何应钦等，一时搞得沸沸扬扬，颇有声势。

其时，蒋介石已于1933年10月调动五十万大军，发动对红军的第五次"围剿"。"闽变"的消息传来，急忙运筹应付。

蒋介石对付福建人民革命政府的措施主要在三条线上进行：一是派出大员，联络两广和其他派系，力争使之不支持十九路军；二是调动三十万大军，出动海陆空三军进剿镇压；三是派遣特务，对福建方面内部进行分化瓦解。这第三条线，就是由戴笠指挥特务进行，并把力行社的人员派给戴笠运用指挥。

早在上海停战之后，蒋介石就抽调十九路军的一百二十多名中下级军官到南京中央军校训练班受训，并将其大部分人吸收为复兴社分子。这些人回到十九路军后，继续发展成员。1933年夏，由于汇款给十九路军中的复兴社分子，被蔡廷锴的"改造社"查获，一举逮捕了三百多名十九路军中的复兴社分子，并将其中数十名骨干分子秘密处决。但由于戴笠的指挥运用，蒋介石的特务仍对十九路军内部进行了分化、收买。

特务处自成立后，就派人在全国各地以极机密方式搜集情报，对各部队中的长官之思想倾向、出身、家庭情况、嗜好等知之甚详。福建人民革命政府成立前，戴笠就对十九路军与红军的来往情况有所掌握，并派力行社特务处中福建籍的人员连谋、张超、何震等人密返福建侦察,相机策反。福建事变发生后,蒋介石派力行社人员到福建,联络十九路军中的复兴社分子,协助戴笠进行分化瓦解工作。

当时,十九路军参谋长黄强是特务周昭贤的姑丈,即由周昭贤拉拢、收买黄强,并由黄强策动第一军军长沈光汉。特务处执行科科长邱开基是六十一师参谋长赵锦雯的云南同乡,即由邱开基安排戴笠与赵锦雯见面,并由赵锦雯帮助策动第二军军长毛维寿。这些人都在特务处的安排下,与南京政府暗通款曲。加之其他特务的暗中活动,第十九路军内部已经动摇。

11月23日,国民党中常会决议,"永远开除"陈铭枢、李济深、陈友仁党籍,25日,发出通缉令,通缉三人,并派出三路大军进剿,蒋介石亲至建瓯督战。前方蒋军猛攻,后方特务加紧活动,十九路军不战即溃,陈铭枢、李济深、蒋光鼐、蔡廷锴先后离开部队。手下大将,第二军军长毛维寿、第四军军长张炎、第一军军长沈光汉、第三军军长区寿年于1934年1月21日发表通电"拥护中央","静待和平处理"。后十九路军被拆散,蒋介石任毛维寿、张炎为东路第七路军正、副总指挥。

福建人民政府委员兼政治委员会主席陈铭枢

福建人民政府主席李济深

福建人民政府委员兼外交委员会主席陈友仁

福建政权只存在了一个月零二十六天。十九路军被分化,纳入蒋介石的中央军体系,福建也重新牢牢地抓在蒋介石手里。这期间,戴笠可谓出力不少。

"南天王"失机

1936年的一天,广东空军司令部门前来了一个商人打扮的中年男子,对卫兵说要见空军司令黄光锐,说是黄司令的老友,却不报姓名。卫兵没有办法,只好报告副官处。值日副官出来询问,同样不得要领,便报告黄光锐。黄光锐听了也很纳闷,心想,究竟是什么人,这样神神秘秘的?于是,命令将这个人带到会客室。

见了面后,黄光锐也不认识。商人说:"令亲有口信,要亲自面达黄司令,请屏退左右。"黄光锐考虑了一下,终于点头答应了。

二人在会客室密谈良久,又到黄的密室中谈了半天,黄光锐亲自挂电话,请来丁纪徐。三人又关起门来密商,直到黄昏时分,这个人才被黄、丁送出司令部大门。

原来,这是戴笠收买广东空军的一个镜头。

自"九·一八"事变后,蒋介石先后解决了察哈尔抗日同盟军、平息了福建事变,红军也被迫撤到了陕北,于是蒋着力分化西南各派,以将其收归中央控制。而在西南,广东的陈济棠、广西的李宗仁和白崇禧却与胡汉民等国民党反蒋的元老派结合,设立了国民党中央委员会西南执行部、国民政府西南政务委员会以自保。

1936年5月12日,胡汉民因脑溢血病逝于广州,蒋介石认为统一两广的时机已到,于是,派居正、孙科等八位代表到广州参加胡汉民的葬礼,并运动两广服从中央。此时的西南,以陈济棠的政治、军事实力最强,外界谓之为"南天王",

"南天王"陈济棠

政治野心极大。

胡汉民死后,他为了窥测蒋介石的用心,派家兄陈维周去南京见蒋介石。蒋介石一方面热情款待,另一方面向陈维周表示,中央协助广东出兵,彻底解决桂系,并保证保持广东陈济棠的原来局面。在蒋介石,是想拉拢陈济棠共同解决李宗仁、白崇禧,他以为此事对陈济棠十分有利,陈一定会接受。不料,陈济棠听到此消息后,却大吃一惊:以蒋介石的为人,他既然可以联粤制桂,又何不能联桂制粤?反而下定了反蒋的决心。

陈济棠非常迷信,曾找风水先生对洪秀全的祖坟作过堪舆,认为洪氏坟茔本有风水,只是洪氏祖坟未葬在"龙穴"之上,所以洪秀全只坐了半壁江山。陈济棠经过勘定,找准位置,遂把其母遗骨葬于"龙穴"之中,便认定自己必定是真命天子。陈维周又说,蒋介石"气数"已尽,必然过不了民国二十五年这一关。并找了个术士替陈济棠占卜,谶语中出现了"机不可失"四字。陈济棠认为时机不可失去,乃决定立即起兵反蒋,发动两广事变。

两广事变是以抗日的名义揭橥大纛的。当时,抗日是全国人民关注的中心。华北事变后,日本不断在华北增兵,并修建了南苑机场,运来了大批坦克、大炮等重武器,意在窥伺中原,乃至全国。情势危急,但蒋介石的南京政府仍然不改"攘外必先安内"的方针,一心想消灭中共,摧毁地方实力派,以求统一。因此引起了各方面的强烈不满:宋哲元、张学良与杨虎城、中国共产党都先后与西南方面或桂系建立了联系。这些,都推动着两广以抗日名义发动事变。

1936年5月27日,国民党西南执行部发表通电,反对日本增兵华北。6月1日,两广决定揭起抗日旗帜,出兵北上。6月2日,西南执行部、西南政务委员会通电全国,严厉批判南京政府对日妥协的外交政策,督促南京政府领导全国抗日。继而,将两广部队改为"中华民国国民革命军抗日救国军",出兵北上,准备进攻江西、湖南。

当时,西南的兵力是:广东原有三个军、一个独立师、一个教导师、一个独立旅、一个警卫旅、四个盐警团,事变前又将独立师、教导师扩编为两个军,总兵力七十个团共二十万人;李宗仁的广西原有两个军,又扩编两个军,加上久经训练的民团,共九十九个团,总兵力约十多万人。广东还有六个空军中队,海军有数十艘江防舰艇。广西也有三个空军中队。蒋介石的军队虽多,但分散在华北对日前线,追击红军于黔、川、康各省和潼关、洛阳一带,督促张、杨"剿共",能用于两广的只有二十万人。

在此情况下,蒋介石虽然免不了调兵遣将,准备对两广作战,但主要还是在政治上施加压力,并分化瓦解两广。他一方面致电两广,称赞他们的抗日主张,召开国民党中央五届二中全会,以"统一抗日"的口号涣散西南方面的斗志,拉拢国民党内各派系;另一方面又调动戴笠的特务和其他各方面关系,对两广内部进行收买和分化。

且说戴笠受命后,即组织手下特务们全面出动,做瓦解两广陆海空军的工作。当时有梁干乔、邢森洲、龚少侠等在广州,谢镇南、张君嵩等在韶关,郑介民等在港澳,"凡与两广军中有人事关系者,精锐尽出,以策动其陆海空军归命中央为目标"。戴笠经联系后,也亲自出马。他为了保密,只对毛人凤说,有事要办,出差几天,实际上却秘密到达广州。

戴笠到广州见黄光锐、丁纪徐等人后,一方面重弹蒋介石"统一抗日"的高调,以"国家"、"民族"利益劝导他们归顺中央;另一方面许以重金收买。

三天后,戴笠回到南京,面见蒋介石,陈述了这个经过。并说已密商协定,只要先付五百万元,广东空军就可北飞。蒋介石听了后,就让戴笠去找航空委员会主任。航委会主任听了他的陈述,不说给不给钱,只是不相信,并说:"领袖的钱不好随便花呀!"戴笠听出了弦外之音,气得说不出话。回到鸡鹅巷,

备受戴笠信任的毛人凤,在蒋介石败退台湾后依然受到蒋的重用

吩咐管交通的胡子萍,立即买两张当晚去上海的车票。

"子萍,我们为领袖工作,为国家负责,要有承担,花点钱算什么。只要工作成功,花多少钱都值得。"戴笠从上海回南京后,即对胡子萍说。原来,这时戴笠已弄到了五百万元,并派人送走,同时与对方约定联络办法。

大约在6月22日前后,戴笠命令特务处电讯总台,每天午夜与一个XSF·DE·XHOB的电台联络。电讯总台负责人魏大铭将其交给电台台长张我佛。但此电台既无波长,又不知方位,十分难办,张我佛不免面有难色。魏大铭说:"这是戴老板交办的重要任务,不管多么困难,一定要想办法完成。"张我佛只得硬着头皮去干。每天晚上12时开始,一直干到天亮。

到了第四天凌晨2时,张我佛终于听到了XSF·DE·XHOB的呼叫,立刻报告。戴笠听到这个消息后,马上从床上跳起来,守在电话机旁,命令随时将情况报告。张我佛立刻把收到的电码用电话告知戴公馆,戴又命译电员立刻翻译,并通知粤方空军尽速北飞。

原来,这个电台属于粤空军司令部,由梁干乔运用其侄梁伯伦关系,加以控制,平时至为隐蔽,在此关键时刻,派上了大用场。

7月2日,粤空军将领黄志刚率七架飞机,飞抵南昌青云谱侧机场。7月4日,陈卓琳等又率飞机四十架来归。其余广东空军,也于18日后飞归中央。

蒋介石前后共拿出两千万元,收买了广东空军。虽然这个价格是他购买同等数量飞机的三四倍,但还是蒋介石会算账:自己买一架只能抵广东的一架,而收买过来则等于比广东多了两架,而且还配有训练有素的飞行员,这在经济上已经划算。此外,广东空军北飞,促使陈济棠下野,老蒋不战而胜,其政治意义显然更为重要。

在策动广东空军北飞的同时,戴笠还指挥部下在粤海、陆军中活动。先后使海军中邝文光、邓瑞功两人率舰出走,韶关粤军第四师师长巫剑雄撤离韶关,继又有粤军撤离防地。

由空军北飞引起的粤军内部的动摇,在蒋介石派人多方游说下继续加剧,不断演出新的节目:

7月6日,粤第二军军长李汉魂挂印赴港,声明"挂印封金,以藉明志,

服从中央";

7月8日，第一军军长余汉谋飞往南京，出席国民党五届二中全会；

随后，广东第一兵器制造厂厂长黄涛、虎门要塞总司令李洁芝、广东军医学校校长张建等，纷纷叛陈投蒋。

与背后的分化、瓦解、收买紧密配合，这时的蒋介石已不再像当初那样"称赞"陈济棠了，而是于7月13日发布命令，免去陈济棠本兼各职，任命余汉谋为广东绥靖主任，并命余汉谋接收广东。其余叛陈粤军将领亦多予以任命，被戴笠拉过去的黄光锐被任命为空军驻粤指挥官。17日，蒋介石致电陈济棠，要求他立即下野。而陈济棠这时众叛亲离，海、陆、空军全被分化瓦解，只好同意下野。但要自己的部下，又背叛自己的余汉谋接收，这口气如何咽得下去。便电蒋介石，表示可以下野，但反对余汉谋接管，请中央另派大员，但蒋不允。18日，原粤军将领巫剑雄、空军司令黄光锐、陈的亲信邓龙光等，分别函、电陈济棠，表示拥护中央，服从余汉谋。这些原来的部属们又给了陈济棠最后的一击，陈济棠连出口恶气的机会都没有了。上午10时，陈济棠在总部召开会议，宣布下野，下午5时5分离穗赴港。

此事发生后，人们对占卜"机不可失"重新注释：说是陈济棠飞机不可失去，失则必败。

广东空军是陈济棠多年经营的"血本"，它的失去，确是陈济棠失败的重要原因之一，甚至可以说是最主要的原因，因此，戴笠策动广东空军，就为蒋介石立了极大的一功。

四　黑刀出鞘

六国饭店的枪声

1933年5月7日上午，一个打扮阔气的商人带着一个年轻、干练的随从住进了北平六国饭店。

这两个人别的房间不要，偏要住三楼。他们住下后，年轻人不时地在走廊上走来走去，并假装不在意地向走廊两侧的窗子外看，时刻注意着各种动向。

中午12点刚过，年轻人紧张地回到房间，对中年商人说："对面房间卫生间的窗户开了，里面有一男一女，男的五十多岁，高高的个子，下巴上有一绺长须。不知是不是？"中年人听后，假装有事，到那里走过一趟，回来后说："不错，就是他。""那我就干了。"年轻人说着，从包里取出手枪，张开机头，并下意识地瞄了瞄，然后，放下大褂的袖子遮住枪，就想往外走。

"你等一等，我下楼安排好汽车。"说着，商人急匆匆地走下楼去。

过了两三分钟，年轻人看看差不多了，便揣着手枪来到走廊上。从窗口看去，那个女的正在给老头系扣子。说时迟，那时快，他迅速端起手枪，屏住呼吸，"砰！砰！"对准那男的后心就是两枪。眼看着老头子倒在地上，女人撕心裂肺地叫起来，他转身就奔向楼梯口。

枪声震惊了人们，一群人迎面跑过来。年轻人一挥手枪，咬着牙喊道："闪开！我在杀汉奸，没你们事。"乘那些人发愣的当口，飞快地跑下楼。这时，商人早把汽车停在门口，并打开车门等着他。

年轻人三步并作两步冲上汽车，车门没等关好，汽车已"呜"的一声，一溜烟儿开跑了。

"怎么样？"商人问。

"眼看他倒了下去。"年轻人呼哧呼哧地喘息着说。

"打了几枪？"

"记不清了，大概是两枪。"

原来，这两个人便是力行社特务处派去刺杀张敬尧的人。中年商人叫王天木，是特务处天津站站长。年轻人叫白世维，年方二十四岁，也是军校毕业，先后任抚宁县党务宣传员，兼临榆、抚宁民团教练官，后又任东北义勇军第二十七支队司令。他本不是特务处成员，但因与特务处北平站站长陈恭澍关系密切，便推荐给华北区区长郑介民，执行这项任务。而郑介民又是受何应钦之命，布置这次暗杀的。

1933年，正是长城抗战后中日关系至为紧张的时期。自1933年1月以来，日军先后对热河、长城各口发动进攻，国民党军虽经激烈抵抗，但仍失陷热河和长城各口，日军并觊觎冀东。这时，

曾任湖南督军兼省长的皖系军阀张敬尧，一向以高压手段对待学生运动（早年毛泽东在长沙求学时就参与了轰动一时的"驱张"运动），最终毙命于六国饭店

新任军事委员会北平分会代理委员长的何应钦得到情报，说日本侵略者准备利用孙传芳在天津、张敬尧在北平建立傀儡政权。这两个人，孙传芳做过五省联军总司令，张敬尧当过湖南督军，旧属较多，影响很大，一旦建立傀儡政权，对国民党威胁太大。于是，何应钦命令特务处华北区区长郑介民，找一个"忠实"的黄埔学生，暗杀张敬尧。这样，几经挑选，最后选中了白世维。

白世维受命后，即开始准备行动，郑介民还把自己的手枪赠给他，以示信任与鼓励。经过了解，得知张敬尧化名常石谷，住在东郊民巷六国饭店三楼。东郊民巷是使馆区，其治安由各帝国主义轮流值年负责。当年正是日本值年，所以张敬尧认为住在这里极为安全。他找了个女人陪伴，每天要睡到中午12时起床，他的四个保镖下午1时到这里，保护他活动。这就给王天木、白世维造成了可乘之机，在张起床后、保镖来前动了手。

王天木、白世维乘车脱身后，换了衣服，藏好手枪，才向郑介民汇报。

郑介民让陈恭澍派人去探听消息，得知张敬尧被击中要害，生命垂危。

当天晚上，报纸登出六国饭店常住客人常石谷被刺消息。次日，各报纷纷报道：在六国饭店被刺身死的常石谷，就是前湖南督军张敬尧。据说，张敬尧被刺时，孙传芳由天津刚到六国饭店，听到枪声，知道不妙，跳窗逃入日本兵营，很长时间不敢出来活动。后来，他被侠女施剑翘刺杀。

有人以为，白世维刺杀张敬尧与戴笠无关。其实，关于张敬尧投靠日本人之事，就是戴笠命部下刺探得来的，而郑介民虽受何应钦之命布置，也必须经请示戴笠批准后才可行动。在刺杀重要人物上，戴笠是不敢自作主张的，他必然要请示蒋介石。而且，日本拉拢张敬尧，对蒋介石的统治影响甚大，所以，可以推断，刺杀张敬尧之事，也是蒋介石指使戴笠布置的工作之一。

杨杏佛喋血

1933年6月18日，距六国饭店张敬尧被刺仅一个多月，上海又发生了杨杏佛被乱枪打死的事件。

杨杏佛名铨，字杏佛，1893年生，江西玉山人。早年追随孙中山先生参加革命，曾任南京临时政府总统府秘书，时任南京政府中央研究院总干事。

蒋介石之所以杀他，是因为对"中国人权保障同盟"的仇视。

"九·一八"事变后，国民党政府采取各种恐怖手段，对抗日活动变本加厉地予以镇压。"抑制舆论与非法逮捕杀戮之记载，几为报章所习见。"正是在这种形势下，"中国人权保障同盟"成立了。

1932年底，宋庆龄、蔡元培等人发起成

杨杏佛

立了"中国人权保障同盟"（以下简称"同盟"）。同盟宣布自己的任务是："（一）为国内政治犯之释放与非法的拘禁酷刑及杀戮之废除而奋斗，本同盟愿首先致力于大多数无名与不为社会注意之狱囚；（二）予国内政治犯以法律及其他之援助，并调查监狱状况，刊布关于国内压迫民权之事实以唤起社会之公意；（三）协助为结社集会自由言论自由出版自由诸民权努力之一切合斗。"公开竖起了人权的大旗，与国民党法西斯统治作斗争。

同盟成立后，以宋庆龄为总会主席，蔡元培为副主席，杨杏佛为总干事，并在上海、北平设分会，积极开展有关活动。在斗争中，几件事引起蒋介石的极端仇视。一是刘煜生被杀之事。刘煜生是镇江《江声报》经理兼主编，因在该报副刊上登载爱国文章，被国民党当局以"鼓动红色恐怖"的罪名逮捕，并由江苏省主席顾祝同下令封闭《江声报》，1933年1月，将刘煜生枪毙。同盟得知此消息后，即开会发表宣言，指出："此种蹂躏人权、破坏法纪、黑暗暴行，已明白证明顾祝同与实质上北洋军阀毫无二致，也即为我全国人民之公敌。"并有力地揭露当局破坏民权的暴行。二是营救政治犯问题。1933年3月，共产党人陈赓、罗登贤、余文化、廖承志等被捕，为了营救他们，同盟曾组织营救政治犯委员会，由宋庆龄、杨杏佛等人赴南京探望陈赓，要求释放，并揭露国民党法西斯罪恶。同年5月，丁玲、潘梓年被特务秘密绑架，同盟组织了"丁、潘保障委员会"，进行营救。

这期间，杨杏佛身为同盟总干事，积极奔走各地，做了大量工作。

同盟的活动情况由特务部门源源不断地汇集到蒋介石那里。这不是专门和我作对吗？蒋介石恨得咬牙切齿，决定杀一儆百，以恐怖行动制止同盟的活动。但杀谁好？这却是个颇费踌躇的问题。杀小了吧，起不到恫吓作用；杀大了吧，宋庆龄是孙中山遗孀，蔡元培是国民党元老，杀了他们，我老蒋就别想有好日子过，莫说全国人民不答应，就是国民党党员就会把我吃了，何况，还有那么多反对派无时不在找我的缝隙下蛆呢。对，就杀杨杏佛。他是同盟总干事，除了宋、蔡，就是他大，而且他十分活跃，在国民党内有一定资历和影响，杀了他，可以起到恐吓宋庆龄、蔡元培的作用，又不会翻了自己的船。于是，1933年4月和5月，蒋介石对戴笠下达了"制裁"杨杏佛的指令。

戴笠受命后，即布置手下特务对杨的一切活动进行监视调查，并印发了杨的照片三百张，供特务们确认，以备随时动手。

杨杏佛当时住在法租界亚尔培路331号中央研究院楼上，爱好骑马，在大西路雇人养了两匹好马，常常在闲暇时去大西路、中山路骑着遛着玩儿。戴笠得到这些情报后，即准备在大西路狙杀他，并命手下拟出了具体的行动方案，报给蒋介石。但蒋介石不同意，认为把他杀在租界以外，对居住在法租界内的宋庆龄起不到威吓的目的，还容易引起各方指责，为政府增加麻烦。命戴笠一定要在法租界寓所附近进行，这样，对宋庆龄的威胁更大。

戴笠对蒋介石的命令，向来是不折不扣执行的。接到指示后，即亲往上海布置。执行这次暗杀的是华东区行动组组长赵理君，他纠集了六个暗杀高手，对着蒋介石的像宣誓：不成功，即成仁，如不幸被捕，当即自杀，决不泄露秘密。1933年6月18日这天，天清气爽，又是周日。早晨8时刚过，杨杏佛身着骑马服，头戴灰呢帽，与十五岁的儿子杨小佛步出庭院，准备乘汽车到大西路，再乘骏马出游。

这时，埋伏在杨家附近的特务们立刻紧张起来，只见赵理君打了一个手势，几个人便装作漫不经意地向中央研究院门口凑去。

中央研究院为杨杏佛备有两辆车，一辆是道奇牌轿车，一辆是纳喜牌篷车。监视的特务见杨杏佛携着儿子的手，边走边说什么，走近了轿车，立刻暗示特务们准备动手。可杨氏父子上车后又下来了。监视的特务以为杨杏佛察觉了，不再出游，刚想发信号，让特务们冲进去动手，却见杨杏佛领着儿子上了篷车。原来轿车司机不在，只好改乘篷车。

车子终于发动了。听到马达声，特务们都在大门外各自的位置上做好了准备。汽车刚出大门，暴徒们突然窜出，四支手枪同时从车的两侧向车上猛射，子弹雨点般飞到车上。

杨杏佛一听枪声，马上反应到有人要杀他。因为早在一个多月前，他就收到过恐吓信和子弹。如今到了生死关头，他自知难保，立刻将身体伏在杨小佛身上，用自己的身体护住儿子。

特务们打了一阵，见目的已达到，便向停在附近的汽车狂奔。这时，那辆汽车早已发动好了等着,特务们先后抢上,扬长而去。但一个特务慌乱中跑错了方向,等拐回来时,车已开出了一段距离。他一面追,一面喊:"等等我,等等我!"赵理君一看他还有好几丈远,而四面警笛狂鸣,租界警方马上就会赶到,已等不及这个特务上车了,又怕这个特务被抓泄密,便抬手给了他一枪,仓皇中未中要害,车已开足马力逃跑了。

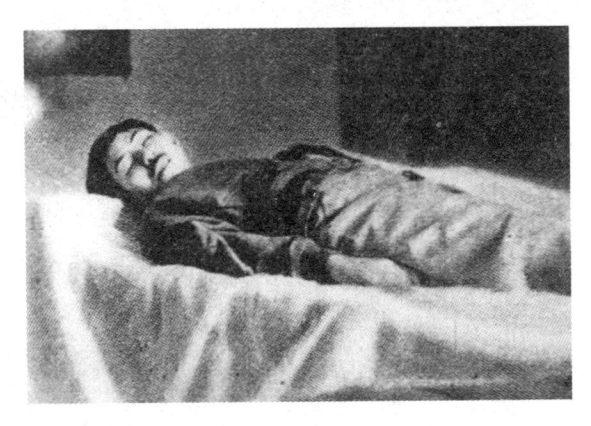

被刺身亡的杨杏佛

却说那个特务完成任务,没想到反挨了自己人一枪,眼看巡捕包围过来,绝望中举枪自杀,结果负伤未死,被巡捕抓住,与杨氏父子一起送到医院。杨杏佛到了医院,便停止了呼吸。医生检查尸体,发现中了三枪,其中一枪打在心脏上。杨小佛腿上中了一弹,没有大碍。

那个受伤的特务被医生抢救过来后,向租界警方供称叫高德臣,是山东人,访友路过此地,在乱枪交射时被流弹打伤。戴笠听到这个消息后,十分惊怕,一旦供出实情,不用说我小小的处长,就连蒋委员长也脱不了干系,马上密派在法租界捕房任职的特务,带上毒药上医院。当天晚上,这个特务便"重伤不治"身亡。20日晚上,戴笠春风得意地回南京,向蒋介石复命。

蒋介石暗杀杨杏佛,其目的是要恐吓宋庆龄、蔡元培等人,但结果却不尽然。事件发生后,蔡元培立即在中央研究院召开紧急会议,决定向法院起诉,并致电南京政府,要求"急于饬属缉凶,以维法纪"。6月20日,同盟在万国殡仪馆举行杨杏佛先生入殓仪式。尽管特务们扬言在这一天要暗杀同盟其他领导人,但宋庆龄、蔡元培、鲁迅等人还是亲赴殡仪馆为杨送殓。宋庆龄在为杨杏佛被害发表的声明中愤怒指出:敌人"以为单靠暴力、绑架、酷刑和暗杀就可以把自由的最微弱的斗争扼杀","我们非但没有被吓倒,杨铨为自由所付出的代价反而使我们更坚决地斗争下去,再接再厉,直到我们应达到的目的"。

然而,同盟还是停止了活动。从这一点来说,蒋介石运用戴笠这只黑手,一定程度上达到了目的。

暗杀史量才

史量才,原名家修,1879年生于上海附近的泗汀镇。年轻时曾办过女子蚕桑学校,积极参加保路运动。中华民国成立,被任命为松江盐务局总监。史量才早年任过《时报》主笔,1912年买进《申报》,致力经营,迅速发展,使其成为全国发行量最大的一份报纸,并增加了《申报月刊》、《申报年鉴》,俨然成为一报业托拉斯。以后,他凭借在新闻界的地位和实力,积极创办实业,成为很有影响的人物。

曾任江苏学务总会董事、《时报》主笔的史量才,自1912年与张謇购得申报馆后,出任总经理,是当时新闻界重量级人物之一

本来,史量才在1927年后,一度曾拥护南京政府。但"九·一八"事变后,蒋介石坚持攘外必先安内,一心要扑灭共产党,统一各地方实力派,并对人民的反抗采取恐怖手段进行镇压,在文化上实行法西斯统治政策,促使《申报》的态度迅速转向。他抨击国民党的"攘外必先安内"政策,聘请爱国进步人士参加《申报》工作。如任用李公朴主持补习学校和流通图书馆,黄炎培主持设计部,并大量刊登鲁迅、陶行知、茅盾、胡愈之等人的文章。

考诸《申报》言论和史量才的活动,主要在以下几个方面引起蒋介石的忌恨。

抨击南京政府的不抵抗政策,支持民众抗日救亡运动。"九·一八"

事变后,《申报》连续发表《国人乎速猛醒奋起》《抗日救国运动中军人之责任》《正告政府与国民》等一系列文章,揭露日本帝国主义的侵华野心,抨击南京政府的妥协,指出:"我退至山海关,日人亦逼至山海关,设我退至北平,退至上海,退至南京,而日人节节进逼,我其将始终退让毫不抵抗耶?""毫不抵抗,一真若人为刀俎,我为鱼肉,此种现象,实为我国家我民族之大耻!""自今以后,国人亟应幡然觉悟,与其依赖政府,毋宁依赖自身,唯人民自身之力量,乃最真实最伟大,救国自救,最为有效。""一·二八"抗战后,言论更加激烈。尖锐批评南京政府的"忍辱负重,暂时屈服"是"一片谎言","甚是别有用心",揭露国民党"所谓共赴国难,亦正如放烟幕弹,使人民被笼罩于云里雾中"。

揭露国民党统治的腐败,主张取消官僚政治、军人政治,主张宪政和廉洁政治、民主政治,并直言不讳地指出:"国民党主政,迄今五年……国事日非,民生愈困,迄至今日,更岌岌不可终朝,则负此误国之责者,应为整个国民党。"

抨击国民党的"剿共"政策。1932年,国民党蒋介石正对红军进行"围剿",《申报》却发表评论说:"今日举国之'匪',皆黑暗之政治所造成……所'剿'之'匪',何莫非我劳苦之同胞,何莫非饥寒交迫求生不得之良民。枪口不以对外而以这'剿杀'因政治经济两重压迫铤而走险之人民。""政治黑暗如此,茕茕之氓,如注地狱,是正即所谓官逼民变。官逼民变,民安得不变?既逼民变,复从而'剿'之。事之可悲,孰逾于此!""故今日'剿匪'为扬汤止沸。""共产主义,今已成为一种根深蒂固之学说。""吾人认为今日之'匪'绝非'剿'所可'灭'……"而"绥靖之道,如其有之,应亦不过残民以逞耳!"

此外,《申报》还支持"中国人权保障同盟"的斗争。

当初,国民党蒋介石为了拉拢史量才,曾给了他许多头衔,如:农村复兴委员会委员、中山文化教育馆常务董事、红十字会名誉会长、上海临时参议会议长等,但仍未改变《申报》的倾向。终因"中大风潮"事,矛盾激化。

1930年,国民党任命其重要人物朱家骅为中央大学校长,其间,积欠经费达半年之久，师生积怨甚深。1932年，朱家骅调任南京政府教育部部长，委任段锡朋为校长。段到任后，与学生发生冲突，被学生打伤。《申报》将中大风潮内幕揭露，说是因"经费积久拖欠，学校当局索讨无着"而致，其矛头已指向教育部和南京政府。朱家骅与国民党上海市党部主任潘公展就分别给蒋介石写了长信和报告，将《申报》的种种进步言行上报，蒋介石即用红色铅笔批上"申报禁止邮递"六个大字，由上海警备司令部执行。1932年8月，除上海租界外，《申报》在全国各地被截留。史量才通过种种关系疏通，蒋介石则要求由国民党中央宣传部派员指导，遭到史量才的拒绝。此事当时在舆论界影响很大，为了做出姿态，蒋介石在压迫史量才做出一些让步后，不得不允许《申报》恢复邮递，同时，准备摆布史量才本人。1934年夏秋之间，终于发出了暗杀史量才的命令。这一任务又责无旁贷地交给了戴笠。

戴笠受命后，即亲自前往上海，组织上海的特务对史量才进行监视和跟踪，弄清史量才的行动规律。后来，通过帮会的关系，从史量才司机的嘴里探听出史量才经常到杭州去，每次都住在自己的别墅秋水山庄。戴笠想，在上海动手，人口密集，警员众多；在租界行动，怕又要发生有特务跑不脱被抓住的事。便想到杭州，趁史量才到杭州时在秋水山庄附近狙击。但转念一想，还是不行。因为杭州是戴笠搞警察实验的地方，浙江省会警察局局长赵龙文是他自己的人，各级警察机关几乎都控制在特务处的人手中。发生了大命案，破了就会找到自己人头上，破不了杭州警察局就会落个侦破无能的罪名，也会受到攻击。最后还是决定在沪杭公路上动手。

11月6日，史量才到杭州疗养，13日由杭州返沪。

戴笠得到史量才已去杭州的消息后，即率赵理君等特务去杭州布置，并将特务们经常搞绑架用的一辆别克牌汽车开到杭州，停在浙江警官学校的车库内，当时准备了两个车牌照，一个是仿制的京字72号，另一个是杭州警察局的试车牌照，并选看了动手地点，探听好史返沪日期。

13日这天，史量才乘自己的防弹汽车由杭州驶返上海。全车共六人：史量才的儿子史咏赓、咏赓的同学邓祖询与司机坐在前排，史量才夫妇和一个亲戚周女士坐在后边。

下午3时许，车开到翁家埠站北约两华里处，见一辆京字72号车停在路上，五六个人围在车旁，有的在修车，有的正在四处张望。史量才的车开到离此车一丈远时，忽听一声呼哨，这些人一齐拔出枪来，向史的车射击。司机一着急，"吱"的一声刹住车，恰好停在这几人身前。一时间子弹横飞，枪声震耳。史咏赓急忙启门外逃，受伤后跑到翁家埠站呼救。史量才夫妇与周女士亦跳下汽车奔逃。有两个特务见史量才跑了，急忙持枪追击。史量才跑出半里远，钻到一个农民家里，穿堂而过。追击的特务一看，两人一打招呼，一个追踪入内，另一个绕到后边堵截。史量才刚冲出后门，被特务一枪打在脚上，趔趄着跑到一个干涸的池塘旁边，倒在地上。两个特务追上去，向史量才头上连开两枪，一枪从口入脑，另一枪由左耳打入，俱中要害，当即死亡。司机黄有才、咏赓的同学邓祖询也被打死。

特务们见目的达到，飞车逃走，中途将车牌换了，半夜开回鸡鹅巷53号。枪声停下半小时后，史咏赓才从附近找来一些人赶到出事地点，并向航空学校借了一辆卡车，将三具尸体运回杭州。

史量才被暗杀后，全国震惊，纷纷声讨，要求政府缉拿凶手。蒋介石也故作姿态，表面上，一面电令浙江省、沪杭两市"缉凶"，并悬赏一万元；一面以国民政府名义致电史量才的家属表示慰问。背地里，却发给行动特务五千元进行犒赏。同时，压迫《申报》顺应国民党，停出"自由谈"副刊和《申报月刊》，并迫使《申报》流通图书馆和业余补习学校与《申报》脱离，独立经营。

就这样，戴笠又帮助蒋介石"摆平"了一个对手。

盟兄之死

1936年11月30日，《中央日报》刊登了一条消息：职业杀手王亚樵在梧州被刺身死。实际上，王亚樵是被戴笠派人刺杀的。

王亚樵本是戴笠的金兰换帖的兄弟，早年还资助过戴笠。入黄埔前，

因政见不同而走入反蒋行列的王亚樵，被自己的把兄弟戴笠暗杀

戴笠在上海帮会中混事，曾到安徽在上海的同乡会馆拜会王亚樵。当时，王亚樵正是安徽会馆的首领。戴笠正在上海流浪，无衣无食，经人介绍，结识了王亚樵。王便将其列为帮会兄弟，支一份生活费给他，戴笠便在王的手下东跑西颠，帮些小忙。后来，戴笠回乡组织自卫团，维持家乡治安。王亚樵恰于其时被浙江督军卢永祥任命为浙江别动队司令，在湖州招兵买马，组建部队，便写信给戴笠，请他来协助。

戴笠到湖州后，在王亚樵那里又遇到了胡宗南和胡抱一，四个人便结为兄弟，以王亚樵年纪最长，成为三人的盟兄，王亚樵即任命三人为纵队长。当时戴笠正为筹建自卫团时欠下的很多债务而发愁，听王亚樵答应帮助归还，便也兴高采烈地接受任命，并追随王亚樵参加了直皖战争，以为就此发展，可作晋身之阶。不料，战争结果卢永祥被孙传芳打败，通电下野，王亚樵等人也作鸟兽散，各奔他乡。

后来，戴笠受蒋介石之命执掌特务处，曾想罗致王亚樵，但因为蒋介石训斥而未进行。而王亚樵这时也因政见问题走入反蒋的行列。但他不加入任何派系，只靠帮会关系，笼络住自己的一套人马，进行各种活动，在江湖上有职业杀手之名。

据说，戴笠这时曾托人带信给王亚樵，意谓：你如反对蒋总司令，我必杀你。王亚樵也表示："我对你没有话讲，委员长礼贤下士，你就和颜悦色，委员长疾言厉色，你就嫉恶如仇……"

这对盟兄把弟因反蒋、拥蒋问题而走到了敌对的立场。但戴笠布置刺杀王亚樵，还是起因于汪精卫被刺案。

1935年11月1日，国民党中央四届六中全会在南京中央党部举行。会后全体与会人员合影时，一位记者突然从摄影机中抽出一把手枪，对准居中的汪精卫连放三枪，将汪击成重伤。行刺者本人亦被当场打倒，第二天即死去。经查，此人是晨光通讯社记者孙凤鸣。

汪精卫被刺后，一时在国民党内搅起了轩然大波，恰恰这天蒋介石又没有参加摄影，人们便怀疑是蒋介石所为。阎锡山、冯玉祥当即向蒋介石发难，李宗仁、白崇禧也致电蒋介石，话中有音地责问："会场森严，乃来暴徒，亟应严办，以惩凶顽。"身为国民党中央监察委员的汪精卫老婆陈璧君也当面指责蒋介石："你不想用汪先生就说话嘛，何必下此毒手？"

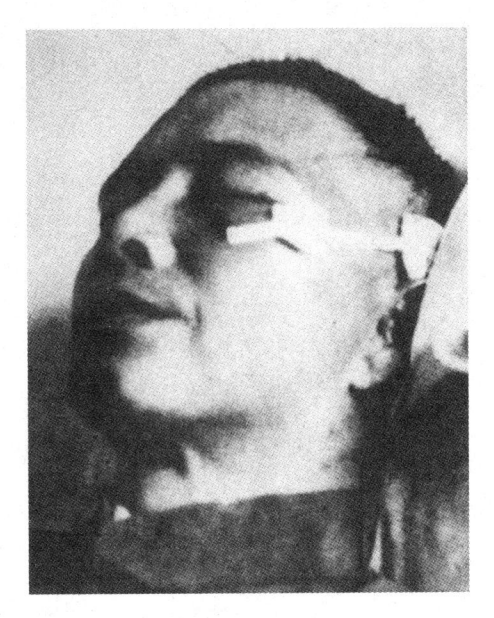

被刺后的汪精卫

蒋介石亦深为震怒，马上召见戴笠，训斥说："人家打到了中央党部，你还不知道。每月花上几十万元，就让出这种事吗？限你三天之内破获此案，否则要你的脑袋。"

戴笠回到特务处，把手下的人也依样画葫芦地臭骂一顿，并亲自率人组织破案。经过多方侦测调查，抓到晨光通讯社的编辑主任贺坡光和孙凤鸣的妻子等多人，严刑审问出是王亚樵、华克之等人主使，经报蒋介石后，决定逮捕王亚樵等人。但这时王亚樵已去香港，戴笠就亲赴香港抓人。

但戴笠在香港一下飞机，就被香港当局以非法携带枪支为名扣压，关了三天后，才由南京政府交涉放出，这更增加了戴笠对王亚樵的仇恨。

经过多方审讯和部下的侦查，得知王亚樵已躲往广西梧州。而这时的广西正在桂系的掌握中，无法公开逮捕，加之王亚樵党羽甚多，不知会发生什么情况。于是，戴笠就密派特务，前往梧州刺杀王亚樵。一天晚上，趁王亚樵拜访一女人时，隐藏的特务们一拥而上，将王亚樵刺杀身亡。

斧砍唐绍仪

唐绍仪字少川，1860年生，早年留学美国，回国后曾在清政府内任职。辛亥革命后，被袁世凯任命为南北议和全权代表，为袁世凯任大总统时的第一任国务总理。后加入同盟会，参加广东护法军政府，为七总裁之一。1931年，参加广东的反蒋政府。"九·一八"事变后，为国民党中央监察委员，国民政府委员。就是这样一个官场上不倒的"三朝元老"，1938年被戴笠派人刺杀于上海。

1937年卢沟桥事变之后，日军进攻上海，国民党蒋介石先后调动七十三个师在上海与日军展开决战。淞沪抗战打了三个月，到11月，日军进驻上海，国民党全线撤退。不久，

中华民国北京临时政府第一届内阁总理唐绍仪

南京失守，国民党中央和国民政府先撤武汉，后迁重庆。

此时，原在上海的军政要员纷纷外逃香港，国民党也派人多次劝说唐绍仪离沪赴港，但唐绍仪迟迟不动。这时，日本侵略者急于在其占领区内寻找一个有声望、有资历的中国政客出面组织政权，以实现"以华治华"的策略，便看上了唐绍仪，派出一个专使拜访唐绍仪，动员他出面组织政权。但唐绍仪并没有答应。

日本人拉拢唐绍仪的活动却为戴笠的特务所侦悉。国民党从上海撤退后，戴笠留下了大批潜伏特务，既搜集日方情报，同时也监视各方人员动向，而唐绍仪在上海迟迟不肯动身，便引起了戴笠的注意，他电令上海特区区

长周伟龙严密监视。

周伟龙手下有个特务叫谢志磐,他常利用与唐绍仪的亲戚关系去唐家侦探情况,便知道了日本人去过唐家,但与唐绍仪谈的情况并不知道。由于戴笠催得紧,谢志磐只好把从唐家一些人口中听到的一句半句添油加醋地报告周伟龙,周伟龙为了邀功,再加上一点水分。到了戴笠那里,就成了日本与唐绍仪勾结的情报了。后来,戴笠又请在香港的杜月笙给唐绍仪写信,找人持信去上海见唐绍仪,劝唐立刻动身离沪,唐绍仪表示决不会当汉奸,一定要去香港,却没有马上动身的意思。杜月笙得到回信后,即告诉戴笠,说唐暂时不会离开上海。于是,戴笠一面向蒋介石汇报情况,一面布置暗杀行动。他综合周伟龙的报告和杜月笙的回信,认定唐绍仪会应日本人之请搞维持会。

1938 年 9 月 30 日这天,谢志磐先与唐绍仪约好,说有古董商人要出卖古董。将一个仿古花瓶用盒子装好,内藏一把小钢斧,由赵理君扮成古董商人,另一个特务李阿大扮成伙计带着它,乘车前往唐绍仪家。

唐绍仪平生喜爱古董,逢此战乱时期,可以买到便宜货,便到客厅会见。赵理君进客厅时,乘人不备,将香烟盘上的四盒火柴都装入自己兜里,见唐绍仪来到,便假装抽烟找火柴,客厅里没有,唐绍仪便让佣人去找。佣人离开后,赵理君便请唐绍仪看花瓶,趁唐低头观看的刹那,"伙计"抽出事先准备好的斧头,狠狠地劈下去。可怜唐绍仪这个"三朝元老",连哼都没哼出一声,便丧生在这两个特务的手下。

两个特务得手后,急忙走出来上车,还煞有介事地回身打了个招呼:"老太爷不必送了,请仔细看看,我们马上再送几件来。"说罢,车子就在保镖的眼皮底下开走了。

那个佣人取来火柴,一见老太爷倒在地上,流了一地的鲜血、脑浆,大喊了一声:"抓强盗!"便与保镖追了出去。这时,车已经开得飞快,拐个弯就不见了。他们记下了车号,赶紧报告租界警方,等发现汽车时,车内早就没人了。

唐绍仪死后,全国舆论哗然,国民党内的一些元老知道是特务所为,纷纷向蒋介石表示不满,认为没有确凿证据,不该随便杀人。蒋介石没有办法，一边致电唐绍仪家属表示慰问，并寄去五千元治丧；一边以国民政府名义，明令褒扬，将生平事迹宣付史馆，以昭功绩。

一面杀人，一面慰问，这是蒋介石的惯用手法。而这一套手法除了寥寥几人知道外，芸芸众生都被瞒住了。这就是运用特务的奥妙。

五　特工大手笔

军统大膨胀

蒋介石自1932年任国民政府军事委员会委员长,与汪精卫共掌国民党及其政府以后,纵横捭阖,先后瓦解福建事变、镇压冯玉祥的察哈尔抗日同盟军、平定两广事变;并在第五次"剿共"中攻占中央苏区,迫使中国共产党和工农红军举行了战略大转移,长征至陕北开辟根据地;还在追击红军的过程中,将中央军派驻川、贵,势力大增。而在这一过程中,戴笠运用他的特务组织,深入福建、广东,策反十九路军和广东粤军中的重要将领,刺杀政敌,搜集情报,使蒋介石运用起来,有如臂使指的功效,立下了汗马功劳。1936年西安事变,戴笠舍命赴西安,更使蒋介石感到这个黄埔六期的学生忠心耿耿。运用他,可以收获超常的功效,而又不必担心别的什么。于是,在抗战爆发后,蒋介石大笔频挥,戴笠的特务组织便不断膨胀起来。

而这一切,又是与蒋介石的需要和其权力、地位的提高紧密联系在一起的。抗战爆发,国内的政治形势急剧变化,更加错综复杂:一是民族矛盾

1937年7月17日蒋介石在庐山发表抗战讲话

上升为主要矛盾，但阶级矛盾并未消止，有时甚至还很激烈。卢沟桥事变后，蒋介石发表庐山谈话，实际上承认了中国共产党和其他各民主党派的合法地位。继之，国民党中央社发表《中国共产党为公布国共合作宣言》，承认陕甘宁边区政府和工农红军改编为国民革命军第八路军，留在南方的红军游击队改编为新四军，第二次国共合作正式开始。国民党改变了对中国共产党公开镇压、军事"围剿"的方针，以共同抗击日本帝国主义。但与此同时，蒋介石集团又深恐中国共产党的力量在抗战中发展壮大，乃进行千方百计的限制和破坏。二是各地方实力派拥护蒋介石领导抗日，派兵奔赴抗战前线，蒋介石既要利用他们打击日本侵略者，又唯恐他们扩大自己的军队，与自己抗衡，乃进行严密的监视、控制。三是对日伪方面作战需要各方大搞所谓策反、爆破、暗杀，这样既可以不损耗太多实力，又可以显示自己坚决抗战。而这三个方面的活动，主要都由特务组织承担，以前的特务组织未免太小，需要大规模扩充。蒋介石的权力、地位在抗战中迅速上升，成为国民党党政军内至高无上、独一无二的"最高领袖"，就使他放手扩大特务组织成为可能。抗战爆发后，蒋介石先后任国民党总裁、国防最高委员会委员长，不仅"统一党政军之指挥"，且"得不依平时程序为便宜命令之措施"。可以说是如皇帝一样，"金口玉言，说啥算啥"了。

蒋介石需要扩大特务组织，又极端信任戴笠，而戴笠也的确不愧为"天子"的得意门生，运用特工的大手笔，因而军统组织便"见风而长"了。虽然中统局的资历比军统局深，扩大改组又在军统之先（1938年5月党务调查处扩大改组为国民党中央调查统计局），但其规模与权势却在抗战时期较之军统局不免瞠乎其后，相差日远了。

1938年8月，力行社特务处在武汉扩大为军事委员会调查统计局，以军事委员会办公厅主任、蒋介石的侍从室主任贺耀祖任局长，戴笠以副局长负实际责任。

按理，戴笠始终主持指挥特务处，本来应任局长。但他以前军衔不过一上校，而军统局局长为中将衔编制，且他为黄埔六期学生，资历甚浅，又常受各方牵制、反对，故只能任副局长，官衔少将。到1943年后，任代理局长，亦不过仍为少将，直到死后，才被追赠中将，按此，他的军统局局长，亦应是死后才去掉"代理"二字的。但有蒋介石的信任、做主，并不影响他军统局的扩大，威权的发挥。贺耀祖虽名为局长，却从不到局视事，一切都是戴老板一句话。有事，戴笠不经通报即可晋见蒋委员长。故军统局只知有"戴老板"、"戴先生"，而不知有"贺局长"。

新的军统局成立，最初设有四处四室，另有设计委员会，外面设有三十余个区站，约三百个工作组、队，基本工作人员共约七千人，还有忠义救国军等武装。军统局改组不久，日军攻占武汉，局本部迁往重庆，设在罗家湾。

到重庆后，随着蒋介石的个人独裁不断加强，戴笠的特务"事业"也不断发展。仅局本部就达到一千多人，所属特务不算武装部队，有五万多人。其组织机构除直属的秘书室、机要室、缮写室、人事室、督察室、会计室、时事问题研究室、经济研究室、技术研究室、医务室外，还有八个处，其具体分工是：

第一处主管搜集和处理军事情报；

第二处主管搜集和处理党政、社会、经济、文教等方面情报；

第三处主管警务、行动；

第四处主管电讯业务和电讯监测、破译密码等；

第五处主管特务训练班；

第六处主管对敌伪占领区布置、建立间谍潜伏组织；

第七处主管司法和监狱；

第八处主管总务。

此外，还有设计委员会，作为咨询机构。

其基层组织也迅速增加，共有十六个区、四十一个站、十七个办事处和各种各样的训练班。

这些基层组织中有的是在原来就有的基础上进一步扩大的，有的是新建的。下面我们看一下几个基层组织的情况，可见其组织规模的庞大，戴笠的势力之强。

军统局最大的基层组织是上海区。这个区早在特务处成立时就已设立，军统局成立后进一步扩大。因为此时上海已经被日军占领，为了防止被日本破坏，采取了复式区本部的办法，在两三个地方，以家庭方式为掩护，流动办公。

区本部书记在个人住所综理业务，设有二十二个联络点和交通站，分别作为接头地点和传递消息。主管财务的会计部门也单独在一处办公，由一个会计配备一个交通员处理经费上的有关事宜。区本部原则上不与外勤单位直接发生关系，全部活动通过交通站或联络站指挥。交通站有内外之分，区本部与各组队之间的联系，由内部交通站负责，各组队及其所属组织之间的关系，由外部交通站负责。全部内勤人员有三十人到四十人，交通员、联络员有几十人。外勤则有五个情报组和八个大队，依照顺序罗列如下：

情报第一组，负责公共租界、法租界巡捕房和一些高级情报关系的联络；

情报第二组，以搜集政治情报为主，在伪组织中设有内线，并搜集有关共产党地下组织的情报；

情报第三组，多由福建人组成；

情报第四组，侧重搜集社会情报，偏向于地方琐事；

情报第五组，主要搜集敌伪情报，兼搞共产党的情报。

行动第一大队至第八大队，多的上百人，少的也有三十人，专门从事各种破坏、暗杀等活动。

1939年，上海区设了一个直属新编第一组，将情报和行动单位混合在一起，组员五十人到六十人，都是在临澧、黔阳等特务训练班受过专门训练的专业特务。后来又成立了抗日杀奸团。

上海区全部内外勤人员有一千多人。

军统局武汉站，1938年8月扩大为武汉区，全区有九个组，两个行动队，一个交通站，人数在两百人以上。

在东北的特务组织，据伪满洲国军政部顾问部的档案记载，当时日本在东北的情报机关侦察，蓝衣社东北总支部设在奉天（今沈阳市），隶属于军统局华北特派员办事处，其内部组织设有：军人部、政治部、宣传部、青年部、妇女部、工人部、特别工作部、侦探部、训练部、调查部、经理部，在营口、长春等十多个地方设有支部，各支部下设侦查组、调查组、军事组、特别组、情报组。其工作方针是义勇军联络及暗杀日伪要人,调查日满政治、军事、经济、外交状况和日本在东北的殖民状况,并进行各种破坏活动。

太平洋战争爆发前后,中国的外来物资主要通过滇越、滇缅两条交通线运输,为了加强这两条线的保卫,军统局云南站加强了力量,除原有的六个组扩大、加强外,将开远组扩大为开远分站,下设麻栗坡、老开、江城三个组,人员大增,这两条线的所有乡镇几乎全部有军统的组织和人员在活动。

随着日本侵略范围的扩大,戴笠把军统局的组织延伸到海外,其大致情况如下。

越南:1939年春在河内设立工作组织,并逐步发展到西贡、海防、芒街、东兴、顺化等地,在谅山设立联络站,以为策应,在南宁设立情报总站,统一指挥越南七个分站。

缅甸:抗战爆发后,在仰光、腊戍各设一个组,日军进攻缅甸时,军统局立即开始行动,派遣一支秘密行动队,在一些地方设立流动侦查组,策动缅甸民众抗日。

菲律宾:1940年以前,军统局在马尼拉设立了工作站,日军占领后,军统局训练了一些华侨青年,建立"铁血团"进行破坏工作,并设有秘密电台,搜集、提供军事情报。

泰国:1939年秋,军统局在泰国成立工作单位,后来又成立了泰国挺进队,从事抗日活动。

印度:在加尔各答设有工作站,各地建立有工作组,搜集各种情报。

新加坡也设有军统局的工作组织,进行情报活动。

抗战期间,戴笠对国统区的特务组织也进行了调整,军统局西北区的情况可以说明。

西北区原设在西安,1939年改设在兰州。其管辖范围包括甘肃、宁夏、青海、新疆、西藏五个省的军统组织。西北区下设兰州站、平凉站、武威站、宁夏站、马栏组、迪化组、青海组、拉萨组、酒泉组。

西北区区长的公开职务是第八战区司令长官部调查室少将主任,同时又兼第八战区军法执行总监调查室主任。第八战区司令长官部调查室设有情报、司法、总务三个股，一个电讯总站，一个特务队，一个看守所。

由西北区指挥的公开机关还有：军事委员会兰州航空检查所、军事委员会邮电检查所、兰州市警察局、甘肃省保安处谍报股、甘肃省警察教练所、西安公路警察大队、范汉杰兵团调查室、武威警备司令部稽查处、兰州军警督察处稽查科。

其任务是：搜集陕甘宁边区和延安的情报，破坏甘、宁、青、新、藏五省的中共地下组织；控制航空、公路交通，实行邮电检查，监视和镇压少数民族的反抗；监视和防范西北区的割据势力，对马步芳、马步青、马鸿逵、马鸿宾、盛世才、达赖、班禅等的活动，都要进行监视；搜集五个省的军政、党派、财政经济、文教、社会等各方面的情报，等等。

1941年1月，军事委员会兰州检查所报告，有一架苏联运输机降落在兰州机场，飞机上载有从苏联治病后回国的林彪。戴笠遵照蒋介石的密令，指示西北区要好好接待林彪。西北区区长当即找到甘肃省主席谷正伦出面宴请林彪，并由第八战区司令部参谋长、省民政厅长和军统局西北区区长作陪，林彪住了几日后，乘汽车返回延安。

中美合作

1942年，美国华盛顿大饭店的一个套间里，几个身着美国海军将校服装的人正与中国驻美大使馆副武官肖勃密谈。

这些美国人是：美国海军军令部部长金氏上将（Admiral Ernest J. King）、美国海军舰队训练处督导兼海军部内管制委员会委员李威廉少将（Willis A. Lee）和部内管制委员会记录官梅乐斯少校（Mary Miles）。原来，太平洋战争爆发后，美国迫切需要在中国大陆特别是沿海建立情报组织，搜集有

梅乐斯

肖勃

关日军动向的情报,特别是要把气象资料提供给美国海军,以有利于美军在太平洋区域的作战。但这样的活动光靠美国人不行,必须与中方合作,才可付诸实施。为此,他们找到国民党政府驻美大使馆副武官肖勃,进行具体探讨。而肖勃除了是大使馆副武官之外,还是军统局的特工人员,负责向戴笠提供有关情报和与美有关方面联络的任务。所以他当即提出,美国海军可以与戴笠合作,而且只有与戴笠合作,才能达成此任务。美方为了严格保密,特在华盛顿大饭店开了房间,与肖勃具体探讨。

"如果允许美国海军在中国放手去做,将可以做哪些工作?将以何种方式合作去有效地打击日本人?"金氏上将开门见山,提出了问题。"交换情报,训练游击队,在敌后进行策反、破坏,策应美军。"肖勃答。"戴笠行吗?"美国人素来看不起中国人,对戴笠也缺乏了解,故将信将疑。"你们可以派梅乐斯先生去,他无论想到东南沿海的任何地方,军统局的人都可派人护送,保证安全,并完成任务。如果此言不虚,则一切合作计划,均可顺利进行,否则,一切作罢!"肖勃深知戴笠的特工能量,毫不迟疑地回答。"好,就派梅乐斯去一趟。"金氏上将站起来,手一挥,拍了板。于是,一边由梅乐斯起草有关合作计划,一边由肖勃负责向国内请示。

稍后,美国海军部批准了梅乐斯起草的机密0303623号合作计划,肖勃即电请国民党政府指示。

且说自卢沟桥事变后,蒋介石巴不得美国早日参战,但美利坚合众国却迟迟不肯上场。终于,珍珠港美海军在日本的突然袭击下葬身太平洋底,美国再无可退之处,乃对日本宣战。这使蒋介石信心大增,腰杆子顿时硬了起来。他在《告全国军民书》中,号召全国同胞、海外侨胞及全体将士"各竭其能,各尽其责,共作最大最后之奋斗","以收获'九·一八'以来血肉所造成之战果"。继而,中、美、英联合设立中国战区统帅部,以蒋介石为最高统帅,美军将领史迪威为参谋长。蒋介石深知:与美国合作,就会得到美国的大力支持,特别是美国的先进技术、装备和源源不断的军用物资,这可以使他的部队装备迅速改观,并加强对日军的战斗力。因此,他对中美合作自是求之不得,接到肖勃的报告后,立刻复电同意,并指定戴笠为中方负责人与美海军情报机关合作。

但是,美国海军方面对中国方面是否有能力帮助美国获得有关气象资料和战争情报仍有怀疑,乃派梅乐斯到中国考察,并晋升其为海军上校。戴笠得知这一消息后,使开浑身解数进行布置。他深知,这是蒋介石对自己赋予的又一极为重要的任务,只能干好,不能干坏。梅乐斯一到中国,戴笠便与之会商有关问题,并布置各地特务组织全力支持。没几天,敌后情报如雪片般飞来,不仅中国沿海各地,且越南、缅甸、泰国、中国台湾、菲律宾、婆罗洲等地的敌情和气象情况,都汇集到梅乐斯的工作台上,给梅乐斯留下了深刻印象。

继而,戴笠又安排梅乐斯到东南沿海敌后一行。由军统局在敌后的特务安排,时而乘卡车,时而坐滑竿、轿子,还有马车等工具,穿行于沦陷区内,有时还要化装成老百姓,步行偷越敌境,最后到达蒲城,与戴笠相会。为了显示军统局的潜伏力量,戴笠电令东南沿海敌后的特务,包括香港的潜伏人员,化装成各种不同身份的人,分别悄悄地到蒲城汇报情况。在戴笠的安排下,梅乐斯等人还深入沿海的各个战略要点、岛屿和港湾,偷拍了厦门飞机场和一些港口的照片,考察了设置秘密工作据点和气象哨的位置,虽然也几经危险,但终于达成任务,安然回到重庆。

梅乐斯的东南之行,使他确信戴笠及军统局有力量与美海军合作,完成有关气象情报、军事情报搜集等任务,于是,双方开始探讨合作的具体形式和有关内容等问题。最后,经美国总统罗斯福、中国蒋介石同意批准,由中国代表外交部部长宋子文、美国代表海军部部长诺克斯签署,达成了"中美特种技术合作协定",并设立了中美特种技术合作所,简称中美合作所,具体行事。

中美合作所于1943年7月1日在重庆钟家山正式成立,以戴笠为主任,梅乐斯为副主任。

中美合作所在主任、副主任外设有参谋长，双方各设主任秘书一人。其所辖内部部门有军事作战组、情报组、心理作战组、气象组、行动组、交通运输组、经理组、医务组和财务组。下边还有一个庞大的汽车总队，有一千多辆卡车。其外勤单位原设有东南办事处，指挥东南沿海各站、组和各别动队。1944年，又设立了四个情报站和一个前进指挥所。

正在签字的戴笠

中美合作所仅美方人员就达两千三百多人，其组织是够庞大的了。

按照"协定"，中美合作所的业务至为广泛，具体如下。

一、在中国沿海与沦陷地区以及其他国敌占领区，打击中美共同敌人。

二、在美国训练业已成熟，绝对可靠，并已宣誓对盟国效忠之缅甸、泰国、朝鲜、中国台湾、安南等地人员，经美方提出，华方认可后，准在本所指挥下参加工作。

三、本所设有远程空中侦察队，配有飞行器材及研译判读照相人员，在中国沦陷区及远东各国敌占领区内，摄制并判读敌之活动照片，以便实施各种打击。

四、为便于在中国沿海各港湾实施布雷，适时打击敌人，得由美方派飞机测量港湾情形，并由华方派员参加。

五、设立宣传组，对中国沦陷区及其他日军占领区内之敌人与人民，从事心理战争。

六、对于敌军陆海空三部分之电讯密码，实施侦收研译。

七、在各地分期设立前进工作队，办理有关爆破、侦查、瞭望、气象、对敌宣传及其他有关事宜。

八、本所所需之爆破、无线电、武器、弹药、交通、摄影、气象、化学、印刷、医药等以及各项工作所需之一切器材，均由美方供给等。

对于戴笠的"特务事业"来说,中美合作所可以说有至为重要的意义:它使军统特务经受了美国特务的现代化技术训练,并配备了现代化的技术装备。经美方特务训练的"游击部队"和"工作人员"约有一万人。中美合作所为此办过二十二个特务训练班,从而把戴笠的特工组织推向现代化。这是蒋介石对戴笠的特殊信任和"关照"而致。

为了完成蒋介石交给的中美合作大任,戴笠对美国特务可以说是尊敬而达到谄媚的程度。

1943年春天,中美合作所虽尚未正式成立,但美国方面已派了六百多人到达重庆。戴笠为了欢迎美国"客人",特地安排一次盛大的宴会。这时,钟家山的餐厅刚刚建成,尚未全部就绪,故宴会原定在杨家山篮球场举行。当天下午4时,戴笠突然改变主意,要改设在新餐厅举行。这时,杨家山已布置就绪,要改在钟家山,全都搬移过来,而且还要布置花园、道路等,可谓是强人所难。可戴笠的命令在军统内就是"圣旨",不容改变。军统局重庆训练班副主任陶一珊与侯祯祥商量,只好调两个大队学员,一个大队布置餐厅四周的花园和道路,一个大队搬运桌椅、厨房用具和各种东西。6时30分,戴笠亲临检查,果然已基本就绪。7时整,美国客人来到,在粉刷一新的大餐厅里觥筹交错,推杯换盏,丝毫未感觉出是匆忙之间布置出来的。此后,每年圣诞节,戴笠都要大宴美国特务,有时还要命令军统

戴笠陪同梅乐斯检阅特务部队

局特务的女儿或妻子出席，陪美国特务跳舞，特别是对美方的高级特务，还要挑选年轻貌美的女特务相伴，以讨欢心。1943年圣诞节，戴笠特地给中美合作所美方人员的家属每人准备一份礼物，寄给他们在美国的太太、未婚妻和女友，表示戴笠对这些美特的关怀入微，可说是煞费苦心了。

戴笠对美国特务的要求，也总是尽量满足。一次，戴笠视察河南临汝的中美合作所第三训练班，正赶上美国教官要求给他们的住地铺地板。当地根本没有铺地板的习惯，很难找到木料和会铺地板的工人，当时陪同戴笠视察的黄天迈一口回绝了这个不合情理的过分要求，可美方人员说："我们知道，就是要天上的月亮，戴将军也能摘下来。你就去告诉戴将军吧！"黄天迈没有办法，只好报告戴笠，戴笠却毫不犹豫地答应了，并立即限令训练班副主任文强马上去办，两天内完工。果然，两天后，美国特务的住室里都铺好了地板。

特务们在训练

戴笠为了与美国特务搞好合作，潜心研究西方的风俗习惯。一次，戴笠陪美方特务到西安，事先查看为美特准备的住地。他的部属都知道戴笠要讨好美国人，所以下了全力布置得豪华而舒适。没想到，戴笠看后，却大发雷霆，命令属下立刻将门牌号换掉。原来，这个门牌号是某某路13号，13正是西方人最忌讳的不吉利数字。属下特务既感到好笑，也不得不佩服戴笠考虑得细致入微，于是，马上将其改为甲14号，意为在14号之前，却又避过 13 这一数字。

戴笠的苦心没有白费，中美合作所的组织活动都进展顺利，受到了蒋介石的赞赏。1945 年秋天，蒋介石视察中美合作所，对戴笠的工作给予了充分肯定。这天，在新建成的操场上，中美合作所的中方特务和三百多名美国特务整齐地排列在操场的两边，中间是中美所特警班的八百名学生和四十多名美国教官。蒋介石刚一出现，一阵号响，全体特务、学员全部立正，向蒋介石敬礼。这些特务和学员服装整齐，纪律严整，使蒋介石大为高兴。继而，学员们在表演分列式后，又进行刑警课目表演，一律运用美式警棍和美国军犬，进行追捕人犯、搜查等活动，一律按美国操典进行，蒋介石看得心花怒放，连声叫好。表演毕，蒋介石亲自训话，表示感谢美国特务在中国的贡献，对经过美式训练的学员，也予以勉励，说他们不仅是戴局长的好学生，也是他最喜爱的学生。今后他们的责任非常重大，应当下决心去完成任务。

美式装备的军统特务

蒋介石把中美特务合作的大任交给得意的学生戴笠，戴笠也没有辜负蒋的栽培。

在对日作战中，中美合作所的特务曾多次搜集到日军的重要情报，提供给美国海军，使美军给日军以沉重打击。为此，罗斯福总统曾亲自致函中国方面表示感谢。这无疑在美国人面前为蒋介石争足了面子。

特别重要的是，经过美国的训练、装备，戴笠的特务走向现代化，在其后的反共过程中发挥了特殊的作用。这既是戴笠为蒋介石效忠的"本钱"，也增加了蒋介石反共的力量。这不能不使蒋介石对戴笠格外垂青。

"主任"学"校长"

1932年的一天深夜，南京中央军校军官班的学员们正在熟睡，突然，有十人被值官悄悄叫醒，让他们赶紧起来收拾行装，马上出发。

几分钟后，他们上了一辆用布篷遮得严严实实的汽车。走了约一个小时，汽车停在一扇铁门前，他们被命令下车，拿着行李走进去。当夜，又来了十人，开始了紧张的特别训练。这就是戴笠的第一个特务训练班——洪公祠训练班。

戴笠受命组建特务处，面临的第一个问题是缺少人手。原有十个人，再网罗一些同乡、同学、亲友等，也不过几十人，而且搞特工又大多没经验，现学现干，这就亟需培养特务人才。而现招生又来不及，故请示蒋介石，在中央军校中挑选。

一天，校方公布，张北分校即将成立，需要挑选一些学员去任队长，自由报名，考试录取。当时军官班有一千七百多名学员，有两百多人报了名，结果，只录取了十人。考试的方式很特别，主要考应变能力。这班人进了训练班，学的全是特工课程，他们不知道为什么要学这些。这里纪律森严，不准外出，不准通信，不准交头接耳，不准彼此私自谈话，气氛恐怖异常。

四十天后，他们被派到保定，整天登记来往火车，车上有多少军队、番号等情况，都要搞清楚，并按规定写报告。这时他们才知道当

在军统特务培训班上讲话的戴笠

上了特务，马上商议不干走人。可这时，戴笠来了。"不干，想得容易，告诉你们，谁也别想走。你们是军人，要以服从为天职。从今以后，要老老实实遵守团体纪律，努力工作。"一席话，说得这些人哑口无言，只好乖乖地干下去。

这个训练班是特务处最早的训练班，据良雄《戴笠传》记述，这个班"对外用参谋本部的名义，而实由特务处主持。最早受训人员，系于军委会所属之军官训练班与政治训练班中挑选，多数为青年军官，亦有黄埔军校前期毕业生。其正式名称为'特种警官'训练班"。

第二个训练班是杭州警校特警班。杭州警校即浙江警官学校，是朱家骅任浙江省政府主席时所建，由朱自兼校长。1932年，由戴笠请示蒋介石批准，在该校附设特务训练班，称特种警察训练班。

这个班虽然名义上隶属于浙江警官学校，实际上从人员吸收到训练，以及毕业生的去向，都由戴笠一个人说了算。只不过受训人员都穿上警校的服装，以掩人耳目而已。

特务处扩充为军事委员会调查统计局后，特务组织迅速扩大，需要大量的人员补充，戴笠在蒋介石的支持下，又施展开特工大手笔，到处设立特务训练班。戴笠学习蒋介石当黄埔军校校长的作派到处开办特务训练班，每个训练班又都亲自任班主任，而派一人为副主任主持工作。这样，受过训练的特务便都成了他的学生，像黄埔出身的人都是蒋介石的学生一样。

1938年，军统局在武汉成立，就在这里设立了特务训练班，同年迁往重庆，又在重庆设立训练班。随着军统局特务足迹所到，到处出现形形色色的特务训练班。可以说，哪里有特务，哪里就有特务训练。

下面是这些训练班的分布情况。

华中：星子、临澧、黔阳、长沙、衡山、南岳、修水、沅陵、洪江、东安；

东南：屯溪、金华、上饶、泰和、雄村、丽水、瑞安；

华南：建瓯、南平、梅县、南宁、柳州、华安；

西南：息烽、巴县、江津；

西北：兰州、西安、南郑；

华北：临泉、陕坝、北平。

各特务训练班每期最少的二三十人，最多达两千多人。各地训练班少的办一期、二期，多的办四期、五期，最多的还有办了九期的。

特务训练班的规模和具体情况，以几个主要训练班的情况为例作以介绍。

中央军校特别训练班：即星子训练班，1936年4月设立，十人，主要是训练所谓特种警察。

息烽训练班：1940年始办，计四期，每期达六百到一千人，训练项目分别为谍报参谋、政治警察、情报、行动、会计、电讯。

外事训练班到外语训练班：1939年9月，戴笠决定在重庆举办外事人员训练班，把各地特训班能说外语的学员一律送重庆，转入外事班，并登报招收学员，招了七八十人左右，以后又办第二期、第三期，学员两百人。1942年改称为外交人员训练班，自公开招考会英、法语的青年，或外事工作人员，共招五六十人，训练后有计划地派驻各国使领馆，担任武官、领事等外交官。这些外交官，固然受直属单位领导，同时也受军统局领导，要提供有关情报。1943年又改为外语人员训练班，招收懂英语的青年学生和军统局的工作人员，进行思想训练和英文、口语训练。时间为九个月，共办了两期，训练学员一百五十人左右。这些学员除补充中美合作所的翻译外，还派往国民党各战区外事处，充任翻译。

南洋工作人员训练班：选训南洋归国华侨，训练后派南洋为军统局工作。

越南战地工作干部训练班：计一百八十人，训练后派回越南工作。

台湾工作干部人员训练班：训练台籍人员，日本投降后渡海返台，大都潜伏在民间活动。

爆破人员训练班：1940年，经蒋介石批准，在成都中央军校入伍生中选调了一些学生进行爆破实习，调制各类炸弹、地雷、定时炸弹。这些学员大都担任爆破方面行动工作，共办了七期，每期约一百五十人。

特种政治研究班：以张国焘为主任，主要讲授共产国际、中国共产党、新四军、八路军等有关问题，是为高级特务组织的政治讲习班，每期八十人。

但戴笠培训最多的还是情报和行动特务。一般情报人员要训练情报搜集、编审、研判、密写、分类、传递等，还要学习秘密机关的布置、跟踪、脱梢及情报网的分布，也要培训行动技术，如检查、侦察、爆破、逮捕、解送、看押、暗杀、放火、搏击、偷盗和各种破坏技术，还有各种化学物品、毒药、武器如手枪、毒刀、利斧的使用等。

这些训练班的教官绝大多数都由长期从事特务工作的老牌军统特务担任，边讲述边示范，学员们边听课边实践，以求获得实际的效能。

电讯是特务工作重要手段，培训特务电讯业务人才是特务训练的重要内容，戴笠在各地举办了大量的电讯训练班和译电训练班，先后有杭州电讯人员训练班、武昌电讯人员训练班、临澧电讯人员训练班、金华电讯人员训练班、东南电讯人员训练班、西安电讯人员训练班、杜市电讯人员训练班、译电人员训练班、侦测人员训练班等。

此外，随着军统渗透的部门越来越多，戴笠的"业务范围"日益扩大，其特务训练的范围也不断扩展，举办了大量的督察人员训练班、管理人员训练班、勤务人员训练班、司法人员训练班、财政部缉私查缉干部人员训练班、军医人员训练班、气象人员训练班等。

特别有意思的是戴笠还办了一个舞蹈训练班。1938年戴笠去西安视察时了解到，青海马步芳不愿听命于蒋介石，对国民党派去青海的工作人员进行监视，甚至借故关押，或是暗杀。蒋介石很是头痛。戴笠指示军统西北区区长张严佛筹办个舞蹈训练班，招收二十多名女青年，教授跳交际舞，并进行情报技术方面训练，分别打入青海省上层，以色相取得情报，秘密监视马步芳的政治动向。

中美合作所成立后，进行特务训练采用美国的现代技术，包括美式武器的使用、实弹射击，以及化装、审讯、测谎器、刑具、痕迹、警犬教练、汽车驾驶等侦察、审讯的应用技术。

此外，特务训练的重要内容还有一部分，就是政治训练，主要内容是无条件地忠于蒋介石，树立为蒋介石不惜牺牲一切的思想和反共理论。蒋介石对特务训练亦极为重视。1938年11月4日，临澧特务训练班首届学员毕业的前一天，戴笠正在这里准备主持毕业典礼，接到了蒋介石拍来的电报，全文如下：

"临澧特种警察训练班戴主任，某密：本班第一期学生毕业，特电颁

抗战时期的蒋介石在重庆发表讲话

辞如下：特种工作为神圣革命事业之一，尤其现当抗战最严重期间，责任更为繁重。第一应有极高尚之道德、革命决心，必须先从本身做起养成纯洁人格，乃足以完成其任务，而为社会所敬服。第二应用极勇敢之精神，明生死，履艰险，命令所在，虽赴汤蹈火，皆锐利而前，毫无犹豫，以牺牲报国为光荣，乃足以达成其任务，而立伟大之事功。总之，心地必极光明，行动必极秘密。智仁勇三者具备，由此简练揣摩，则成己成物，济世报国，必可操券也已，望诸位共勉之。中正冬侍秘湘。"

这位曾任黄埔军校校长，时为国民党总裁、军事委员会委员长的蒋介石，能在抗战的戎马倥偬中关心一届小小训练班的毕业生，谆谆告诫、勖勉，足见他对特务工作的重视，也见他对"戴主任"的偏爱。

据良雄《戴笠传》："自洪公祠训练班起，曾受戴氏训练人员，共约六万人，其班别甚多，难以缕述。"规模庞大的特务训练，使军统局的特务人员逐渐走向专业化。而美方参加训练、装备特务工作，更使许多特务手段走向现代化。

这在戴笠的特务发展史上，又是一个重要环节。毛泽东说：蒋介石是靠黄埔发家的。是否可以说，戴笠是靠训练班发家的呢？

特工"天才"

1938年秋，正是戴笠春风得意的日子。他刚刚被任命为军统局副局长，且负实际责任。军统局是军事委员会下属最有权势的单位之一，他作为实际负责人，掌握着特工大权。上有蒋委员长的信任，下有庞大的特工机构、特工人员由其运用、调遣，而且，这个庞大的体系只服从他一人。

可是，戴笠不是个得意忘形、乐而忘忧的人。他深知：这一切都是蒋委员长给的，是因为他在十年中不辞艰辛、冒险犯难，甚至用生命换得的。蒋介石给他头衔、给他权力，不是让他以此炫耀，以此作威作福，而是要让他以自己的特殊技能、超常的手段为己效力。随着机构的扩大，职位的提高，他要考虑的是如何更有效地发挥特务组织威力，为蒋介石尽忠、竭力……

初秋的武汉，天气仍很炎热，戴笠身穿白衬衫，正伏在办公桌上，对一本书的清样圈圈点点。书的尾页上赫然印着"《政治侦探》；讲述者：戴笠；编辑者：黄埔出版社；印行者：中央陆军军官学校"。

原来，这又是戴笠的"大手笔"。机构升格了，人员增加了，任务自然也就加重了。如何适应新的变化，新的形势，充分发挥特工组织的威力，不仅戴笠要认真地想一想，而且要让所有的部下都明确。为此，他把过去的特务组织、行动、方法归纳、整理，参照各国的特工机构，系统地进行阐述，从而使特务工作与理论系统化、规范化。这样，就形成了《政治侦探》——秘密的、注明"非卖品"字样的一本特工训练教程。

《政治侦探》可以说是一部"特工大全"。

在这本书里，戴笠把过去的特务组织、工作等进行升华，上升到理论的高度。特务不再仅仅是进行绑架、逮捕、暗杀的打手，而是全面维护国民党蒋介石统治的一支庞大的特殊队伍。他们是"以绝对秘密之身份，受独立组织之指挥"，其组织、身份、工作都十分机密，"视上级命令所指派，分驻各处，严密注意当地一切关于党，军，政，学，工，商人民之动态。凡有贪黩奸污，借公奉私，足以祸国殃民之事端，以及违法抗令，暗蓄异志，足以形成反动阴谋之行为，均须以最机密，最迅速之方法，洞悉内情，以最忠实，最正确之报告。摘发制裁"。具体说，其任务包括五个方面。一是"保卫领袖的安全"，也就是保卫蒋介石的安全。在特务处和军统局时期，保卫蒋介石是特务们的一项主要任务。从特务处时期起，蒋介石的安全就由戴笠的特务负责。蒋介石的随身警卫许多是由戴笠指派，后来更成立了"随节办事处"，专门跟随蒋介石，负责其安全。蒋介石每到一些形势复杂的地方，常由戴笠先行，布置警卫事宜，确认安全无误后，才迎蒋"莅临"。二是"惩办一切贪污不法"。实际上这一条只说明了特务工作的一小部分，甚至是微不足道的一小部分。戴笠的特务不仅是"惩办贪污不法",而是对国民党政权体系内的一切人都有监视的任务,特别是对于和蒋介石有离心倾向的人,更是监视甚严,一言一行都要注意。三是"扑灭一切反动势力",即一切反对国民党的势力。当然,这里面最主要的就是中国共产党和各民主党派,也就是戴笠所说的"叛党"。无奈这时国共合作抗日,戴笠即使对中共恨之入骨,也不好在出版物中明确指出,只好以"反动"、"叛党"而代之。实际上,戴笠不止一次地说过:共产党是最可怕的敌人,要把主要精力放在反共上。四是"协助国家建设",以此为名,控制、渗透到国民经济各部门。五是"防制国际间谍与扑灭汉奸",这亦是抗战时期军统局的主要任务之一。

为了达成这些任务,戴笠又将特务工作方式分为"情报"、"煽动的破坏"、"行动的破坏"三种,并对每一种工作方式和进行手段都进行了系统阐述。

"情报"的方式分为"政治侦查"、"兵要侦查"两大类。政治侦查又分为"国内"、"国外"两大项。举凡社会各阶层之政治地位、倾向、经济收入、文化程度等方面,均在侦查之列,特别注重政治倾向方面。农民、学生、知识分子、商人等的政治倾向、党派、言论等,都是侦查的内容。社会方面则更加广泛、深入、细致了。除了对公共场所,如医院、学校、会馆、宿舍等各方面注意外,甚至注意到居民的服装、家具、来往客人等,即使一个家庭中夫妻口音不合、饮食习惯不一致等,都要对其怀疑,重点监视。兵要侦查分得更为细密,除了军队数量、素质、技术、装备、战略要地、交通运输、给养等各方面外,特别注重军队本身的情况,而尤以官兵动态为最首要。兵要侦查的第一种,就是"国内军队内容之侦查"。具体列举了二十条,其中包括:

朝夕相叙,或有结拜弟兄等举动过分者;
在士兵谈话中,常提起官长与士兵生活比较,羡慕妒忌不平者;
常向士兵宣传反动党派之优越者,必谋煽动士兵叛离长官;
军风纪如何;
军队编制地位是否依照中央规定枪械弹药之种类数目;

部属对主义之认识等内容。

戴笠之所以对军队情况如此重视,对所侦查的条目罗列如此细致,是因为军队在旧中国的重要地位、国民党军队成分的复杂情况和蒋介石的性格决定的。

自中国进入近代以来,各种思想纷至沓来,政治离心力大张。清末,即有封疆大吏因手握兵权而左右政局。辛亥革命后,军阀蜂起,有枪就有地盘,有地盘就有政权。蒋介石以军权攫取党政权力,成为独裁者,深知军队就是命根子。而国民党军队成分复杂,有旧军阀归入者,有地方实力派控制者,有土匪改编者。这些军队虽然都用国民革命军的番号,但并非都忠于蒋介石,常有离心倾向发生,甚至公开反蒋。而蒋介石为人生性多疑,不仅对这些"杂牌"时刻戒备,就是对自己亲手扶植、培养的嫡系也放心不下。举个例子:虽非黄埔出身的卫立煌,对蒋介石曾忠心耿耿,效死用命。1932年,因率部攻入屡攻不下的鄂豫皖苏区的中心金家寨而为蒋垂青,曾以其名设建"立煌县",但蒋介石对他仍不放心。

特工"天才"戴笠

1933年,在扫平福建事变过程中,卫立煌的第五路军"战功卓著",事变平息后,其与部将在杭州宴会后打了一夜麻将,不料,此事即为蒋知悉,次日中午,蒋介石电文中,竟有"昨晚胜负如何"之句。耳目安到了卫立煌贴身,而且那么及时地报告情况,可见,多疑善嫉的蒋介石对军队监视得多么严细了。正是根据蒋介石控制军队的需要,戴笠的特务对国民党军队的"侦查"才如此重视、如此细密了。而也正是因为有如此细密的监视、侦测,蒋介石才能在国民党新军阀混战中分化、收买、瓦解了各个对手的部队。这些特务手段是越用越精,终于被戴笠系统化、规模化,而列入"特务工作教程"。这样的"门生",蒋介石如何能不赏识。

"煽动的破坏"包括策反、引诱、挑拨离间、煽动宣传等。"行动的破坏"

则又分暴动、爆破、暗杀、逮捕分项阐述。

《政治侦探》还就特务工作的具体手段，如密码、密写、手枪、匕首等的使用，跟踪、脱梢、暗杀、爆破、交际、窃取、摄影等的技术环节，进行了详细的讲解。

经过戴笠的一番阐述、布置、整顿，军统局不再只是一个杀人越货的"打手"机关，而是一个全面负责蒋介石及整个国民党统治的"安全"，对社会各方面进行侦查、控制的"主脑部"。特务也不再仅仅是那些歪戴礼帽、腰藏手枪、到处鬼头鬼脑地探听、杀人、抓人的地痞，而是有许多西装革履，或身穿戎装，肩上扛着"星"、胸前挂着勋标的"军政干部"甚至"要员"，当然，也有娇滴滴的小姐、英姿勃勃的少年、青年，甚至戴着眼镜，文质彬彬的学生。你不知道谁是特务，特务藏匿于各个角落。

看到这里不得不承认，戴笠确实是个特工"天才"。

但是，作为一个高级特工首脑，他不仅要在书本上把特工理论讲得头头是道，更重要的是要在实践中施展他的特工才能：对大势的判断，对小事的洞察……

1937年7月，卢沟桥的炮声还在隆隆震响，大多数人还把关注点放在华北战局上，戴笠却已有了大势的判断，而且预做安排了。

25日前后，戴笠的得力部属杨蔚突然接到通知，命令他晚上到戴公馆

日军正炮轰卢沟桥畔的宛平城，抗日战争全面爆发

吃饭。杨蔚按时到达，走进客厅时，发现柯建安已等在那里。一会儿，戴笠走进来，一起到餐厅用餐。戴笠自己干了一杯酒，让杨蔚、柯建安也干了，说："你们二位是我向领袖保举的两个市警察局局长，庭芳兄到郑州，建安兄到九江，因为这两个地方非常重要。就目前情况说，平汉线比较紧张，领袖可能要到平汉线督战，郑州是平汉线的要点，所以请庭芳兄先去布置一下。不过据我看来，日本的野心很大，必然还要进攻上海，将来如果上海守不住，南京也会放弃，到那时，长江的情况会变得和平汉线一样。九江是长江的门户，领袖常到庐山，所以请建安兄先去布置一下。我准备不久到武汉去，你们到任后，究竟向南京或向武汉联络，届时我另有通知，请你们赶快出发吧！"

当时杨蔚和柯建安只知道自己要去当警察局局长，对于日军进攻上海，国民党放弃南京均不太相信。但不久，日军果然开始进攻上海，南京也很快陷落，方知戴言不爽。

1939年，戴笠到滇缅运输线上视察。当时，日军已经全面封锁了出海口，重庆政府的海外物资均由西南方面运进。货运局设有西南运输处，西南运输处在缅甸设有西南运输公司，专门负责运输军用物资。这一行当，又是由军统局控制的，仰光由陈质平负责，腊戍由潘其武掌管。戴笠视察腊戍后，突然命令潘其武，向缅甸政府申领一千张商用汽车通行牌照。戴笠走后，潘其武心里嘀咕开了：领商用牌照要花很多钱，手续烦琐，咱们的汽车都有军用牌照，现成的东西具备，何必费钱费力领什么商用牌照，真是多此一举。正准备搁置一旁，负责电台工作的张我佛说："不行，戴先生说的话就是命令，怎么能够算了呢？这件事由我去办。"

领牌照要有海关进口凭单和汽车发动机号码。张我佛立即电报通知仰光陈质平，把新从美国运到的汽车发动机号码抄印，汇集具体材料后具报。三个月后，一千张商用汽车牌照领到了手，交给专门负责为西南运输公司运输军用物资的腊戍孔雀公司张经理。半年以后，1940年7月8日，英国和日本签订协定，封锁滇缅路，禁止中国军车通行，缅甸政府派兵检查。这时，戴笠电令西南运输公司，取出一千张商用汽车牌照，将所有军车一律改成商车，报关运输，军用物资得以畅通无阻地运进中国。这时，军统局的特务们方恍然大悟，不得不佩服戴笠的高明。

　　1942年3月7日，日军占领仰光。当时，正值珍珠港战事之后，美国海军遭到重创，太平洋舰队遭到毁灭性打击。日军势头迅猛，先后占领美属菲律宾、关岛、威克岛、英属香港、马来西亚、新加坡、缅甸，荷属东印度群岛以及法属印度支那，把进攻的矛头直指印度和澳洲。由于控制了制海权和制空权，日本舰队在海上横行无忌，向仰光运输了大量作战物资，准备进攻印度。没想到，6月到10月，从印度雷多机场起飞的美国轰炸机成群结队飞临仰光上空，专门对日本的军械库实施轰炸，而且命中率极高，大部分炸弹都直接落在了日军的军用物资所在地。一时之间，日本侵略者感到十分茫然：军用物资的集散地都很保密，而且仰光这么大个城市，美军如何把目标选得如此准确呢？

　　原来，这又是戴笠的特工天才的表现。

　　军统局通过各种情报渠道和战争态势，早就判断日军有扩大战争的可能，因而预做布置。1941年6月，戴笠到达仰光，把张我佛调到仰光工作，建立了四座秘密电台。一天，他把张我佛叫到住处，拿出一张仰光地图，上面画了九十九条横线，九十九条纵线，把仰光地图分成一万个小方格。"这是一张仰光市详图，分成一万个小方格，任何一格所表示的地面实际面积，不超过五十平方英尺，假使你以电台报告一个地点的位置，用几个电码表

日军占领缅甸首都仰光，图为在大卧佛前欢庆胜利的日军

示出来，你能办到吗？"戴笠歪着脑袋，盯着张我佛问。"报告戴先生，那很简单。"张我佛思索了一下说，"先把地图所划的小方格，从上到下，从左到右，每一行每一排用两位数字编号，就是从00到99，可以用一组电码，四个阿拉伯数字表示出来。如系五位数字密码，中间一个字是虚码。从00到99，先横后直。譬如仰光的大金塔中心，"张我佛指着地图上的一个位置，数了一下横竖格，"就可以用5263表示，52为横格，63为竖格。"

"好！"戴笠说，"你自己要记好，我会通知第四处、总台、机要室，以后你会有用到的时候。"

日军占领仰光后，军统局仰光站站长陈式锐找到张我佛，拿出一张仰光市地图，上面画有九十九条横线，九十九条纵线，标明了横向、纵向数字，说："我离开重庆时，戴先生交给我这张地图，说需要使用时，可以问张我佛。现在，我要将日军的仓库、机关的准确位置报告重庆，特向你请教。"张我佛按照与戴笠的约定，把详细用法告诉陈式锐，使美军的轰炸机按照这个地图的编号实施轰炸，非常准确。

六　校长做主

人间地狱

戴笠要为蒋介石的统治服务，就要有一系列的设施与办法，法西斯主义离不开密捕、监禁与酷刑。

特务处成立之初，自己没有监狱，大多是"借用"一些公开单位如宪兵司令部、警察局等的拘留所、看守所或监狱，后来特务组织不断膨胀，戴笠的势力不断增加，开始自己设立监狱。无论是借用，还是戴笠自己的监狱，都有种种对付"犯人"的措施，进到这里，就是进了人间地狱。

20世纪30年代的特务处上海区，就是利用其所控制的上海警察局侦察大队的监狱，为自己监禁、关押人犯。在侦察大队进门右边的一个小院内，有三间牢房，牢房的后边是刑讯室，里边摆着各种刑具。冬天，监狱里铺上点稻草，就是"犯人"们御寒的"被褥"；夏天，臭虫满地，蚊蝇乱飞。

到了抗战时期，军统局各地的区、站大都设立了自己的监狱，军统局本部则有三个比较典型的监押"犯人"的地方，这就是通常被戴笠他们称为"小学"、"中学"、"大学"的重庆望龙门看守所、白公馆和渣滓洞、息烽集中营。

"小学"望龙门看守所设在重庆望龙门的两湖会馆内，是一所家庙式的房屋，大门口挂着"军事委员会特五团"的木牌。"特五团"是军统局下属的一个单位，设有行动组，专门从事绑架、密捕、暗杀等活动。每天，行动组的特务们出去抓人，回来后，就在看守所内审讯。因而，这里一到深夜，便常常响起刽子手的逼供声和受刑者凄厉的惨叫。

"小学"分前后两个院子，前院楼上是特务办公室，楼下是监狱、审讯室。一般每间牢房关两人到六人，一天给一小盆水，所有人洗脸、洗衣服，全用这一盆水。因为水少，又没有地方晾晒，洗完后只好穿在身上，站在窗口，借风吹着，不知道多长时间才能干，因此常常几个月洗不了一次衣服。时间一长，汗味充满了全牢房。后院也是监狱，条件还不如前院，很多人挤在潮湿的屋子里。由于房间太小，关的人太多，晚上只能侧身躺着，连身也不能翻。室内放一只马桶，小便在这里，臭味弥漫，到处都是老鼠、臭虫、蚊子。大便由特务看押着去厕所，不放风、不散步，不许相互交谈，只有沉重的镣铐声不时响起。一般"犯人"在这里关押两三个月，弄清情况后，转往"中学"。

"中学"是歌乐山半山腰上的白公馆和渣滓洞。渣滓洞本来是一座煤矿，被戴笠占用后改为监狱。白公馆则原来是四川军阀白驹的别墅，也被戴笠占用。这里实际上是个小建筑群，刚上去是白公馆，门口的牌楼上刻有"香山别墅"四个字，四周是一圈二层的小楼，作为牢房和看守们的办公室。中间的小院极小，当年是供"犯人"放风的地方。白公馆再往里走一点是渣滓洞，大致也和白公馆的格局差不多，只是呈狭长形。当年的高墙、碉堡、电网现在都还在，显示着这里曾经警戒森严。过了白公馆、渣滓洞再往上走，有戴笠当年的办公室，据说，戴笠曾经和胡蝶居住过。还有杨虎城一家被关押和杀害的地方，现在也都作为革命传统教育基地开放着。

"香山别墅"牌楼

"大学"息烽集中营对外称为"国民政府军事委员会息烽行辕"，位于贵州省息烽县城南6公里的阳郎坝，是戴笠手下最大的一所监狱。息烽集中营原来是一个大地主的庄园，1937年被军统局改建为监狱。男监分为忠、孝、仁、爱、信、和、平七个牢房，女监称为义斋。设有工厂、礼堂、操场、球场、菜圃等。

息烽集中营的组织机构规模庞大，主任之下设有秘书室，以下有一组至四组。一组管文秘、电讯，二组管警卫、行动和看守，三组管给养、医务，四组管工厂、商店、运输。当时的工厂有印刷所、缝纫部、雕刻部、木工部、泥工部、草鞋部、洗衣部等。四组有一个汽车队和一个消费合作社。

凡关进息烽集中营的人都要经历以下三个阶段。

第一阶段：人一进来，先要经过严格检查，所有东西"交公"，每个人编有号码作为代号，不得讲出自己的姓名。经过检查后，关入单人牢房，每天看《总理遗教》、《总裁言论》等材料，独自进行"反省"，经过特务们考核，认为没有什么大问题后，才进入第二阶段。

第二阶段：每室住有十人以上，由特务指定一人为室长，负责监督全室人员的言行，定期向特务汇报。有时为了弄清"犯人"的真实情况，还派特务伪装成犯人，关入牢房，刺探真实情况。如在这一阶段确定没有什么大问题，转入第三阶段。

第三阶段：根据个人的体力等情况，分配到工厂的各个部门或菜圃，进行体力劳动，同时组织学习反动理论，灌输反动思想。

戴笠的部下先后在上海、南京、武汉、成都、重庆等地逮捕的数以千计的共产党人、进步人士和其他人员都曾经在这里关押。关进集中营的被称为"修养人"，由于伙食极差，条件艰难，进到这里后几乎人人得病，浮肿、夜盲、瘫痪、风湿、心悸、肠胃病等十分普遍。加之残酷的刑罚和精神折磨，许多"犯人"被折磨致死，先后被秘密杀害和折磨致死的有六百多人。其附近的蔡家寨、快活岭、垮门洞等地都留下了一具具的尸骨。

到了解放战争时期，蒋介石与共产党又成为仇敌，与人民成为仇敌，戴笠生前死后，特务组织都大量逮捕与监禁共产党人和反抗的各方人士，监狱的规模不断扩大。据有人统计，特务组织的监狱达到一百八十多个，先后监禁的"犯人"达到几百万。

而为了强迫被监禁的共产党人和各种人犯按照他们的意愿招供，有时甚至纯粹为了发泄仇恨和兽性，戴笠及其部下常常使用惨绝人寰的酷刑。

在这方面，戴笠及其部下是很有"创造性"的。

除了一般监狱所具有的各种刑罚外，早在20世纪30年代的特务处上海区，就"发明"了"吊刑"和"炒排骨"。

吊刑，就是将人的两个大拇指拴上，一声"吊！"后两个特务就把绳子挂起来，"犯人"被吊离地面后，再把绳子固定，人便悬在空中，全身重量都挂在两个手指上，一会儿便大汗淋漓。特务们坐在一旁，一边抽着烟，一边"欣赏"着"犯人"在痛苦中挣扎，一边审问。如果不招供，就一直吊着，昏过去后再把你放下来，用凉水浇醒。过些时候，再吊起来，或换一种刑罚。

炒排骨，就是把人的手脚全部捆住，把衣服解开，后面靠墙，无法退让。刽子手戴上粗厚的手套，在肋骨上用力挤压，然后上下移动，使内脏受到严重损害。这个刑的特点是疼得非常厉害，但又不会马上昏迷，使特务能够不断继续审问。这样的炒排骨，不仅当时非常痛苦，而且过后几年都疼得不敢碰。

至于坐老虎凳、用烙铁烙、灌辣椒水、皮鞭蘸凉水把人打得皮开肉绽、血肉模糊等常见的刑罚，更是随时都用。

到了抗战时期，戴笠与美国特务合作，利用中美合作所的渠道，从美国引进了许多现代化的刑具。这就是"测谎侦察器"和"强光审讯器"。测谎侦察器是一种复杂的电子设备，受审的人坐在特制的椅子上，胸部与脉搏系上电线。机器开通后，受审的人每说一句话时心理活动是否正常，生理上都会有所反应，机器上的仪表就会显示出来，从中可以判断口供是否真实。

强光审讯器是用特殊的强光灯照射受审者的面部，在强光的照射下，人往往神经受到强烈刺激，不由自主地胡言乱语，审讯者可以沿着话追问下去，受审者在精神失控状态下可能就会说出平常问不出来的东西。

从美国引进的几套电刑设备也很奇特，像收音机大小，可以控制电流强弱，怎么用刑人都不会晕过去，只是越来越难受，到最后，全身汗流如雨，大小便失禁，连精液都流出来，但还能说话。这些刑具的危害极大，受刑人的神经系统和心脏受到了严重损害，表面上却没有什么痕迹。因而戴笠和蒋介石都很欣赏。为了掌握这些刑具的用法，戴笠专门选出一些特务进行学习和训练。

在特务组织的一些地方监狱，特务们常常因地制宜地发明一些刑罚，号称金木水火土。

金刑就是用钢铁等金属刑具拷打，也有电刑。这里没有美式的仪器，就用电话机。把两条铜线拴在受刑者的手指上，连在干电池和手摇电话机上，电话机摇动得越快，人体内的电流就不断加强，能起到美式电刑器的作用。

木刑就是"坐飞机"、压杠子、打棍子。坐飞机类似于坐老虎凳，使受刑者坐在条凳上，两腿平伸，上身靠墙，绑紧，两脚用砖垫起，再用木杠将膝盖压紧，不停地垫，不停地压，往往使被害者腿骨折断，昏死过去。重者以后很长时间不能行动。

水刑就是灌凉水。把被害人仰面朝天绑上，用纸糊住口鼻，然后往纸上倒水，水透过纸进入人嘴和鼻子，弄得肚子膨胀，鼻孔出血。

火刑是用蜡烛烧人的脚心。脚心是最敏感的部位，用火烧后，无法忍受。

土刑是让被害者跪在砖头上，两手绑在木杆上，不准动一下，时间长了，被害者双膝跪破，全身臃肿。

对于女性"犯人"来说，除了这些酷刑之外，还要遭受许多侮辱和折磨。有时用针刺乳房，用鞭打或用棍子捅阴部，更阴毒的是用粗糙的绳子在阴部上来回拉。至于把"女犯"的衣服脱光，强奸女"犯人"的事更是屡见不鲜。

戴笠想用监禁和酷刑来摧毁共产党人的革命意志，消弥人民的反抗，但这种法西斯的残酷手段却遭到越来越强烈的反对，特务组织成为过街老鼠，人人喊打。

强大的保护伞

特务政治是国民党反动统治中最黑暗、最残酷、最不得人心的组成部分。它的反动效用的取得，是通过一系列的密捕、绑架、暗杀、监禁等法西斯手段实现的。它的活动方式是为社会、法律所不容的。因此，特务政治必然遭到一切受压迫、受剥削的人民的反对。戴笠的特务组织是专门为蒋介石个人独裁统治服务的。它的矛头不仅对准反对国民党统治的中国共产党和一切革命人民,而且对准一切热爱民主、自由,追求和向往民主制度的各民主党派和无党派民主人士,甚至对准国民党内一切不满或影响蒋介石个人独裁统治的人士和力量。因而,它不仅遭到中国共产党、革命人民、各民主党派和无党派人士的反对,而且在国民党内部也时常受到抨击,成为名副其实的过街老鼠,人人喊打。但这一切,又都因戴笠有蒋介石这个强大的保护伞而对之不能奈何,特务组织不仅丝毫不受影响,反而不断地发展、膨胀起来。

早在戴笠的特务处成立之初,各方面就强烈地反对过。

1933年6月,中国民权保障同盟总干事杨杏佛被暗杀,宋庆龄在其发表的声明中就指出"以为单靠暴力、绑架、酷刑和暗杀,就可以把争取民主的最微弱的斗争扼杀",这是办不到的。"我们非但没有被吓倒,杨铨为同情自由所付出的代价反而使人们更坚决地斗争下去……"这可以说是一篇公开向戴笠宣战的檄文。

1937年,上海的一位学生在特务的迫害下,跳海自杀。6月20日,全国学生救国联合会为此事呈文行政院,要求国民党政府"严令特务机关,不得越权扰乱国法,并令其改变性质,用以反对日本在华特务机关,破除汉奸活动"。

抗战胜利前后,各方革命和进步力量反对特务组织的要求更加强烈,并且与建立民主、自由政治制度的要求结合起来。

1944年5月,昆明学术界宪政研究会发表《我们在实施宪政以前的要求》一文,提出:"人民应有生命身体之保障,不得滥行逮捕、拘禁、拷打、捆绑或加以死刑。"1945年3月12日,昆明文化界潘光旦、闻一多等三百四十二人发表《关于挽救当前危

闻一多

局的主张》，强烈要求"立即宣布解散特务组织"。

政协会议召开前后，"取消所有特务组织"、"立即释放一切政治犯，取消集中营"、"除司法和警察以外机关不得拘捕和处罚人民"的呼声不绝于耳。柳亚子先生更明确提出"彻底取消中统、军统以及其他全国特务机关"。《解放日报》发表《国民党改革问题的两条道路》的社论，更是一针见血："因为正是他们（指国民党内的法西斯派）及其特务组织，剥夺了人民的一切自由呼吸，同时也剥夺了国民党内的一切自由呼吸，因为正是他们及其特务组织在事实上是一切腐败制度的保护人，是官僚制度军阀制度的基本组成者。"这就把戴笠与其主子蒋介石结合起来进行批判。

胡汉民

国民党内反对特务的呼声也由来已久。1934年，胡汉民派主编的《三民主义月刊》发表署名文章《齐有两电之前因与今后大局之预断》，指出："如蓝衣社之恐怖政策，使手无寸铁之民众无法群起为监督政府之行动，使热心救国之人士糊涂就戮于恶徒暗杀之手……"可以说揭露了特务组织维护蒋介石集团统治的实质。同年，针对复兴社的活动，胡汉民等人在《为补充五全大会议题致南京国民党执监委员会齐电》中，提出增加一项"严惩一切淆乱社会危害党国祸首案"，指出："年来毁党造党之声浪喧扰内外，长江、华北各地至有公然背叛主义之一种非法组织肆无忌惮，至于此极……此辈党徒滥用权威，任意杀人，造成社会恐怖，数年来事实昭然，非严于惩处不足以振饬党纪，保障人权，巩固党基。"1946年，国民党中央六届二中全会上，也有人公开提出取消特务组织。戴笠在1946年3月10日的演讲中说："最近中央二中全会，十几天来所表现的，未出我预料之外。表面看来，好像是中苏问题，物资问题。另一方面，有极少数人是对调查统计局的问题……"而且二中全会前，就有人告诉他，"有人要取消调查统计局","每次全会都有人反对我们"。

戴笠的部下因为自己是干"特种工作"的,所以为所欲为,谁也不放在眼里,引起各方面的嫉恨,欲除之而后快。1938年,特务处闽北站站长张超,因鼓动反对福建省政府主席陈仪,被陈仪派人抓起来,并以"阴谋叛乱,反对政府,煽惑军心,破坏抗战大计"的罪名枪毙,戴笠曾为此

正在听取李士珍汇报的蒋介石

跪求蒋介石为其做主。"山西王"阎锡山的部下杨贞吉,也曾带人将军统局西北区临汾组的特务全部活埋,只跑了一个组长。西安事变时,戴笠的部下马志超任西安公安局长。12日这天,西北军的官兵也去逮捕他,幸亏那天早上,他5时就离开了家,到公园去了。在公园听到枪声,知道情况不妙,溜出公园买下一个人力车夫的车子和衣服,化装成车夫,跑到莲湖公园,找到熟人,隐匿起来,以后又想法混出西安城,才逃出一条活命。

戴笠本人更是时而受到别人算计,据他自己讲,自从他当上特务处长,就有人反对他,经常有人到蒋介石那里告"御状"。一次,李士珍搜集整理了戴笠的十大罪状,其中有任缉私署署长期间亏空公款两千万元;擅自扩大忠义救国军,居心叵测;纵容部属违法乱纪,干涉行政;利用手中权力贩毒走私;以及霸占、奸淫妇女等。蒋介石看罢大怒,立刻传见戴笠。

戴笠到达后,在候见室还没坐下,蒋介石就满脸怒气地走进来,大声吼道:"你干的好事!我平时信任你,你竟敢如此胡作非为,你自己看吧!"说着,劈面将控告信摔给戴笠。戴笠见雷霆震怒,不敢多言,只好战战兢兢地捡起状纸,哽咽着说:"校长息怒,待学生仔细看后,再报告校长。"说罢,倒退着走出候见室。

回到戴公馆,他越看越吃惊,想不到自己死心塌地地效忠蒋介石,仍然有人算计他,而蒋介石竟为此而发雷霆之怒。没有办法,只好秘密约集

与戴笠共事的梅乐斯

几个心腹,写出了一份"答辩状",将十大罪状一一驳去,上呈蒋介石。

戴笠的恶名连美国人都知道。美国海军上校梅乐斯,在来华与军统局商洽中美情报合作前,曾到美国国务院和陆海军情报部寻找戴笠的有关档案,所得到的情况,都把戴笠写成一个声名狼藉的杀人狂,甚至有的说他曾经两次想杀害自己的母亲。被称为蓝衣社的军统局,被形容成如盖世太保一样的恐怖组织。1945年,魏德迈返回美国时说:"戴笠将军是一个名声很臭的人物。我反对让我的部下以及美国军人跟这样的一种人在一起共事。"

这些反对,是戴笠本人难以招架的。良雄《戴笠传》写道:"戴氏自担任特种工作后,可说一直处于两面作战境地。一面与有形敌人,周旋于各种战场,一面与无形敌人,周旋于不同的政治场合。后者对戴氏而言,是比之流汗流血,更为痛苦。"

但是,所有这些反对都无法改变蒋介石对戴笠的信任。无论各方多么强烈地反对,一碰到"蒋委员长"这强大的保护伞,也就无可奈何了。所以尽管每次国民党中央全会都有人反对戴笠,反对军统局,但戴笠的权势却越来越大,军统局的能量也越来越大。因为蒋介石需要特务,更需要特务的头子戴笠。1946年1月,政协会议期间,蒋介石特地找戴笠,告诉他政府要改组,各党各派均要参加,军统局要取消。但指示他,自己研究一办法,他不负责,但要能实际控制这个机关。就是说,特工大权无论如何也要戴笠掌握。

对这一点,戴笠也知道得很清楚:只要忠实地为蒋介石卖命,就绝不会有什么问题。1943年,戴笠给部下的手令写道:"故在今日,无论各方对吾人如何评论,如何攻击,有何阴谋,吾人均应置若罔闻,视若无事……

今日工作是否需要特种工作？今后中国特种工作是否需要吾人来干？一切听命于领袖耳。"1946年3月10日在北平的演讲中，戴笠追述了以前几次有人要"打倒"他，而为蒋介石所保护的事，说："我不知道什么叫打倒，什么叫取消……绝没有想到别人如何打倒我。"可谓深得其中关窍。

威权赫赫

1945年冬的一天，天气特别寒冷，西北风像鞭子一样，不停地在胶东大地上抽打着。

"来了，你听！"青岛机场上，当地的国民党党政军要员正翘首等得不耐烦时，一个耳朵尖的人突然喊道。人们仔细一听，果然天空中传来引擎声。一架专机由远而近，由高而低，终于降落在机场上。

"院长辛苦了！""院长好！"要员们依次趋前，向国民政府行政院长宋子文问候，一边递上名片，忙着握手。他们知道，宋子文飞北平路过青岛，只停留十分钟，所以都想留下一点好印象，以为后来的晋身之阶。但宋子文却无暇多顾，只是与大家点点头，收下名片揣入大衣口袋，就同青岛市市长谈起来。

大家颇有些失望：走吧？不行；不走吧？宋院长又不搭理自己。正在这时，他们发现飞机上走下来一个人，身穿大衣，礼帽紧紧地压在眉毛上，

宋子文

两只手插在衣兜里，神秘地从人群中拉过军统局山东站站长王崇五，到一边小声地交谈起来。

"他是谁？"这个人的神秘样子引起了人们的注意，许多人问道。"他

是谁?"有知道的人似乎觉得你连这个人都不知道是谁,真不应该:"他就是委员长的大红人,大名鼎鼎的戴笠戴雨农。""啊!"许多人不禁倒抽了一口冷气:原来这就是戴笠!不由得"唰"地一下,把目光都投了过去,盯视着这个威权赫赫的人物。

一会儿,宋子文、戴笠等人登上飞机走了,人们呼啦一下子围上王崇五,问长问短,想探听些内幕消息。

原来,这正是戴笠利用自己的威权帮王崇五创造条件。王崇五身为军统局山东站站长,却不为当地党政军要人重视,故工作很难开展。而戴笠其时不仅是军统局代理局长,且身负"肃奸"大任,可以说是蒋介石的左膀右臂,权势炙手可热。他与王崇五一席话,虽然别人不知道谈的什么,但见这么一个大人物竟然谁也不顾,只与王一个人交谈,可见交情匪浅。一时间,王崇五身价倍增,工作顺利了好多。后来,戴笠因事到青岛,特到青岛市市长家拜访,送给市长夫人一块衣料。堂堂的青岛市市长,竟然感到受宠若惊,对军统局在山东的工作,无不全力予以支持。

按理,军统局只是一个军事情报机关,充其量不过是一个国家安全机关;戴笠仅为一少将副局长,似不至于有如此炙手威权的。但由于蒋介石对戴笠的特殊信任,将许多既非情报,亦非安全的事交由戴笠办理,从此使戴笠的权力不只限于情报和安全,而且延伸到交通、财政、邮检、航检、兵工、警卫等各个系统。而这些系统又都是战时的要害,难怪戴笠的权势如此之大了。

首先是交通检查系统。1940年,蒋介石决定设立军事委员会运输统制局,以何应钦为局长。运输统制局下设监察处,初以曾养甫任处长,后改派戴笠兼任。按照1941年4月国民政府公布的《水陆交通统一检查条例》,全国水陆交通统一检查分两类:一是运输检查,二是货运检查。运输检查包括军事运输、交通违章、人事检查。这是属于监察处负责的。戴笠受命后,建议设立了一个交通警备司令部,保荐部下陈质平为司令,建立了一支交警武装,并在各地设立交通检查站所,大大增加了交通检查的威力。1942年,国民政府监察院长于右任提出,监察处与监察院同名,容易造成误解,请更换名称。这实际上是对戴笠的不满。但于右任乃党国元老，蒋介石拿他都没办法，戴笠只好退让。于是，监察处改为水陆交通统一检查处。不久，运输统制局裁撤，检查处直属于军委会。这时，戴笠的胆子更大了，他把下属机构进行了全面调整，将全国分为十三条干线、若干条支线，进行管理。1945年4月，水陆交通统一检查处与交通警备司令部、缉私税警合并，改为交通巡察处，仍隶属于军委会，处长由戴笠部下吉章简担任，仍受军统局指挥。

其次是财政缉私。抗战时期，国民政府支出浩繁，费用巨大，而政府的财政收入主要靠关、盐、统

铁路、公路、航运均成为抗战时期各方人士走私牟利的手段

三大税。这三税又因了走私之风甚盛而收入无多。鉴于此，蒋介石决定设立统一的缉私机构，增加财政收入。1940年底，财政部设立缉私处，谁也没有想到，处长竟是与经济工作毫无关系的戴笠。

原来，戴笠早就注意上了财政缉私工作。他在到各地军统基层组织视

被查缴的走私货物

察工作时，就发现各地严重走私的情形，于是汇报给蒋介石，蒋介石便命他"草拟具体计划呈核"。戴笠受命后，即根据各方情况，建议设立一个统一的财政缉私机构，这便有了财政部缉私处的设立。

财政部缉私处成立后，国民政府公布了《修正水陆交通统一检查条例》，其规定，原由货运稽查部门所主管的货物检查由缉私处执掌。

戴笠是个实干家，他受命后，即先电令各地军统组织输送人员，在重庆、西安、衡山设立查缉干部训练班，培训缉私人才。同时，调派部属到各地筹组各级缉私处、所。几个月后，各地筹备工作差不多了，短训班的学员也结业了，缉私工作马上开展起来。缉私工作的开展一是增加了政府的财政收入，陕西省缉私工作开展一年后，其税收比未开展缉私时增加了九倍。二是扩大了戴笠的势力，仅税警武装就扩编到七个团，四个独立营，而且戴笠的特务活动范围深入经济领域，这本身就意味着蒋介石特务政治的深化。三是缉私也充裕了军统特务的"小金库"，据说蒋介石让戴笠主持财政缉私，就有让戴笠通过这一活动，解决特务经费的问题的意思。

此外，邮电检查、航空检查，原本是由中统、军统联合负责的，这时也全部纳入到戴笠的手下。

更重要的职责是国统区重要城市的治安。早在特务处时期，戴笠就想过抓警察大权，抗战时期，此念未消。重庆的治安是由军统负责的。其基本机构有两个：一是卫戍总司令部稽查处，二是重庆市警察局侦缉大队。这两个机构的人员、组织、活动全部由军统局主管，卫戍总司令部、警察局只是个牌子摆在那里，实际上是不管，也管不了。其他国统区城市，有的是由军统人员直接当警察局局长，有的是由军统人员当侦缉队长，而各地卫戍司令部、警备司令部的稽查处，都是由军统人员控制。

曾任上海警备司令、上海市警察局局长的宣铁吾，被戴笠夺权。然而，戴笠过分膨

宣铁吾

胀的权力欲危害到孔祥熙、陈立夫CC派利益；孔、陈联手，最终使蒋介石以宣铁吾接替戴笠的缉私署长一职。

回过头来再看：在国民党统治中，戴笠控制了水、陆、空交通检查权，进出口货物缉私权，治安大权，加上军统局特有的权力，难怪戴笠在人们的心目中如此重要了。

戴笠握有如此众多的权力，他也是很会运用这些权力树立自己的威权，使人望而生畏。在抗战时期，有这样几件事使人们认识到戴笠之不好惹。

1940年，四川省粮食价格突然猛涨，米价高出1937年六十倍，广大市民怨声载道，沸沸扬扬。而这一年的四川省农业并不歉收，为何出现粮价暴涨？情报送到戴笠的办公桌上，他感到必定事出有因。而米价涉及千家万户，不迅速查清，势必影响蒋介石在大后方的统治，戴笠乃下令成都站彻查，并派多人分头查缉。很快，事情有了头绪：原来是原成都市市长，现任大川银行董事长杨全宇操纵各方势力，大量囤积粮食，操纵粮价。此事查出后，戴笠立命封存有关粮仓，拘捕人犯。但杨全宇等人在川为宦多年，各种关系盘根错节，许多人劝戴笠不要引火烧身，得罪巨室。但戴笠既有蒋介石撑腰，此事又有理有据，恰是树威扬名的好时机，岂肯错过？于是，做出严正的姿态说："少数人囤积居奇，多数人身受其害，四川父老亦在其内。扰乱经济，严重影响抗战，我宁可得罪巨室，绝不能放弃职责！"命将人犯押送军法总监部严审，并派员参与督促，当夜判处杨全宇死刑，并很快执行。此事传出，许多人风声鹤唳，惧怕戴笠。

不久，戴笠又因执行蒋介石的命令而与翁文灏结下了怨。

1940年12月29日，蒋介石邀经济部长翁文灏在蒋官邸午餐，告诉翁文灏，有人反映经济部对平价基金的运用有问题，他要派人查明，但不得影响公务。

下午，戴笠即来到重庆小什字曹家巷经济部机关，面见翁文灏，说奉蒋介石令，要找经济部的十个职员到化龙桥复旦中学四联总处宿舍清理账目，并答应这些人日间到部办公，晚上要接受查询。可这些人自被特务带走后，到了第二天下午5时，仍然没有放回，而且不准会见客人。翁文灏对特务随便扣押工作人员的做法十分不满，当即呈文蒋介石辞职。蒋介石

孔祥熙与蒋介石、宋美龄合影

只好下令放人,并婉言请翁留任。翁文灏没有办法,只好继续干下去。

但最能看出戴笠威权的,还是中央信托局运输处长林世良被枪毙一事。

1942年3月,戴笠突然收到部下报告,说已查明中信局运输处长林世良勾结商人走私,数额极大,应予严惩。

戴笠即批:彻底查实据报。

原来,运输统制局监察处的特务们发现,有个商人章德武,在仰光以大成公司的名义,购买了三千万元货物,以三十五辆汽车运送回国。但在进口时,忽然变为中信局的公物,因而一路放行,不敢课税。监察处见此事不对,货到昆明,即予扣留审查。经查,知是章德武以一百五十万元重金,贿通林世良,以中信局名义运入,以免查缉。而林世良据说已与孔二小姐相恋,正论婚嫁之际,对监察处扣押一事,根本不放在眼里。他一面以中信局公函名义,要求立即放行;一面串通中信局购料处长许性初,以倒填日期手法,补办押汇手续,说货物是大成公司向中信局办理押汇,由中信局代运的。林世良自觉有此手续,天衣无缝,加之各方权要说情,戴笠也奈何他不得。不料,戴笠暗中却较上了劲,严命部下深究细查,终于找到了漏洞:按照规定,凡押汇一百万元以上者,须董事长签批,方能生效。林世良能伪造押汇手续,董事长签批一条却未补上。既然找到了漏洞,戴笠当即将此案申报蒋介石,迅速审讯定罪,将林世良处以死刑。而这时,行政院代院长兼财政部长孔祥熙亲自出面,电令"先行放行,俟运输到渝,再由财政部查报",却落了个后手,林世良已经被处死。

此案一出,影响甚大。虽然戴笠因得罪了孔祥熙,而曾受到蒋介石的训斥，但正因为如此敢作敢当，戴笠的权威却更加引起了人们的戒惧。

抗战结束，蒋介石又把"肃奸"大权交给了戴笠，国民党的各级肃奸委员会里都有军统特务作为其中的骨干，各地汉奸的大头目都是由军统负责逮捕，而一些中、小汉奸是否定罪，全在特务一念之间：把特务贿赂好了，说是军统局地下工作人员，于是就成了"抗日功臣"，作威作福，本来是汉奸却又成了权贵；如果买不通，即使只是沦陷区的一个百姓、一个学生，也要说是汉奸。特别是如果在沦陷区开过商店，办过工厂，那么轻则"资敌"，重则汉奸，财产也就成了"逆产"、"敌产"，一律"充公"，甚至性命难保。可以说，这时的戴笠，因有蒋介石的信任，不仅威权赫赫，简直可以说是权势熏天了。

为所欲为

1943年除夕，重庆曾家岩戴公馆，餐桌上摆满了山珍海味，外国高级酒。一向冷酷、严峻的戴笠，今天却满面春风，频频劝酒，像一个温良和善的绅士。原来，他正在宴请著名影星，有影后之誉的胡蝶吃团年饭，在座的有胡蝶的丈夫潘有声，作陪的则是中国驻美大使馆副武官、军统局美国站站长肖勃，中国前驻巴黎总领事，现为军统局海外区区长黄天迈。

原来，这是戴笠向胡蝶进攻的第一步棋。

戴笠这个人最好女色，许多年轻貌美的女特务，都要陪他过夜。有时外出检查，布置工作，也要携"女秘书"同行。即使是特务的妻女，只要看上了，也绝不放过。因此，在圈子里落了个"戴笠处处有公馆"，"戴笠拥有若干个女人"的说法。1932年，任特务处书记的唐纵就在日记中说戴笠："最大的毛病就是爱色，他不但到处有女人，而且连朋友的女人都不分皂白，这是他私德方面，最容易令人灰心！"到了抗战时期，戴笠威权赫赫，又因握有交检、缉私大权而财源滚滚，更是无所顾忌，常常用飞机从国外运回女人的高级化妆品、内衣等，到处纵情留意，可以说是为所欲为了。

《良友画报》的封面人物——著名影星胡蝶

胡蝶是中国著名的影后，长得丰腴标致，仪态万方，曾因主演《啼笑姻缘》、《姊妹花》、《空谷幽兰》而蜚声海内外。戴笠对其心仪甚久，苦于没有机会结识。抗战爆发后，胡蝶曾从上海迁往香港，1943年底，由香港又迁到广东东江。但在此过程中，她的三十多箱家财却在江中被匪盗拦截，广东当局无法破案，急得胡蝶大病一场。戴笠闻知后，知道机会已来，大喜过望，一面将胡蝶夫妇接到重庆精心招待，一面密饬属下迅速侦破盗案。后来，广东的特务在东江一家寄卖店发现了一只价值五千元的钻石戒指，顺藤摸瓜，追回了大批财物，胡蝶也就对戴笠存着一份感激。

却说胡蝶虽然感激戴笠为她追回了财物，但以其在影界的身份和地位，也殊不愿与戴笠这个特务头子搞在一起，况且戴笠长着一副长长的马脸，其貌不扬。但是她深知戴笠不仅是蒋介石的大红人，手下又有一帮杀人不眨眼的喽啰，一旦得罪了他，恐怕性命难保，只好虚与委蛇，逢场作戏。但戴笠这时却认了真。自己的元配毛秀丛是个农村妇女，不仅丝毫不懂风花雪月，连个大字都不识，自然谈不上成为自己事业的助手。毛秀丛尚在时，戴笠就开始寻花问柳。现在毛氏已死，自己年纪也快奔五十了，是该考虑再娶一个妻子。以前也有相中的女特务，但她们不是看中了自己的地位，就是不愿与一个特务头子为伍，借故离开了他，都没有付出真情。而胡蝶不仅色艺卓著，漂亮风流，且善交际。于是，他一改往日对女人问题上的拿来主义，从感情上大投资，人也变得非常文雅，准备与胡蝶结成恩爱夫妻，要使胡蝶像宋美龄对蒋介石一样，成为自己事业上的贤内助。至于胡蝶的丈夫潘有声，虽然敢怒却不敢言，只好鹊巢让鸠，揣着满腹怒气做自己的生意去了。这一占就是两年，直到戴笠摔死后，潘胡才得重谐鱼水。

上行下效，戴笠既然敢这样为非，手下的特务们也就敢同样作歹。抗战时期，军统局负责重庆的社会治安，许多特务利用职权之便，胡乱抓人，挟嫌报复，勒索钱财，甚至草菅人命。

一次，重庆国泰电影院演话剧，因为少给了特务几张票，特务们就群集到剧场，找种种借口不让开演。至于当时由特务组成的各种检查所，过路者不"上贡"是难以通过的。有时，甚至因为没有"贡品"还弄出人命来。一天，码头上的一只货船没有"纳贡"，特务们就把一个押货的商人推下水中淹死。船上其他人虽然眼睁睁地看到这一幕，却谁也不敢讲实话，反而不得不作假证，说这个人是自己"失足落水"。

重庆卫戍总司令部稽查处有个中尉稽查员车重光，在旅馆查房间时，发现有一个从东北到重庆投亲不遇的年轻女子，积欠房钱很多，便以帮助她解决生活问题为手段将她奸污，然后逼她为娼，得来的钱平分。后来这个人又与一个饼干厂的老板娘姘居，竟然用药毒死老板娘的丈夫，把饼干厂据为己有。

这时的重庆，可以说遍地是特务，而特务又到处为非作歹，闹得实在太不像话了，国民政府军事委员会军令部曾不得不发出训令："近查重庆市郊附近特工人员借名检查、实行讹诈之事，时有所闻，而且冒充者更所不免，似此不特有碍政府威信，亦且影响社会秩序。"因此，"特工人员因案检查商店居户及逮捕人犯时，必须会同当地军警宪及保甲长办理"，并要"严查执照"。但特务们自恃有戴老板撑腰，因而照干不误；而戴笠又仗校长做主，对手下的特务也采取了姑息和纵容的态度，终于闹出了一件大案子。

1942年夏，河南洛阳附近通往山西的渡口，人群熙熙攘攘，赶集的、逃荒的、走亲串友的人汇集在渡口旁等待过河，好不热闹。突然，人群涌动起来，并迅速向两旁挤靠，只见一群凶恶的汉子气势汹汹地走来，为首的一人身穿黑绸缎衣服，手摇一把纸扇，来到渡口旁，把头向右一摆，旁边的汉子冲入人群，抓住几个人就打，打得死的死,伤的伤,他们才扬长而去。

这就是军统特务与中统特务斗杀的一幕，为首的正是军统的高级特务、杀人不眨眼的行动高手赵理君。当时，为了封锁洛阳到山西的黄河渡口，戴笠向蒋介石推荐，由赵理君任洛阳地区行政督察专员，控制这个渡口。赵理君的到来，使中统在河南的势力受到影响。当时中统特务多次夹在人群中渡过黄河，从事特务活动。军统、中统早就有矛盾，岂能容中统人员在自己的控制范围内任意活动，于是就千方百计揪打中统人员。后来，赵理君把中统的一个行政督察专员和中学校长等六个特务全部活埋，被中统特务抓住了真凭实据，陈立夫亲自诉苦于蒋介石，气得蒋介石暴跳如雷，找来戴笠大骂一顿，命其彻查严惩，戴笠不得不把赵理君枪毙，而自己的权势却丝毫未受到影响。

七　乃君乃臣

一脉相承

戴笠及其特务组织是蒋介石一手扶植起来的棍棒和打手。通常说蒋介石的统治是法西斯统治，这种说法是否能够准确地涵盖蒋介石统治的全部尚待研究，但特务政治是伴随着蒋介石大力提倡法西斯主义而出现的却毋庸置疑。

1931年5月5日，蒋介石在国民会议上公开鼓吹法西斯主义。他认为当时世界上有三种政治理论，一是"法西斯蒂之政治理论"；二是"共产主义之政治理论"；三是"自由民治主义之政治理论"。而"法西斯蒂之政治理论，本超象主义之精神，依国家机体学说为根据，以工团组织为运用，认定国家为至高无上之实体，国家得要求国民任何之牺牲，为民族生命之绵延，非以目前福利为准则，统治权乃与社会并存而无先后。操之者即系进化阶段中统治最有效能者，国家主义为神圣纵横发展，遑恤其他"。"所以致民治之道，则必经过训政之阶段，挽救迫不及待之国家危难，领导素无政治经验之民族，是非藉经过较有效能的统治权之行施不可。"因此，只有"意大利在法西斯蒂党当政以前之纷乱情形，可以借鉴"。

那么，法西斯主义是什么？蒋介石为什么推崇法西斯主义？法西斯主义与特务政治的关系又是什么？

"法西斯"一词源于拉丁语"Fasces"，最早的意思就是大棒。古罗马统治者出行时，由其随从高举插着斧头、布满荆棘的棒束，象征着统治者有权对违背其意志者

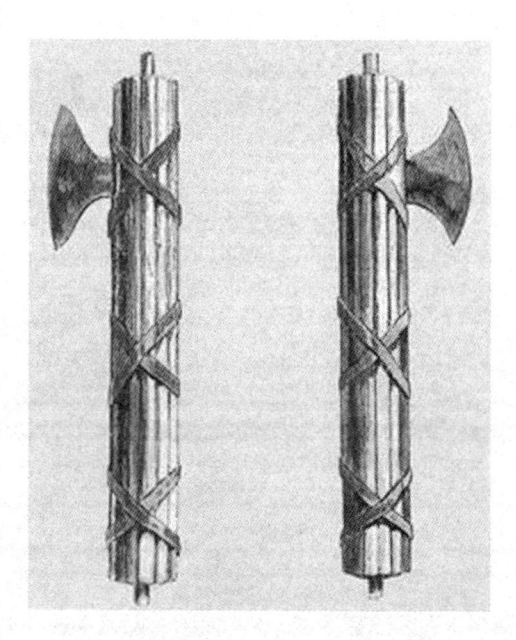

"法西斯"的大致形态

处以鞭笞或死刑。法西斯主义作为一种政治理论，正式形成于第一次世界大战之后。墨索里尼在《法西斯主义的政治和社会学说》写道，"法西斯主义就是极权主义"，"在法西斯主义者看来，一切都是存在于国家之中的，在国家之外不存在任何人性或精神的东西，更没有什么意义可言"。希特勒将法西斯主义推至极端，声称"强者的独裁便成为最强者"，"法西斯主义就是充满了血的思想和行动"，"法西斯主义就是国家至上"，"实力就是正义，强权就是真理"，并极力向外进行民族扩张。说白了，法西斯主义就是独裁政治、强权政治、暴力政治。20世纪二三十年代，意、德、日作为曾经落后的国家，正是运用法西斯主义获得了高度的集权统治，并获得了畸形的发展，从而为蒋介石急欲建立其个人独裁统治树立了榜样。法西斯蒂"出生只有十余年，她的成功，却是空前的了"。"墨索里尼的整理意大利，希特勒的整理德意志，是我们绝对的榜样，也是我们绝好的例证……所以中国的前途无疑是法西斯蒂的前途。"这篇刊登在《社会主义月刊》上的文章道出了蒋介石的心理。

我们知道，蒋介石是以军权获得党权和政权的，他一直在努力建立以他自己为主导的统治，南京国民政府建立之初，他就曾提出过"一个主义、一个政党"的口号，认为"我们中国要在20世纪上谋生存，没有第二个合适的主义"，"必须确定三民主义为中国唯一的思想，再不许第二个思想来扰乱中国"。而他自己不能说出口的还有就是要由"一个领袖"来领导，就是他自己。法西斯主义正好符合了他这种需要。

按照潘国琪在《三十年代国民党内法西斯主义的泛起及其原因初探》一文中的研究，法西斯主义在中国的泛起有以下几个原因。

"第一，中国延续了两千多年的封建政治制度，是世界上第一等的完整的封建专制制度，它的突出的特征是严格的等级制度和中央集权制……老百姓在艰难困苦的时候，总希望有一个救世主出现，来解除他们的痛苦，所以没有皇帝也要人为地制造一个出来。"

"第二，由于旧中国经济落后，工业不发达，自然经济和半自然经济占绝对优势，所以工人阶级的人数较少，而小资产阶级和由破产农民形成的游民、流氓无产者数量庞大……"小生产者"在失去工人阶级正确领导的情况下，就很容易接受法西斯主义等反动思想的影响，他们当中的堕落分子往往被法西斯势力所利用"。

"第三，蒋介石南京政权建立后，政治派别纷争和新军阀混战交织进行，人们在对国民党失望之余，'感到组织和纪律的需要，感觉到中国有容纳法西斯蒂精神的需要了'。"

"第四，'九·一八'事件的发生，促进了中国法西斯运动的兴起，'东北问题燃起日本法西斯蒂的烽火，同时也激起了中国的法西斯蒂潮流'。"

正是在这种社会背景下，蒋介石出于急欲建立独裁统治的目的，按照自己的方式对法西斯主义进行了宣扬。1933年7月18日，蒋介石在庐山对军官训练团全体教官讲课时宣称，"军队的信仰一定要能集中，就是要'万众一心'"，信仰他这位最高统帅。"大家要知道：今天并不是因为我做了统帅，就要大家信仰我，就是政府叫任何人来做统帅，大家也要一样的信仰他！总之，我们全体士兵和各级官长，对于自己的上官，尤其是统帅必须绝对的服从！"他还多次强调国民党全体党员必须服从统帅（领袖），要以我不入地狱谁入地狱，不成功，便成仁的精神来从事他所说的"革命工作"，并绝对不许有个人的自由。"现在我们革命的技术，革命的组织，革命的纪律，要彻底的团体化！组织化！现代化！绝对不许有个人的自由，个人自私自利的行动！同时也绝对不必有家庭和身后任何顾虑！""我相信，除非每个人绝对信任一个人，我们不能重建国家，也不能完成革命……进一步说，每个党员必须奉献自己的一切，直接为了领袖和团体而行动，间接地服务于社会、民族和革命。""从今天起，我们加入这个革命的团体，我们就把我们的权力、生命、自由和幸福完全委托给了团体，并且立誓忠于领袖……这样我们才能第一次真正地被称为法西斯者。"

上有倡导，下必效之。一时之间，法西斯主义在中国甚嚣尘上，两百余种刊物参与法西斯主义的宣传，数十家出版社出版了大量的法西斯主义著作。陈立夫还成立了"中国文化建设学会"，陶西圣等十名教授联名发表《中国本位文化建设宣言》，积极鼓吹"只有法西斯主义才能救中国"，"要借法西斯之魂还国民党之尸"，"以三民主义为体，法西斯主义为用"，并呼吁"我们需要一个和墨索里尼一样的人物来领导一切，实际上在我们中国政治舞台上,早就出现了像墨索里尼那样的人物了",其目的在于引起"全国人民于革命领袖及革命团体之绝对信仰与拥护"。

而这个墨索里尼式的"革命领袖"自然就是自称孙中山继承人蒋总裁、蒋委员长了。

但是,尽管蒋介石及其信徒们如此地宣扬效忠领袖,服从领袖,但国民党内、南京政府内还有其他派系,国民党的军队内还有各地方实力派,他们是不可能效忠蒋介石的。而真正不遗余力地效忠蒋介石,为蒋介石卖命的还是蒋介石的个人政治体系——CC系和黄埔系,而这其中,真正能够"秉承领袖意旨,体念领袖苦心","为一党一领袖愿效死力"的还是戴笠及其领导下的特务组织。

特务政治正是蒋介石法西斯统治体系中的核心部分。戴笠的思想与蒋介石的法西斯主义是一脉相承的。

忠蒋是命

1936年12月12日凌晨,清脆的枪声打破了西安的平静,震撼了中国和世界。

西安事变爆发了。这天早晨,驻扎在西安的张学良东北军、杨虎城西北军在苦谏,苦谏蒋介石抗日不得之后,发动了兵谏。

西安之郊临潼华清池,一个古老的房屋的窗户上,里外两层玻璃内夹着一层布有弹孔的玻璃。这里就是当年蒋介石的居所。穿过这间房屋向山上走去,半腰有一个水泥铸就的亭子,亭子上横书"兵谏亭"三字。据说,这里原叫"捉蒋亭",20世纪80年代后,随

兵谏亭

着对国民党蒋介石抗日问题的重新评价和海峡两岸和平统一的需要,改为"兵谏亭"。亭子后有几块巨石,石中有缝可容人。1936年12月12日,蒋介石从居室逃出后,只穿着单裤跑到这里,藏匿其中,被东北军官兵"请进西安城"。

蒋介石被抓后,张学良找他谈话,劝他接受关于抗日救国的八项主张,但蒋介石固拒不纳,愤怒地说:"你是我的敌人,我不跟你说话,你枪毙我好了。"张学良亦无可奈何。后经与蒋、张关系均十分密切的澳籍顾问端纳穿针引线,宋子文又亲到西安见张学良,双方才开始磋商有关和平解决的问题。

西安事变是蒋介石的一个生死关,也是对蒋介石亲信部下的一次严峻考验。十三太保中的"政治领袖"贺衷寒,就是因为在这次事变中追随何应钦,发动黄埔系将领通电"讨逆",

号称复兴社"四大台柱"之一的贺衷寒

而后大遭冷落。而戴笠却因为在这次事变中"舍身救主"而备受宠信,势力大涨而终身不衰。

且说蒋介石被扣西安时,戴笠正奉蒋介石之命,在广东接收、扩充广东缉私部队,闻讯大惊,急忙遄返南京。没想到,一回南京立即受到多方攻击和责难——你身负护卫领袖安全重任,西安方面的异常动向,为何不能及时掌握,致发生今日之事?领袖被扣,生命艰危,这个责任你如何担负得起?各种责难纷至沓来,甚至有人赞成"应杀戴笠以谢天下"。戴笠也确实难以招架。不过,说戴笠手下的特务对西安的动向一无所知,也不尽然。

当时,戴笠部属王抚洲担任西安"剿匪"总司令部的代理党政处长,就住在张学良公馆旁边的一栋楼房里,并处理四维学会的工作。当东北军与共产党接触时,他曾对"剿总"参谋长晏道刚说过副总司令认定中央某些人压迫他,共产党又说让东北军"剿匪"是消灭东北军。现在东北军损失两个师,中央最好给东北军补充,至少先补充一个师,以事实来纠正张副总司令的观念,粉碎共产党的宣传,否则会发生大问题。特务处其他一些人也将张、杨的一些可疑动向报告过特务处,而且由特务处上报蒋介石。在蒋介石的《西安半月记》一文中也说:"中正二次入陕之先,即察知东北军'剿匪'部队思想庞杂,言动歧异,且有进退自由等复杂离奇之报告。甚至谓将有非常之谋与叛乱者……"只是蒋介石以为用委员长的威严就能"统一军心",故仍去西安,终至被扣。

但是,戴笠毕竟是蒋介石安全的主要负责人,而且他又是由蒋介石一手提拔起来的,特务处的所有工作都是承蒋介石之命而行,早已受到国民党内各派系的妒忌。戴笠思来想去,深觉此时此刻,必须拿出性命一搏。如果没有特殊表现,蒋介石回来,自然自己要首当其罚;万一蒋介石回不来,自己也难辞其咎,一旦其他派系掌权,甚至会身首异处。左右一死,与其退缩苟安,不如死个壮烈,留个忠主之名。而且据各方面情报看,张学良未必杀蒋,自己与少帅又素来交好,只要他不杀蒋,就未必能杀我。如果能与蒋活着回来,就可得个舍身救主的英名,蒋委员长也势必刮目相看。他想起当年组建特务处时对蒋介石表的忠心:从受命之日起,我这颗头就算交给校长了——干得不好,校长要杀我;干得好了,校长的敌人也必然要杀我。今天就是考验自己忠心的时候了。

12月21日,端纳、宋美龄、宋子文决定第二天飞赴西安,戴笠也随机前往。此事定下后,他回到鸡鹅巷,整理有关文件。次日临行前,他召集部下话别,慷慨激昂地说:"委员长蒙难,是我们的过失,我决定到西安去随侍。此去凶多吉少,如果委员长能安然返京,我也能随侍归来。否则,我只有以死谢罪。古人说:'主忧臣辱,主辱臣死。'我只有一死,才能上报领袖,下救国家之危亡。但无论如何,大家要安心工作,忠心耿耿,继续为革命工作,奋斗到底。将来尽忠救国的重任,就全在各位肩上了……"

他的话未完,一些部下已泣不成声,甚至有的大哭起来。戴笠说:"你们哭什么？成功，成仁，都是革命工作者的抱负。我戴某既然以身许国，忠于领袖，就无可惧怕之事。只要能仰俯无愧，就能内心平安。古人所谓泰山崩于前而色不变，就是一种无愧于心的修养。我自信尚有此修养，大家应该为我此行高兴才是。我不要大家以眼泪为我送行，我要大家以掌声助我行色。"特务们这时才无可奈何地鼓起掌来。

回到鸡鹅巷，他一进门，就跪在蓝老太太面前哭泣着说："儿平时奔走国事，疏于侍奉，未尽孝道，愧为人子！……今因要事，将要远行，尚不知何时才能回家……唯望老母保重，勿以儿为念……"

戴母年轻守寡，饱受磨难，也深知儿子的工作性质，要干的事十分危险，不忍再增加儿子的压力，抚着他的头说："我从年轻守寡，抚养你成人，尝尽人间辛苦。今天看到你能为国家做事，为长官分忧，内心也感到高兴。只要你能竭力尽忠，又有这份孝心，我也就放心了。我虽上了年纪，但身体还好，如果有什么不方便，我会携带你媳妇和儿子回乡下住。你不要以此为忧，快起来，忙你的去吧！"当天下午，戴笠随宋氏兄妹和端纳，乘专机到达西安。到西安后，宋美龄等被安排去见蒋介石，戴笠却被张学良的警卫安排到张公馆的地下室，枪也被缴去了。戴笠被关在地下室里，心里十分担忧，自己的处境十分危险，谁也无法预测到会发生什么事，想到下飞机前，宋美龄曾将一把手枪交给端纳，对端纳说："请你答应我，如果有士兵污辱我，你就开枪打死我！"连国母都有这样的准备，何况自己一个小小的戴笠！

他思来想去，无法成眠，等到第二天，仍无任何消息，乃拔出笔来，在日记里写道："自昨日下午到此，即被监视。默察情形，离死不远。来此殉难，固志所愿也，唯未见领袖，死不甘心——领袖蒙难后12日戴笠于西安张寓地下室。"

正当戴笠生死难测之时，和平解决

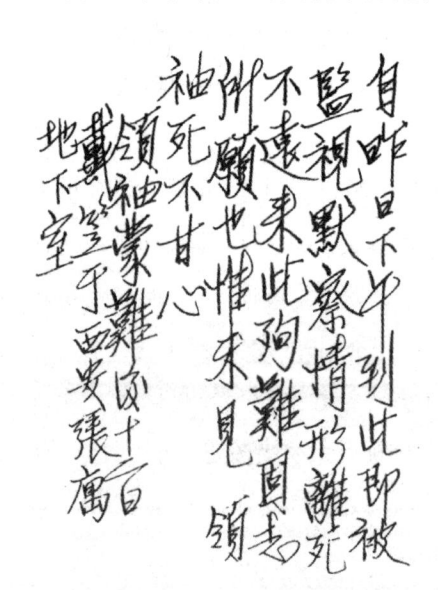

西安事变时戴笠写下的效蒋绝命书

西安事变的磋商正在紧张进行。宋美龄一下飞机,就被送去见蒋介石。一见夫人进来,蒋介石就说:"我知道你要来的。早上我在《旧约全书》上读到,耶和华要做件新事,他要让一个女人保护一个男人。"宋美龄不再说话,从口袋里掏出一块白色的小手绢蒙住脸,两个肩膀抖动起来。

第二天,12月23日,在同西安的将领作了一番长谈之后,宋子文向蒋介石报告说,他相信他快有办法使蒋委员长早点获释了。但夜幕降临时,情况又变了,张学良带来一个计划,说他想将蒋介石化装,用车子送到自己部队的驻地,而端纳和蒋夫人先飞回洛阳,随后在那里与蒋会合。但宋美龄反对这个计划,希望蒋能不失尊严地离开,而不是像个罪犯。

后来,张学良提议,安排中国共产党代表周恩来与宋美龄进行了长时间会谈,达成了停止内战的一致看法。之后,周恩来又同蒋介石直接面谈,表示"只要蒋先生能够改变'攘外必先安内'的政策,停止内战,一致抗日,红军可以听从蒋先生的指挥"。蒋介石也表示:我们不要打内战了。我回南京后,你可直接到南京找我谈。最后,答应以人格担保,接受张、杨提出的八项条件,并保证要"言必信,行必果"。周恩来当时回复毛泽东的电文说:蒋自命英雄,他曾答应过的事,大致不会全部反悔。并积极开展各方面的疏通工作,说服西安将领同意释放蒋介石。

24日下午2时,周恩来说服了杨虎城,决定释放蒋介石。

放蒋的大计已定,张学良才到地下室和戴笠见面,张学良拿出一份东北军、西北军官兵联名的报告递给戴笠,上面赫然写着:"请速杀戴笠,以绝后患。"张学良对他说:"你不要怕,我们无加害委员长的意思,也就不想杀你。我是怕部下伤害你,才派人把你送到公馆地下室,保护起来。"

24日晚,张学良、杨虎城在绥靖公署所在地新城大楼举行告别宴会。除东北军、十七路军的部分将领作陪外,周恩来、秦邦宪、叶剑英等中共代表出席,蒋介石、宋美龄、宋子文、端纳、戴笠及蒋的随行人员蒋鼎文、卫立煌、陈诚等也从惊恐中镇定下来,重新露出了笑容。

蒋介石被释放回南京了,张学良陪送,一到南京,就被戴笠派人监视起来,开始了长达半个多世纪的幽禁生涯。而戴笠却因舍命救主备受宠信。

这是后话。

戴笠之所以能够临危赴难，除了他从与蒋介石的关系，从种种利弊关系的角度权衡之外，与蒋介石对特务的要求和训导，与特务处拱卫蒋介石安全的职责也是密不可分的。

蒋介石对其部下的要求历来是要忠于他个人，效力他个人。他在《第二期革命之开始》训词中讲道："革命团体的一切，都要集中于领袖，党员的精神、党员的信仰要集中，党的权力以及党的责任也要集中，党员的所有一切都要交给党，交给领袖；领袖对于党的一切，党员的一切也要一肩担负起来！每个党员的精神与生命，完全与领袖是整个的不可分的。"并且为了"领袖"要不惜牺牲。他在《向最危险的方向前进》的讲词中说："不成功即成仁，我所最快活的也就是这两件事情！一件是我们打了胜仗，土匪被我们消灭了，我们主义能够实现，这就是成功，我们当然快活！第二件就是我们自己在阵中牺牲了，就是成仁！"誓死效忠蒋介石，不成功则成仁，是蒋介石对其亲信部下的谆谆训导。而这一点，在蒋介石的亲信部下，特别是力行社，特务组织中都是以铁的纪律来规定的。戴笠在这一点上确实是最早、最直接、最突出地表现出来了，因此得到蒋的恩宠。

从特务处的职责来说，它的主要任务就是保卫蒋的安全。早在1926年入黄埔不久，在一次同学聚集之时，别人都纷纷阐述自己的理想，不外乎英勇战斗，当一名高级军官，指挥千军万马，威风八面等，独戴笠沉默不语。大家追问再三，他才闪烁其词地说："我无大志，但愿毕业之后，为校长做一名侍卫，保护他的安全。"戴笠是这样说的，也是这样做的。蒋介石第一次下野时，戴笠在杭州骑兵营得知蒋介石到了上海，就跑过去，虽无晋见之阶，仍千方百计打听到蒋介石的住地，自愿地到蒋在上海的寓所门外站岗，因而得到蒋介石的赏识。迨特务处成立后，蒋介石的警卫就由这个处负责了，其组织人员自然由处长戴笠调派。

特务处成立不久，即成立警卫股，专门负责蒋介石的安全。1932年秋，戴笠派特务处执行科科长邱开基赴武汉，负责警卫蒋介石。邱开基到武汉后，即担任鄂豫皖"剿匪"总司令部特务处处长。当时武汉的社会状况很乱，特别是帮会势力极强。帮会的首领就是武汉绥靖公署的稽查处处长，警察局的侦缉队也在帮会的控制之下。邱开基到任后，第一步就是撤销了稽查处，让帮会首领成立了一个道德善堂，将帮会分子全部纳入自己的控制之下。第二步就是委派手下担任警察局侦缉队队长，将治安大权全部抓在特务处手中。第三步就是抽出一部分款项，在码头、工厂、旅馆、餐馆等公共场所、妓院等地设置眼线，提供情报。第四步就是组织一个秘密锄奸团，专门从事密捕、绑架、暗杀等活动。这些措施一方面是用来对付中国共产党；另一方面是针对一切不利于蒋介石统治与安全的各种势力。

1933年7月，特务处专门成立了一个随节工作组，派黎铁汉为组长，专负保卫之责。这个组织，以后扩大为特别警卫组，作为一个常设机构，随同蒋介石行动，专门负责蒋介石的安全。

蒋介石身为国民党的军事领袖，也常常戒备各方势力的行刺。而"戴氏深知，蒋公一身系国家安危，保卫领袖，如护头目，为无比重要之事，乃引以为己任。他要求所属工作人员，将保卫蒋公安全，列为第一重要任务，不许有片刻懈怠"。

据有关方面统计，1934年至1936年，曾发生过四次谋刺蒋介石的事件，均被戴笠的特务处侦破，将主要人员分别在南京、上海、广州等地捕获。

为蒋介石警卫，就要随蒋介石行动。有时，蒋介石心血来潮，甘冒奇险，警卫人员也自然要随之涉险。

1938年6月，日军会攻武汉，国民党军队进行了顽强的抵抗，双方展开了激战。为了鼓舞军队的士气，蒋介石坚持在武汉指挥战斗。10月25日，日军到达武汉，并展开猛烈进攻。武汉城内炮声震耳欲聋，炮弹、飞机扔下的炸弹不断在城内爆炸，境况确实十分危急。正是在这一天，蒋介石的飞机才从武汉起飞，赶往南岳。也正是这一天，日军占领了武汉。临撤出前，蒋介石命令"将凡有可能被敌军利用之虞的设施均予破坏"。而这个破坏又是由戴笠的军统局负责的。

戴笠为了完成蒋介石交给的任务，在蒋介石走后，继续留在武汉，部署武汉反资敌大破坏事宜。他领着军统局湖北站站长朱若愚和稽查处处长赵世瑞巡查了全城的三十多个爆炸目标，并在当晚召开了一个爆破工作会议后，才离开武汉。这时，日军已开始攻击武汉城，戴笠一行想乘车离开，但道路已被日军堵死，乃改乘一小船，从日军包围的缝隙中钻出。

戴笠为了保卫蒋介石的安全，也确实煞费苦心。这一点，从抗战后蒋介石第一次到北平的活动中，看得最为明显。

抗战胜利后，国民党的军队占领了北平，蒋介石决定12月到北平视察，戴笠先行安排。当时，北平刚刚从日伪统治下收复，人员极其复杂，戴笠深恐万一出现什么不测，使蒋介石受惊，于是进行了周密的布置。他多次召集北平的军统特务头子马汉三、文强和随行的军统局人事处处长龚仙舫密议，决定急调亲信特务祝维屏，由戴笠保荐为北平市警察局副局长，以便直接指挥、运用北平的全部警力；重庆市警察局刑警大队长李连福任北平市警察局刑警大队长，指挥刑警大队直接参与行动；汉中警备总部稽查处长倪超凡飞北平，任北平市警备司令部稽查处长。三方紧密配合，协同负责蒋介石安全。直接负责蒋介石安全的是一个贴身内围的警卫大队。所谓贴身内围，就是蒋介石在公众场合出现时，紧贴蒋介石的周围，贴身警卫，以备不测。戴笠亲自选调黄埔六期的老牌特务严家浩任大队长，调在中美合作所所属的重庆特警班内受过美国特务教官严格训练的学员两百多人，乘专机飞北平。在蒋介石到北平前即与宪警配合，进行特殊训练。戴笠亲自出马指点，考核队员的思想状况和技术水平。

1946年初任军统局东北办事处处长的文强

1945年12月11日，蒋介石偕夫人宋美龄、国民政府参军长商震、军务局长俞济时、总务局长陈希曾等人飞到北平，住在交道口圆恩寺内。在戴笠的亲自指挥下，军、宪、警、特里三层外三层地布置起来。

蒋介石一到北平，俞济时便将蒋在北平活动的日程交给戴笠，由戴笠逐日安排有关警卫事宜。戴笠这个人十分懂得保密的重要。他按日程规定，只将隔日的行动计划预告罗家浩，对警备司令、警察局长、宪兵团长等都是直接布置任务，并不详告蒋介石的具体行动。这样，既做到了绝对保守秘密，又增加了自己的权势。

戴笠与军统局参训学员合影

蒋介石在北平共停留八天。其间先后接见在北平的国民党高级官员李宗仁、熊式辉、孙连仲、熊斌、张廷谔等人，举行了北平党政军民各界人士茶话会，和招待中外人士、新闻记者等活动。最紧张的一幕是16日检阅美军驻北平陆战队和在太和殿召集全市大中学生集会并讲话。为了保证这一天不出问题，戴笠与俞济时商量了一夜，决定布置四道警卫圈——第一圈是摆在蒋介石讲演台的周围，由严家诰率贴身警卫大队警卫，戴笠亲自指挥；第二圈是北平市警察局刑警大队挑选的数十名武功超绝，能飞檐走壁的"燕子李三"式的刑警，隐身在故宫三大殿的楼顶墙头，窥侍动静，随机出动；第三圈是军统北平站的全体特务，化装混在学生和人群之中，观察警戒，且编成群组，随时策应；第四圈是从北平市驻军中挑选的士兵，担任外围警戒。

这一决定立即报告了蒋介石。俞济时夸奖戴笠说："老头子一见你在，便胆壮心安，万无一失了。"

16日，戴笠早早就赶往故宫亲自安排。他自到北平，一直身着美式军装，佩中将肩章，胸前挂满勋标，威风赫赫。这一天，忽然改换灰黑色中山服，头戴宽边大礼帽，帽檐压得低低的，口袋里装了两枝马牌左轮手枪，压满了子弹。

蒋介石检阅完美国海军陆战队后，走进挤满了人的太和殿，站在台上，操着浙江口音大讲民族复兴,"三民主义",军政统一,等等。戴笠、俞济时和贴身队员站在人群的前排,围成一个保护圈。戴笠两手插在口袋里,紧握着枪把,一直紧张地注视着动静。蒋介石不时看着戴笠的大礼帽,心定神安,不禁慷慨激昂起来……

不料,蒋介石讲完后,人群呼啦一下子涌向前来,戴笠站不住脚,被人群挤开了,贴身警卫也被冲散。亏得李宗仁、孙连仲、黄仁霖等人手拉手把蒋介石护在中间。贴身警卫也马上挤过来,护在李宗仁等的外围,这才冲出一条路,把蒋介石护送上车,离开故宫……

戴笠回到住处后,才长长地松了一口气,打电话给文强说:"老头子很高兴,谢天谢地。老头子有令,所有护卫出力人员一律有赏,你给我传达一下。"

实际上,戴笠只是稍稍松了一口气。这次来北平,蒋介石夫妇游了一次颐和园,戴笠又忙个不亦乐乎。他东奔西窜,西支东指,把严家淦等手下驱使得晕头转向。

到了18日,蒋介石终于走了。走前,指示戴笠安排好北平肃奸工作,戴笠又由诚惶诚恐的紧张转入作威作福的繁忙……

金钱与铁链

蒋介石与戴笠,一个独夫,一个打手。

蒋介石作为独夫,在旧中国纵横捭阖,费尽心机二十载,终于将国民党内各派系,国民革命军内的各军阀收束到自己的麾下,而成为国民党党、政、军的最高领袖。

戴笠在蒋介石门下当打手,需要一批人为他卖命,自掌特务处开始,招兵买马,从"十人团"发展为庞大的特务机构,他一直大权独握。

蒋介石的成功靠什么?戴笠靠的又是什么?

除了权术和实力外,蒋介石靠的是金钱,靠的是高官厚禄的收买。在蒋介石的收买下,一批批军阀倒戈为其效命,使一些地方实力派失去和他抗衡的力量。戴笠作为蒋介石的部下，除了为蒋介石收买各方势力、收集情报外还继承了蒋介石的衣钵，对自己的部下也是用钱来笼络，同时还用锁链，把这些人全部约束起来，让他们卖命，如若不从，自有"团体"的家法来惩治，轻则丢官关禁闭，重则脑袋搬家。这是蒋介石在力行社的"家法"，也是戴笠在特务组织内的"家法"。

金钱与铁链并用，是蒋介石与戴笠获得成功的手段。

生在旧中国，早年曾混迹上海交易所的蒋介石，深知金钱的重要。北伐途中，他与江浙财团挂上了钩。他需要江浙财团的钱，江浙财团需要他的权与势。双方一拍即合，使蒋介石加速了叛变革命的进程。

从这一点说，蒋介石在收买别人前，可以说自己已先被别人收买了——被江浙财团收买，也被帝国主义收买。

蒋介石到南昌，虞洽卿亲自赶去拜会，答应资助蒋介石，于是蒋介石敢于截扣由广州途经南昌去武汉的国民党执监委员，国民政府委员，敢于杀害共产党人。

到上海，蒋介石分别致函上海商业联合会和上海银行公会，说："现在军事未已，庶政繁兴。目前应用急需款项，亟应首先筹垫。"于是，江浙财团开始"出血"，给了蒋介石五笔巨款。

第一笔：1927年4月1日，上海金融资本家向蒋垫付三百万元，作为商界代表向蒋认捐的五百万中的一部分。这笔钱直接资助蒋介石发动"四·一二"政变。

第二笔：4月15日，上海市银行业又垫付了三百万元，蒋介石答应以国民政府明文规定维护金融方针和承认并偿还北洋政府旧债为条件，并下令江浙皖闽粤

上海总商会会长虞洽卿

各省军政当局,切实保护各地银行钱庄。

第三笔:4月底,上海银行借给蒋介石一千万元。

第四笔:5月1日,由江浙财团认购江海关二五附税库券三千万元。

第五笔:1927年10月到1928年初,蒋介石又先后两次发行"续发"江海关二五附税库券四千万元。

有了这样雄厚的财力做后盾,蒋介石的腰粗了,胆壮了。这才使他敢于建立南京政府,敢于二次"北伐",敢于"编遣",敢于"统一"。也正是由于有了这样雄厚的财力后盾,他才能在各派系军阀的混战中军事、金钱交相互用,立于不败之地。

1929年,蒋桂战争后,蒋介石与冯玉祥闹僵。5月,冯玉祥在陕西华阴召开军事会议,罗列蒋介石的四大罪状,不外乎操纵国民党三大,违反党章;济南惨案的处置丧权辱国;各军待遇不平等;不问豫陕甘灾情,扣留赈粮,坐视饥民饿死,等等,宣布兴兵讨伐。为了集中兵力,他命令所属部队向西撤退,到潼关华阴一带集结。

但就在此时,冯玉祥麾下的两员大将被蒋介石收买了。这两员大将就是韩复榘和石友三。

蒋介石打败桂系来到武汉,亲自召见韩复榘,什么"向方兄治军有方",什么"向方兄战功卓著",一顶顶的高帽子给韩复榘戴上,并送韩十万元。同时,派亲信部下钱大钧带三十万元到石友三部劳军,把这两人拉到了自己门下。

韩复榘拒不执行冯玉祥的西撤命令,反将部队东进洛阳。5月22日,韩复榘、石友三发出通电,表示"为除民众痛苦,遭逢事变,唯望维持和平,拥护中央"。石友三率部到郑州与韩会合。蒋介石接到韩、石电报后,立即给二人加官送钱,任命韩为河南省主席,石为安徽省主席,并送去大洋五百万元犒赏。

1930年,阎锡山、冯玉祥和桂系集七十万大军共同反蒋,燃起中原大战的战火。稍后,又与汪精卫的改组派、西山会议派联合,在北平召开了国民党中央党部扩大会议,成立国民党中央和国民政府。这是国民党内反蒋力量的大会合,大有一举摧毁蒋介石之势。然而,到了9月18日,张学良发出"巧"电,"吁请各方即日罢兵,以纾民困",并要求各方"均宜静候中央措置",一屁股坐到了南京蒋介石一边。东北军挥师入关,阎冯桂不得不速行撤兵,扩大会议尚未开完,就撤往太原。

张学良当时拥兵三十六万,并有最强的海空军力量。可以说他坐在哪一头,哪一头就占了绝对优势。而张学良之所以在观望数月之后,决定站在蒋介石一边,除了他切盼统一,憎恶内争等诸多因素外,蒋介石的金钱优势,又是起了相当作用。

当时,各方都派有代表在沈阳、北戴河、葫芦岛等地跟着张学良做工作,意图拉拢张学良靠往自己一方。反蒋方面还在中原大战一开始,就封张学良为"中华民国陆海空军副总司令",但无奈的是,蒋方有钱,反蒋方无力与争。

蒋介石方面为了拉拢张学良,特派国民党元老和大员吴铁城、李石曾、张群、方本仁等游说张学良。蒋方代表资深位显,出手豪阔,吴铁城等行前携带经费一百万元,在辽宁国民外交协会召开"追悼抗俄将士大会"时,南京政府拨款五十万元,褒奖对苏作战中阵亡将士。所以,蒋方的这些人可以陪张学良打麻将、游玩,不管事情谈得怎么样,先和张学良结上了私人交情。而反蒋一方的代表资历不深,钱财拮据,有时连见张学良也不方便,更谈不上深厚的感情了。

9月18日,张学良的"巧"电发出后,挥师入关。蒋介石看到大功将成,更是不惜血本。他先由南京政府从上海汇往沈阳五百万元作为东北军的开拔费,又拨一千万元公债款给张学良。

东北军入关后不久,扩大会议结束,阎冯下野,张学良就任南京政府任命的陆海空军副总司令之职,并在吴铁城陪同下到南京晋见蒋介石,着实风光了一阵子。

1936年,陈济棠因空军被蒋介石收买北飞,致陈"失机"告败,也是蒋介石成功地运用金钱达到目的的一个显例。

蒋介石不仅对派系军阀舍得花大钱,对自己的部下,也不时地拨款、犒赏,以勉励他们为己用命。抗战时期,侍从室第六组组长唐纵的家被日机轰炸,蒋介石当时批下三千元,以示抚慰。1945年底,蒋介石犒赏唐纵十万元，唐纵拿出两万五千元给组中官兵，其余揣入个人腰包。

戴笠既为蒋介石的亲信特务头子，也深得"有钱能使鬼推磨"的关窍，他除为蒋花钱收买了闽变中的余汉谋，两广事变中的黄光锐等人外，对部下也是动辄发给特别费若干元，笼络他们为己效力。

戴笠最开始搞情报工作，每月只有两千元经费，但就是靠着两千元，他就罗致了"十人团"。那时，他经济非常拮据，经费不够，有时还要向他的母亲蓝氏要钱。特务处成立后，蒋介石把它列为国民政府军事委员会调查统计局第二处，有了固定的经费来源，戴笠也就开始出手豪阔起来。迨抗战爆发，军统局成立，戴笠并以副局长主持工作，而且又身兼数要职，特别是财政部缉私系统的纳入和中美合作所的建立，更使戴笠财源滚滚，花钱也就更不在乎了。翻开戴笠的历史，可以说随处可见他用钱来笼络部下的例子。

给邱开基家里寄丧葬费，是第一例。

邱开基是云南人，曾任蒋介石侍从室警卫组组长。力行社特务处成立，蒋介石把他派给戴笠，任特务处执行科科长。1932年夏天，邱开基的母亲病逝，家里给他报丧，可是邱开基并没有接到这封信。过了两个多月，他接到家信，告诉他老太太已经安葬，因为他汇去两千元，所以丧事办得风光圆满，亲戚乡里都说他是个孝子，虽然没有回家，却也为家里争了光。两千元，当时是个大数目，差不多是邱开基一年的薪水，他满头雾水，连忙跑去问戴笠。

"你想想看，假如你回家奔丧，从南京到云南景东，打个来回，最快也得三个月。以你现在的工作，你能请准三个月的假吗？如果你知道老太太去世，又请不下来假，你的情绪会怎样，是不是要影响工作？"戴笠一连串的反问，使邱开基无话可答。"所以，我当时决定不让你知道这件事。办丧事最需要的是钱，有钱就好办事。我代你汇去两千元，并以你的口气发了一封电报，说你无法请假回去。"邱开基恍然大悟，也深深地感谢戴笠不仅办事周到，而且出手大方，以后更加忠于戴笠。

戴笠以两千元丧葬费笼络住了邱开基，以后也就开了一个口子——有什么名目，就给部下发特别费，作为特殊犒赏。

戴笠给部属发钱，大致有以下几个名目。

第一是部下要任新职，为了使这些部下更加积极地工作，往往发些钱，以壮行色，也表示出跟着我戴笠干，不会白干。1937年7月戴笠命杨蔚、柯建安去任郑州、九江警察局局长。谈完话后，拿起笔来，写了几张条子，其中一张是发给杨蔚、柯建安特别费各四百元。

第二是当部下有特殊表现时，也要给钱，以资鼓励。赵理君等杀害史量才之后，蒋介石曾通过戴笠，给参加刺杀的人发了五千元奖金。1938年农历年三十晚上，军统特务刘戈青将大汉奸陈箓杀死。由于是在日本占领区上海，又是在陈箓的家中将陈箓杀死，这不仅要冒着生命危险，而且要周密策划，所以戴笠特别重视。在香港接到报告后，戴笠特别命令刘戈青等人到香港，戴笠亲自面见，并发给刘戈青三万元港币，刘戈青没要。过了两天，戴笠又给刘戈青五百元港币。后来，刘戈青把这五百元给了介绍他参加军统的杨虎夫人陈华，戴笠知道后，把刘戈青找来。

"我给你的钱呢？"戴笠问。"在我这里。"刘答。"拿出来我看看。""没有带在身边。"刘硬着头皮说。"你不要骗我了，你把钱给了陈华。你的头面比我大，一送人就是五百港币。"说着，戴笠又笑着拿出五百元港币给刘戈青："这是我给你花的，不许再送人了。"

戴笠给刘戈青钱，自然是要笼络刘戈青为他卖命，但这里还有另一层意思，就是还要打通陈华的关节，表现出自己的大度和实力。果然，陈华知道后，笑着对刘戈青说："你这个小鬼头，本领可真不小，刚送我五百，马上又捞回五百，戴雨农对你可真不差，你得好好干呀！"

随着地位与权势的增长，戴笠出手也越来越大方。抗战中期，国民政府为了控制经济，成立了国家总动员会议，下设经济检查组，由军统局具体负责。吴景中受命担任第七经检大队大队长，负责陕西省的经济检查，由于得到省政府主席祝绍周的支持，把全省经济检查的大权全抓过来，工作搞得不错。吴景中到重庆向戴笠汇报，戴笠听了很满意，随手写了一个条子，让他交给人事室，吴景中不知道是什么事，看也没看，就拿到人事室。"啊！五万元特别费。"人事处的人看了条子，不禁喊出了声。原来这是戴笠发给吴景中的五万元奖金，真是出手不凡。而1943年，乔家才做过陕西省缉私处处长后到重庆，戴笠也给了他一万元。

第三就是部下为了与各方面拉关系，往往经费不够，戴笠不是通过常规性渠道去补发，而是以特别费名义由他自己签发给各有关单位负责人。这样，既避免了经费扩大后，别的单位攀比，同时也让部下领他的人情，反正都是公家的钱，何不做顺水人情呢？这是戴笠经常性的工作方式，也是他个人权术的运用。

1943年夏，中美合作所南岳训练班成立，陶一珊为副主任主持工作。成立不久，戴笠到这里视察，临离开前，戴笠坐在桌旁与陶一珊聊了起来。

"一珊，听说你有些亏空，到底差多少钱？"聊了几句，戴笠突然单刀直入地问了这个问题。

"没有！没有！"陶一珊赶忙否认，急得脸色都变了。原来陶一珊到任后，要与国民党地方军政长官交往，有时要打打麻将，免不了连真带假地输一些钱，私钱不足，自然要用公费填了。而戴笠则明令部下一律不准打麻将，自己不但打了麻将，而且连公家的钱都输了进去，他如何不害怕？

"你别骗我，老实说，到底差多少钱？"戴盯着问道。陶一珊知道肯定是有人打了小报告，无法隐瞒，只好做了一番解释："我在这里代表戴先生主持班务，难免要和地方首长应酬，我又不能丢了戴先生的面子，出了点亏空，我一定自己解决！""哼，你自己解决？"戴笠说着，打开了公文包，取出便笺，写上："即发陶副主任特别费国币一万元整。"然后才动身出发。

戴笠发特别费时是很讲究"艺术"的。有的人要多发，使他堵窟窿后还有富余；有的人要少发，点到为止，是表示他知道这些事，敲敲警钟。

杨遇春是军统中较早获得少将级军衔的人，而且因为防守庐山有功，得蒋介石亲自召见，并由蒋批发过两千元奖金。对这样的人，戴笠自然是要特殊照顾的。杨遇春在衡阳任缉私处处长时亏空了二十万元，戴笠决定派他担任别动军第二纵队司令，命他立即离开缉私处去赴任。

"不行！"杨遇春赶紧说："缉私处有二十万元亏空，没有报销，不能一走了之，我得去一趟重庆，和缉私署算清账目。""没有关系，不要为算账专跑一趟。"戴笠回头对会计说："发给杨遇春同志二十五万元，告诉办移交的人,替他结算清楚。""报告戴先生,二十万足够了,不需要二十五万。"杨遇春赶紧说。"多留一些花花也好。"戴笠大方地说。

要说,戴笠对杨遇春可真够意思。一次,他路过杨遇春的家乡江西省瑞金县,特意到杨家拜访,留下一万元。杨遇春知道后,自然格外感激,当乔家才为了写《戴笠将军和他的同志》一书去找他访谈时,他的泪珠还在眼里打转呢!

和杨遇春比,谢镇南的情况就正好相反了。谢镇南曾任军统局广东站潮汕组组长和广东省缉私处潮梅办事处主任。当时经费很紧,入不敷出,每月总是超支,两年积累下来,亏空了两千多元。戴笠知道后,特意打电报给他,提醒他要节约花钱,不要亏空。后来,戴笠到了香港,他让谢镇南去香港见面,发给谢特别费五百元。其意是在告诉他,我虽然同情你,但不能为你堵亏空,你要好自为之。

第四是一些生活中的小事,戴笠也常常想得周到,以示对部下的关心体贴。

抗战爆发后,戴笠奉蒋介石之命在上海成立了苏浙行动委员会,调汪祖华任委员会政训组组长兼松江训练班主任。一次,戴笠正住院期间,汪祖华去见。戴笠看见汪祖华穿了一身西装,从枕头旁抓起一把钞票给汪:"你穿这样一套衣服,怎么在战地工作,赶紧去做一套中山装。"当时,一套中山装只需两三元钱,而这一把钱竟有六七十元。

抗战时期,刘启瑞在军统局负责文字工作,各种报告都是由他起草。刘启瑞身体不好,经常有病。每次他生病时,戴笠都要亲笔写一封慰问信,派部下送去几百元。1946年2月12日,戴笠由南京飞北平处理事务,时任军统局南京办事处主任的刘启瑞到机场送行。戴笠看见刘穿的仍然是在重庆时的旧衣服,嘱人事处长龚仙舫为刘做两套衣服。临上飞机前,又掏出一大叠法币,送给刘启瑞。刘启瑞一数,竟达十三万元多。虽然当时法币已经贬值,但十三万也毕竟不是一笔小数目,刘启瑞感激不尽。3月17日,戴笠飞机失踪,刘启瑞闻讯后,偕妻子和戴笠的原卫士贾金南连夜寻找,终于在江宁县板桥镇找到了失事地点,看到遗骸横陈的戴笠,刘启瑞不禁放声大哭。由于恰到好处地运用了这样的小恩小惠,特务们深切地感受到了戴老板的"关怀",用戴笠的话说,这叫"情感的结纳",但是除了以特别费笼络可为己用的人外,戴笠对部下的待遇还是很苛刻的,从不肯轻易松口提高待遇。

1934年到1935年,曾经刺杀了张敬尧的白世维在洪公祠训练班担任队长,因为工作需要要增加一个队副。戴笠和白世维商定,让黄埔四期的高荣担任。但关于待遇,两个人却意见不能一致。

戴笠说:"给他多少待遇?"

"他在绥远担任组长时,每月生活活动费一百五十元。现在担任队副,是内勤,可以少一些,最好给他一百三十元。"

"太多,给他八十元吧!"

"待命同志每月都有六十元,队副只给八十元,太少了,给他一百二十元如何?"

"好啦,给他九十元吧!"

"那么给他一百一十元,好不好?"

"不行!"戴笠坚决地回答,最后,好赖算答应给高荣一百元。

还有一件事,也可看出戴笠在这方面的态度。

据唐纵日记记载,1941年4月5日,军统局各基层组织负责人在重庆参加军统局工作会议,大部分人要求"改善待遇,增加公费与请求人事权"。戴笠当时有病,上午未参加会议。知道这个情况后,下午特意带病出席,"予各地代表以相反之答复,台下情绪,大为消沉"。

用乔家才的话说,"戴先生为了工作,为了某种需要,花起钱来的确够豪爽。否则,也是斤斤计较,一块钱也不浪费的"。实质上,戴笠不给高荣高薪,不同意给各单位增加待遇,

时任军统局警察总署署长的唐纵

一方面是为了少花钱,节约下来,以便自己以特别费的名义给自己需要的人,以获取这些人的感激之情,自愿为其效命;另一方面,不轻易答应部下的任何事,也是为了表现自己的权威。在这方面,戴笠确是很高明的。用他自己的话说,叫"理智地运用"。

作为一个极端秘密的尖端行动机构,仅靠"情感的结纳"、金钱的笼络是不够的,更重要的就是用一套纪律铁链来维系它。这也是按照蒋介石的意旨而行的。蒋介石经常教导亲信部下,特别是力行社的成员和特务,要忠于领袖,不成功则成仁。戴笠要为蒋介石效力,自然也将此作为特务组织的宗旨。力行社特务处和后来的军统局,也都是按照这一宗旨行事的。

凡是加入特务组织的人,都要宣誓,其中主要内容是:誓死效忠领袖,保守团体秘密,遵守团体纪律,如有违背,愿受最严厉的制裁,等等。军统特务组织有几千几万人,但都跟从戴笠一个人。戴笠的命令,在特务组织内就是"圣旨",谁也不能违背,否则绝不会有好下场。为此,戴笠设立了一套特务与特务互相监督的系统,任何人的任何事都随时可能有人密告戴笠。力行社特务处上海区区长翁光辉是黄埔三期毕业生,不甘屈居戴笠之下。他上任不久,获得一项重要情报。为了表现自己的才干,他想不通过戴笠亲自送给蒋介石。当时蒋介石正在庐山,便亲自赶去,戴笠闻报后,当即派人拦截,在去九江的船上将翁光辉扣押,并马上将他撤职,改派余乐醒担任区长。到了抗战时期,戴笠为了强化特务机构的统治,在《政治侦探》一书中特设"政治侦探之'铁的纪律'"一章,专门阐述这一问题。在这一章中,戴笠规定:"政治侦探不仅在工作上应遵守团体之'铁的纪律',且在私生活方面,亦须受纪律的约束……如有违反纪律者,为顾全大局计,为爱护工作人员前途计,自应予以劝导,或惩戒。"在这一章中,戴笠引用蒋介石在特务训练班中的训词:"政治警察人员的生活原则与一般人不同。对环境应深入,方有所获;绝对不能合污,才得有成。"并就此阐发,将特务人员的生活、工作均纳入"铁的纪律"之下,而予以具体的约束,明确指出,"对不守法的人,实施制裁,执行'铁的纪律'"。在这一章的最后,附有《政治侦探刑法草案》,严格规定了政治侦探中的犯罪行为及其惩处判刑的方法。

有了这样"铁的纪律"和严苛的"刑法",加之戴笠为人残忍、苛酷,把特务组织治理得井然有序。据良雄《戴笠传》记载:"在军统局内,每年都有所谓'殉法'同志,亦即是严重违纪,而被制裁的人。"1940年,就有二十六人被处死,1941年为最少,"亦有十人"。但是,戴笠对于部下,并不是完全按照所犯罪过的大小来定罪,而常常凭自己的好恶。如前述的陶一珊,用公款打麻将而亏空,戴笠不仅没有对他执行"纪律",反而发给他特别费一万元。而一个邮电检查所的女检查员,只因为贪污了四十元,戴笠就要枪毙。当时,她已怀孕将临产,苦苦哀求生下孩子再执行,戴笠却坚决不许。最后,用箩筐把这个女人抬出去枪毙了。

说到这里,我们不禁想起蒋介石对部下也常是这个样子——有功的不赏,有过的不罚。守东北过程中,陈明仁血战四平,战功卓著,反受其罚;而陈诚丧城失地,国民党内鼓噪非杀陈诚无以谢天下,蒋介石不但不杀不罚,反委他以重任。主子、奴才,何其相似乃尔。

戴笠的"铁的纪律"和喜怒无常的性格再加上专断统治,常使部下人人自危。1933年,时任特务处书记的唐纵在"工作实录"上写了"负责则恐越权,放任又将误事,时在戒慎恐惧之中"。后来,怕给戴笠看见,马上又涂得一点也看不出来,而只好把这番怨气发在自己的日记上。沈醉在日记中,也常常告诫自己,工作中不要出乱子,万一被"老板"知道了不得了,甚至无形中有怕自己会被关进息烽监狱的恐惧。一些犯了纪律的特务,唯恐死时遭罪,往往自杀。两广事变时,两个特务曾经附和,事变结束后,一个跑到广西,托庇于李宗仁,另一个被特务处扣押,要解往南京。这个特务一听说要解往南京,想起团体的纪律来,十分害怕,在押解上船的路上,看到路边有毒草,便采来边走边嚼,还没有走到码头,便毒发倒地,来不及救治便已死去。

戴笠当年执掌特务处时,就常常跟部下说起:自接任之日起,这颗脑袋就已拿下来了,不是干得不好被领袖杀掉,就是干好了被敌人杀掉。"团体"的工作性质和纪律,也使特务们认识到,进了特务组织,就是要"立着进来,横着出去"——不是"殉难",就是"殉法",绝不容中途脱离。

毕竟,戴笠是个高明的特务头子,他在用"铁的纪律"束缚特务们的同时,也常常表现得很有情义,表示只要跟着我干,绝没有亏吃。为了鼓励特务们为他卖命,死了的特务都要厚葬,每年的"四一大会"——军统成立纪念日,都要有一个祭奠活动,纪念那些"殉难"、"殉法"的特务们。这时,戴笠总是亲自主祭,为死去的特务们上炷香,再念一番纪念文字。对于死者的家属,也要亲自安排抚养。这一点又是和蒋介石学的。蒋介石奠都南京后,曾由宋美龄发起,创办了革命军遗族学校,培养那些为蒋介石的"国民革命"而死去的军人们的子弟们。

戴笠在主祭时,对于特务的"殉法",还要自责一番,说是虽然他们罪有应得,但还是自己督责不严,致使他们触犯法律,受到制裁,自己要负主要责任,等等。

靠着金钱与铁链,蒋介石建立了自己的独裁统治;靠着金钱与铁链,戴笠形成了一个为蒋介石卖命的特务体系,也形成了铁桶一般的特务"家族"。

戴笠常说的一句话是:"团体即家庭,同志如手足。"而戴笠,自然是家长了。

宗法制度和铁血手段,是蒋介石、戴笠共奉的宗旨。

蒋介石的用人原则与戴笠的"政治艺术"

蒋介石与戴笠的关系,可以归结为以下几个方面:

在国民党党政军体系中,蒋介石是领袖,戴笠是部属;

从黄埔军校看,蒋介石是校长,戴笠是学生;

从控制国民党和社会这方面看,蒋介石是独夫,戴笠是打手;

从私人关系看,蒋介石是家长,戴笠是家庭成员,也有人说蒋介石是严父,戴笠是孝子。

欲从根本上弄清蒋介石与戴笠的关系,要明了蒋介石的用人原则。

一是政治上必须以"我"为核心,也就是"一个领袖"。这是蒋介石用人的政治标准。

蒋介石政治思想核心是"一个党、一个主义、一个领袖"。以"一个党、一个主义"来把整个社会纳入国民党的统治体系中，再以"一个领袖"把国民党纳入自己的体系中，这就是蒋介石的用意。于是，凡是鼓吹"一个领袖"，绝对忠于蒋介石的人，不管你有没有才干，便高官得做，骏马得骑；否则，孙悟空有天大的本事，也要夹在如来佛的指缝里，偶尔伸下头可以，舒展则绝对不许。蒋介石手下的几个亲信嫡系，莫不如此。

于是，有人提出，对蒋介石"信仰要信仰到迷信的程度，服从要服从到盲从的程度"。有人说："一切问题全凭领袖的脑壳。"邓文仪说："谁能离得开自己的领袖呢？在他身边是在他身边，不在他身边也还是在他身边，这便是所谓精忠的那个精字。"

看"小委员长"陈诚，这个蒋介石手下最成功的官僚。他靠什么能飞黄腾达，到台湾后直做到行政院院长和副总统呢？有才吗？不是，东北之战，失去战略先机，实为国民党失东北之主要责任者。国民党内一片"杀陈诚以谢天下"的呼声，他不但未被杀，反被派往台湾——当时蒋介石心目中的最后一块基地——主政。靠的是忠于蒋介石。他说"只有竭诚拥戴领袖，国家才有办法，民族才有出路"，我们要"把自己的精神、

一生主要从事国民党党政宣传工作的邓文仪，因鼓吹效忠于领袖而深受蒋的器重，晚年在台湾信奉道教，并担任台湾中国民主和平统一策进会主任、中华黄埔四海同心会名誉会长，于1991年4月率团来到北京，受到时任中共中央总书记江泽民的接见

败退台湾后的陈诚，依然受到蒋介石的重用而春风得意

智慧、自由甚至生命,忠实地贡献于领袖,鞠躬尽瘁,终身以之,随时随地,对人对事,以领袖之心为心,以领袖之行事为行事法则,做他的手臂,做他的股肱","我们还要抱着一种圣洁的胸襟,像欧洲殉教徒一样的衷肠来服从领袖。使领袖的精神如太阳光辉,如明珠宝璧那样普照天下"。他不仅竭诚拥蒋,绝对不发表不同于蒋的意见,而且在性格上、生活上也处处模仿蒋介石,不喝酒,不喝茶,连走路姿势都模仿之,怎能不得蒋之欢心。

"中原王"汤恩伯,历来因军纪败坏、杀戮甚众而备受非议

"中原王"汤恩伯,从未有过赫赫战功,却因为懂得揣摩蒋介石的意图而平步青云。一次,国民党的高级将领聚宴,人们纷纷议论蒋介石的继承人问题,有的猜这个,有的猜那个,独汤恩伯一言不发。有人坚问,他断然答之曰:"委员长圣躬康泰,这个问题无讨论之必要,我也从来没想过这事。"难怪他屡战屡败,却深受信任,独当守卫上海的大任。

而何应钦,这个几乎和蒋介石比肩的军界元老,就因为不懂得"精忠"拥蒋,且于宁汉合流之际参与促蒋下台,西安事变中更想取而代之,而被蒋介石搁置起来,虽位置一直较高,却始终没有实权。到了台湾,索性给个"资政"名义了事。

二是在体系上是一浙江,二黄埔。蒋介石这个人乡土观念较重,又靠黄

身处台湾的何应钦已游离于权力圈外,图为他与同僚打牌自娱

蒋介石亲自出席手下爱将胡宗南的葬礼

埔发家，于是，浙江人得到信任，黄埔系得到提拔。如果既是浙江人，又出身黄埔，那就是长上了翅膀，不断飞升了。这里面最典型的是胡宗南和戴笠。胡宗南以浙江人投考黄埔一期，由营长而团长、师长、军长、军团长，抗战时期，升任第一战区司令长官，成为声势煊赫的"西北王"，到台湾后也一度受重用，曾任"江浙反共救国军"总指挥，澎湖防守司令官。戴笠的发家也几乎是跳跃式的，从入黄埔到坠机，二十年中从士兵升任到中将。

三是宗法体系，家长作风，要求部下绝对服从他本人。蒋介石自幼饱读"经史"，最推崇的是湘军首领曾国藩。他的思想可以说一半是法西斯主义，另一半就是封建主义。他极力宣扬"礼义廉耻"这"四维"和"忠孝仁义信爱和平"这"八德"，宣扬中国古代的宗法体系和家长制作风。他利用二陈建立了CC派，利用黄埔毕业生建立了复兴社，在这两个体系中特别要求"绝对服从领袖"，否则，愿受"极刑"或"最严厉之制裁"。

戴笠正是摸透了蒋介石的这些原则和习性，小心翼翼地忠蒋孝蒋，从而得到了蒋的绝对信任。

这就是戴笠的"政治艺术"。

首先是对蒋恭顺唯谨，誓死效忠。

陈果夫

陈立夫

自入蒋介石麾下收集情报开始,戴笠就是唯蒋命是从,尽其全部生命、精力效忠于蒋。他搜集情报不畏难不怕死,有时亲入虎穴,有时带病奔波。不仅他自己这样,整个特务组织也以忠蒋是命。他自掌特务处,就以拼死之心为蒋工作,要求麾下特务抱定"站着进来,躺着出去"的决心,行动准则是"秉承领袖意旨,体念领袖苦心"。凡此种种,均活化出戴笠是蒋介石死心塌地、誓死效忠的私人奴才和打手。

尽管戴笠深得蒋介石的信任,给他以不待通报随时晋见的"殊荣",但他深知自己位卑不显,因此总是奉命唯谨。"戴氏每次因公晋见时,总是婉约其辞,陈述已毕,则垂手侍立,视蒋公颜色为进止。偶或随侍蒋公,必待垂询,才据实以告,不欺不隐。不问不敢多言。虽然他是当时极少数可随时晋见,不待通报的人,但非必要,决不请谒……"后来曾升任国民党中央执行委员会秘书长、台湾总统府国策顾问高职的唐纵,曾在一次随戴笠见蒋介石后的日记中写道:"这等如从前皇帝赐见一样的严贵,宠遇……雨农站在门口听着,唯恐我们失错或乱说话,他是很小心的。"凡是军统局上呈给蒋介石的文字,戴笠"必躬亲审视,字斟句酌,然后交付缮写,字体必求恭正,不许有一笔苟简"。

戴笠善于揣摩蒋介石的心意,一切按照蒋介石的意图行事。抗战时期,重庆政府为节约开支,蒋介石下令,每部每院只许有一部汽车。这时戴笠正值势力大张,又十分喜爱汽车,搞了十多辆高级轿车使用。但为了取得蒋介石的欢心,他常常在探听到蒋介石散步或在哪出现时,特意乘一部破旧的汽车出现,给蒋介石留下一个节俭的印象,弄得蒋介石看不过眼,让他弄辆好车,他反而表示,抗战时期,国家困难,这样的车就很好了。

其次是费尽心机结交权贵。

早年,戴笠就是个好交朋友的人,有了一定职位后,他更加重视与权贵的交往。他与胡宗南是好朋友,曾将自己亲信的女特务送到外国留学,然后送给胡宗南作妻子。为了取悦宋子文,不惜为宋子文追欢猎艳跑前跑后。

沈醉先生在《魔窟生涯》中记述了这样一件事。

一天,在重庆卫戍总司令部当稽查处副处长的沈醉刚刚起床,突然接到戴笠电话,让他把汽车加满油,亲自开到曾家岩。

官至国民党中央保密局云南省站长、国防部驻云南区少将专员的沈醉，是一名不折不扣的军统干将

孔祥熙

沈醉听到老板有令，饭也没吃，立即驾车去曾家岩戴公馆。戴笠一见他，马上说："你快把车开到牛角坨一条巷口，路边有个年轻女人等在那里，你让她上车，不要停留，一直把她送到成都金河街公馆去。"

沈醉把车开到牛角坨去，一个十分标致的年轻姑娘拎着两只皮箱慌忙上了车，连说："快走，快走！"车开出不远，迎面遇见一辆小轿车和一辆大卡车，卡车上坐满了拿棍棒的人，这个姑娘吓得脸色苍白，过了好久才镇静下来。

车子走了好远，沈醉才套问出真相：这个二十二岁的姑娘本是中国银行的职员，被宋子文看中，收为外室。这天，宋子文得知老婆要带人去她那里打她，并砸她的家，急忙一面通知她准备，一面请戴笠帮忙。后来，沈醉将这个女子送到成都金河街戴公馆，才躲过了此灾。

还有一次，财政部长孔祥熙在重庆上清寺广播大厦做生日，戴笠得到消息后，亲率一批特务前去为之布置寿堂，同时派出大批特务去保卫安全。戴笠也降尊纡贵，毕恭毕敬地站在大门口，满面笑容地接待客人。这一方面讨得孔祥熙的欢心缓和了关系——戴笠曾有一段时间和孔祥熙弄得很僵；另一方面，也让别人看到戴笠与老孔的交情不薄，无

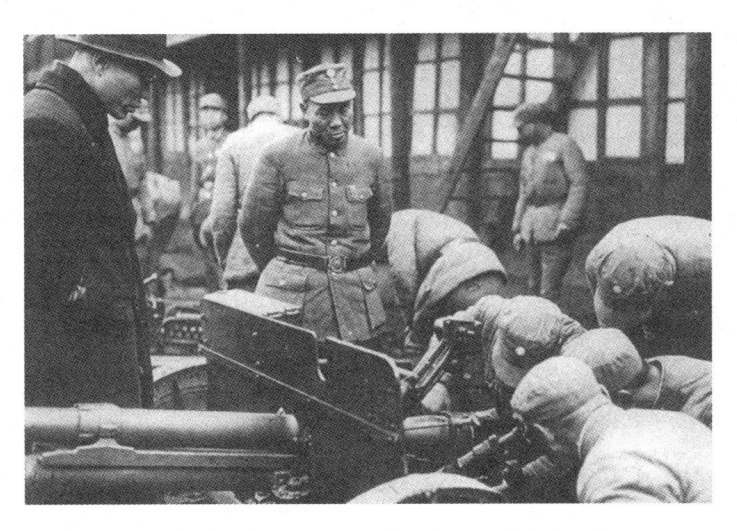

国民党第一战区副司令长官汤恩伯观看炮兵操作

形中抬高了自己的身价。

戴笠和一些军政要员如汤恩伯、傅作义、杜聿明、宋希濂、周至柔也都尽量保持密切的联系。依靠这种关系，使自己的势力与威望不断扩大，给特务工作创造了方便条件。为了某种目的，即使是自己不喜欢的人物，只要有用，戴笠也要想办法与之交往，并在其中很讲求"艺术"，从而博得对方的好感。

抗战结束时，北平的最高军政单位是北平行营，主任李宗仁，其他相关单位还有十一战区司令长官部，司令长官孙连仲；北平警备司令部，总

国民党第十二战区司令长官傅作义　　国民党第五军军长杜聿明　　国民党第十一集团军总司令宋希濂

七　乃君乃臣

137

周至柔、何应钦、黄杰（自左至右）。1954年摄于台湾。周至柔对国民党空军建设贡献颇巨

时任国民党第五战区司令长官的李宗仁。摄于台儿庄大战前

司令陈继承等。戴笠抗战后第一次去北平，偕军统局少将张家铨先后拜访了孙连仲、陈继承、李宗仁。见前两位时，没有带东西，拜会李宗仁时，戴笠特意带了四瓶威士忌，并告诉张家铨说："李德邻当过军校的校务委员，是我的老师，必须带点东西，表示敬意。"

汽车开到怀仁堂，戴笠提了四瓶洋酒下了车，张家铨急忙要去接过来："戴先生提着不好看，由我来提吧！""有什么不好看？你不懂，你先进去接头。"戴笠一口回绝。

见了李宗仁，戴笠先立正，规规矩矩地鞠了一个躬，然后把酒放在桌子上，说："好久没有见到老师了，没有什么东西可送，这四瓶美国人送我的好酒，特意给老师尝尝。"

回去的路上，戴笠对张家铨说："你知道为什么我要亲自提四瓶酒，不让你替我提呢？因为你提着，和我亲自提着，分量差得很远。这就是政治，就是艺术。多少年来，李德邻都是做反派角色，最不忠于委员长，而我又是委员长最亲信的干部，现在对他这样恭敬，你想想看，他会有什么感想？我这样做，无形中会给委员长减少许多困难和阻碍。我平常要我们同志'体念领袖苦心'，就是指这些地方。"

据说，后来李宗仁请客时拿出一瓶酒，说："这是雨农特意从上海给我带来的。"果然收到了效果。

最后就是对于属下特务，金钱铁链并用，既让你死心塌地地为他卖命，不敢生出二心，又要时不时以小恩小惠笼络，让你感戴他。

在运用政治手腕上，戴笠可以说是得到了蒋介石的"真传"，他阴一套，阳一套；软一套，硬一套，深得蒋介石的欢心，又减少了国民党内部对他的敌对态度，这恐怕亦是其成功的一个"法门"。

八　如臂使指

管束少帅

西安事变，张学良以一生的自由，杨虎城以生命的代价迫使蒋介石终于暂时放下了挥向共产党人和红军的屠刀，开始走上国共合作抗日的道路。为了促使蒋介石履行诺言，维护蒋介石"领袖"的脸面，使蒋介石能够挺身而出领导抗日，张学良毅然陪送蒋介石离开西安转赴南京。

1936年12月25日，日落时分，洛阳机场，随着载有蒋介石、张学良等人的专机的降落，西安事变造成的巨大震动开始逐渐消退，但余波仍在荡漾。

不过，余波的主角已开始转换——由张、杨变成了蒋介石，内容由张、杨促蒋抗日，变成蒋介石摆布张、杨了。

而在这其中，戴笠自然又扮演了重要角色。

一到洛阳，蒋介石便要求张学良致电西安杨虎城，释放陈诚、卫立煌、蒋鼎文、陈调元四人。

同时，命戴笠封锁蒋介石和张学良回到洛阳的消息，并嘱戴笠：次日，蒋、张将分乘两架飞机先后到达南京，命其安排警戒。

26日上午9时45分，蒋介石、宋美龄的专机在四架战斗机的护航下，从洛阳起飞，中午12时降落在南京明故宫机场，在林森、何应钦等高级官员的陪同下回到官邸。

一路上，人群夹道，沸沸扬扬。蒋介石知道，自己不仅已转危为安，而且又成为中国命运的主宰者。当然，他也没有忘记——要摆布张学良、杨虎城、东北军和西北军。

在"文胆"陈布雷当即为他准备、中央通讯社连夜发出的《蒋委员长离陕前对张、杨之训话》（以下简称"训话"）一文中，明确宣布，张、杨必须向中央和国民请罪等。

当然，有些工作《训话》发表前早已布置了。

蒋介石的专机降落后不久，张学良在宋子文陪同下走下了飞机。但这时的机场已经是冷冷清清，且戒备森严了。戴笠，这个刚刚被张学良放回来的特务头子，奉蒋介石之命到机场，"陪护"张学良住到鸡鸣寺宋子文公馆，并严密监视起来。

当天，张学良奉蒋介石命写了一篇"请罪书"。次日，蒋介石将张学良的请罪书呈国民党中央和国民政府，要求对其"依法办理"。

但是，蒋介石虽然已决定惩罚张学良，但东北军、西北军仍在西安，杨虎城仍在西安，还有一些未尽事宜需要借助张学良的影响才能解决。于是，他一方面在做审判、"管束"的准备；另一方面又利用张学良对西安方面施加影响。

却说张学良离开西安时，曾手令东北军将领接受杨虎城的指挥。但实际上，杨虎城无法指挥东北军。26日，杨虎城与东北军将领讨论张学良命令释放蒋方军政大员的电报，杨虎城虽然不同意，但东北军王以哲、何柱国坚持释放，杨只好同意。当晚，东北军和十七路军的将领在新城大楼设宴欢送被扣的蒋方十余名军政大员。

29日，阎宝航由南京来到西安，传达蒋介石对西安方面的意见，并将张学良的亲笔信交给杨虎城并东北军将领，要求放回蒋方的五十架战斗机和有关人员五百人。西安方面在王以哲、何柱国坚持下，亦遵示照办。

31日，五十架战斗机和蒋方五百名人员等被放回。也正是这一天，南京正在对张学良进行军法会审，判处张学良有期徒刑十年，旋由蒋介石递交请特赦呈文。1937年1月4日下午，国民政府发布命令："张学良所处十年有期徒刑，本刑特予赦免，仍交军事委员会严加管束。"于是，张学良开始了数十年的幽禁生涯。

在这里，蒋介石玩了一个高明的伎俩——一方面，张学良本该服刑，而由我出面特赦，显示我的情义；另一方面，"严加管束"，其命运即在我之手中，有利于利用张学良的威信和影响解决其西安方面的问题。

果然，在西安方面放回军政大员和飞机后，蒋介石开始对西安方面双管齐下——一方面，进行武力威胁：任命顾祝同为第一集团军司令，在华阴、华县方面；蒋鼎文为第二集团军司令，在甘肃方面；朱绍良为第三集团军司令,在宁夏方面;陈诚为第四集团军司令,在渭南方面;卫立煌为第五集团军司令,在商洛方面,对西安进行军事压迫。另一方面,进行政治分化:撤销西北"剿匪"总司令部;杨虎城的西安绥靖公署主任和于学忠甘肃省主席及五十一军军长撤职留任;任命顾祝同为军事委员长西安行营主任;任命孙蔚如为陕西省政府主席,免朱绍良原主席职务;任命王树常为甘肃绥靖主任,免朱绍良原主任职务。

这些方案,西安方面原拟抵制。1937年5月,杨虎城、于学忠等东北军和十七路军高级将领十人联名发表"歌电",指出:"忆蒋委员长到京以后,曾令中央军队向东撤出潼关,而离陕以前,更有'有我在决不任再起内战'之语……乃正当蒋委员长休沐还乡,张副司令留京未返之际,中央军队匪惟未遵令东还,而反大量西进……筑垒布阵,积极作挑战之形势,更复时时截断电话始终阻碍通车,以致群情愤激,万众忧疑,是始欲以武力造急性之内战,而以封锁作慢性之迫胁。虎城等之愚诚,不知其是何人意?恃何理由?国危至此,总不应再有箕豆相煎之争,有可以促成举国一致,枪口对外之策,虎城等无不乐于听命。若不问土地主权丧失几何,西北军民之诚意如何,全国舆论之向背如何,而唯以同胞之血汗金钱购得之武器,施于对内自相残杀,则虎城等欲求对内和平而不得,欲求对外抗日而不能,亦唯有起而周旋,至死无悔!张副司令既领罪于都门,虎城等以救亡为职志,而中央煎迫不已,使不免于兵争,则谁肇内乱之端?谁召亡国之祸?举世自然不评,青史自有直笔也。血泪陈词,非敢悚听,举国上下,幸鉴愚哀,远赐教言,尤所企盼。"

面对此种情况,蒋介石又提出甲、乙两种方案:甲案是东北军、十七路军撤至陕西西部和甘肃一带;乙案是东北军调豫皖、十七路军调陕西西部和甘肃。无论甲案、乙案,中央军均进驻西安。

这两个方案由蒋介石提出,西安方面肯定不会接受,必须仍然利用张学良,而戴笠则在蒋、张之间往返,传递信息。

当时蒋介石驻溪口养伤,张学良在南京被戴笠手下软禁。张学良见到戴笠转来的蒋介石的手令后,先后与莫德惠、刘哲、王化一、吴瀚涛等人商议,并派王化一、吴瀚涛携自己的亲笔信去西安,劝西安方面不要用兵,与南京方面谈判。张学良还致函蒋介石，表示自己的心情和想法：

> 介公委员长钧鉴：
> 雨农同志交来手示，已遵派持良亲笔函去西安矣。良有不得已而欲言者，夫以汤止沸，沸欲不止，去其火，则止矣。陕甘问题，良十分担心，非只虑于陕甘，所虑者大局形势以及内乱延长，对外问题耳……

并提出与蒋面谈。

在张学良，是以大局为重，想通过自身的努力，消弭内战。但蒋介石的目的却是为了拆散东北军、西北军。

1月13日，戴笠接到紧急指示，命将张学良迁到溪口去，当即命手下四人穿便衣乘专机将张学良送往奉化溪口，其余看守人员则乘汽车前往。戴笠也赶到溪口，亲自布置了张学良的食宿和监视事宜。

张学良到溪口后，又见蒋介石，然后分别致函西安的东北军、西北军将领，劝解不要因一己之争破坏抗战大局。

这期间，张学良忠心赤胆，为大局不断进言。蒋介石则百般运筹，促使西安解体。终于，2月7日，中央军进驻西安，东北军、西北军分离，东北军亦分调各地，被拆散。

东北军被拆散后，张学良对蒋介石也就失去利用价值。蒋就把监押张学良的任务完全交给戴笠，由戴笠派一个特务队专门负责看押工作。但是，蒋介石深知张学良的号召力，因而绝不放他出去，更不许他与外人接触，只是指示生活方面要给予很好的照顾，但政治上却绝不许问津。而戴笠对蒋介石的这一套可谓心领神会。其后，张学良曾先后迁往江西萍乡；湖南郴州、沅陵；贵州的修文、黔阳等地。每次迁往新地，戴笠都请示蒋介石，将要迁往地点的环境、条件向蒋介石汇报，再由蒋介石亲自决定。方便时，戴笠还要亲自探望张学良，带些日用品给张，每次见面后，都要将张学良的状况报告蒋介石。张学良的信函往来，戴笠又指示部下一律进行检查，有张学良的好友或国民党官员来看张学良，特务们也要将会见情况报告戴笠，由戴笠报告蒋介石。

张学良是蒋介石的囚徒,蒋介石有生之年,张学良一直在他的"管束"下。戴笠则是蒋介石的"监狱长",在他活着时,他一直忠心耿耿地为监禁张学良尽职尽责。

"迎接"杨虎城

1937年12月2日午后。南昌寓二纬路1号,杨虎城将军驻地。

几辆军用汽车飞速驰来,冲乱了街上的行人,到了杨将军驻地门前突然停下,从车上跳下一队全副武装的宪兵,如狼似虎地驱走附近的行人,设置岗哨,禁止行人往来。远处,几个鬼头鬼脑的人四处游动,一双双贼眼时刻注视着寓二纬路1号。街上的纷乱,引起了楼上人的注意,一个随从模样的人探头向窗外一看,发现情况异常,立即转回身去,把情况向杨虎城报告:"司令,情况有些不正常,我们的驻地已经有宪兵站岗,远处也有可疑的人监视,看来我们被监禁了。"杨将军还不敢相信:"我又不是回来作汉奸,他们不需要这样做吧。"随从不放心,决定下楼去试探一下。他拿着一套衬衣裤和手巾、肥皂,佯装出去洗澡。刚走到门口,就被站岗的哨兵拦住:"站住,干什么去?""出去洗澡。""不行!我们奉戴先生命令保护杨将军。现在外面风声不好,不能出去。"楼上的杨虎城将军看到这一切,长叹了一声,默默地坐在沙发中,陷入了沉思。

杨虎城,1893年出生于陕西省蒲城县东南乡一个贫苦农民家庭。他于1912年参加辛亥革命,1917年参加于右任、井勿幕领导的"靖国军",任支队长。北伐战争爆发后,任国民军联军第三军第三师师长,率部进行长达八个月的西安保卫战,1927年任国民军第十路军司令。1929年依附蒋介石,历任第十四师师长,第七军军长,第十七路军总指挥等职。

蒋介石是一个睚眦必报的人,为了保全他"领袖"的荣誉,在西安事变和平解决之后,对张学良、杨虎城进行残酷的报复,把张学良交戴笠长期管束,对杨虎城呢?

1937年3月,蒋介石召见杨虎城,问他道:"经过此次事变,你在这样的环境中继续任职，感觉有什么不便的地方没有？"杨虎城还没来得及回答，蒋介石又接着说："在事变中各方面是有对立情绪的，他们对你的印象一时还转不过来，你继续任职，在感觉上会有些不便，你不如先往欧美参观一个时期，然后回来任职。"蒋介石在沉默了一段时间之后，终于开始对杨虎城进行报复了。杨虎城无奈，当面只好答应。杨虎城回西北后，蒋介石便立即逼杨辞职，继而促其启程出国，一环紧扣一环。4月30日，蒋介石致电杨虎城："所请辞职一节，业已另电知照。并准派兄出洋考察军事，尚希即日摒挡，以赴事功为盼。"5月初，宋子文几次转达蒋介石的意思，促杨动身。十七路军官兵和杨虎城都致电蒋介石，请求缓行，被蒋拒绝。迫于这种情势，杨虎城只好辞去职务，准备启程。

杨虎城和家人被迫出国考察

1937年6月29日，杨虎城偕夫人谢葆真、次子拯中及几名随员乘美轮"胡佛总统"号，离开上海前往美国，开始了他的欧美之行。卢沟桥事变时，杨虎城正在夏威夷，听到消息后，便按捺不住，多次请缨抗战，都被蒋介石拒绝。随着全面抗战的爆发，杨虎城更加归心似箭。他说："我们发动'双十二事变'是为了抗日。现在国内全面抗战已起，如我仍然逍遥国外，实无脸面对待中国人民。至于我回国之后，蒋介石如何待我，我绝不后悔，只要问心对得起国人，死何足惜！"遂决定启程回国参加抗战。10月23日，他给蒋介石、于右任、孙蔚如各发一电，通知他们回国的决定和日期。29日，杨虎城偕夫人、次子及随员，还有十多名留学生，从马赛乘法轮"哲利"号启程东行。

蒋介石接到杨虎城启程回国的电报后，心中十分恼怒。本来他把杨虎城流放到国外，就想永远让他成为流亡者，现在杨虎城归来，违背了蒋介石原来的初衷。同时，蒋介石担心杨虎城回国之后，直接飞回西北，重新控制十七路军，掌握军权，那就不好办了。为了不让杨虎城掌握兵权，以达到报复的目的，蒋介石脑筋一转，又生一计。于是，蒋介石把戴笠召到跟前，面授机宜……

蒋介石之于戴笠，蒋介石是一个"皇上"，戴笠是一个密探、捕头，蒋介石想要"捕获"杨虎城，自然就想到了捕头戴笠，而戴笠尊蒋为主子，奉命唯谨。因此，戴笠接受"圣旨"之后，不敢怠慢，立即进行布置。先派驻外的特务，化装成一名留学生，随杨行止，以掌握杨虎城的行踪。命令特务队长李家杰，在特务队中挑选便衣警卫二十人，经戴笠一一点名亲自传见后，由李家杰率领先往南昌部署。蒋介石还加派一个宪兵连归戴笠指挥，共同担任押解和看守杨虎城的任务。另外再派特务前往香港迎接，一切布置就绪，只等杨虎城入网。

且说此时的杨虎城，还蒙在鼓里，满心欢喜地准备回去带兵抗日。11月26日凌晨，杨虎城到达香港。码头上站满了欢迎的人群，有香港的爱国团体代表，有专程赶来迎接杨虎城的原十七路军部下。戴笠派出的特务也混迹于人群之中，此后这些人便一直紧跟杨虎城，始终未放松。

杨虎城一到香港，就落入特务的掌握之中。26日下午，港绅何东爵士邀宴杨将军于其私邸，原十七路军部下王菊人、王惟之等人送杨将军至轮渡码头过港赴宴。这时，一个自称是蒋介石代表的姓梁的少将参议拦住了他们，说："我带了很多人，可以去送杨将军，你们在此人生地疏，不必去了。"说罢一招手，由人群中走出几个类似包探装扮的人，一同跳上渡轮，紧随杨虎城去了。王菊人等无奈，只好回到杨虎城的寓所。晚上要返回九龙饭店时，刚走到楼梯，立即有人走来问道："你们上哪去？""回九龙饭店。"听出是西北口音，这人便说："你们是杨将军的人吧？我在这里值班，保护杨将军的。"走到门口，又有两个手执折扇，口含烟卷的人似笑非笑地说："自抗战爆发后，香港晚上常出事故，你们没事时，还是早些回去吧。"说罢，扭转身子，踱着慢步，两个人叽叽咕咕走向草坪花丛中去了。

虽然特务们控制了杨虎城的行踪，蒋介石和戴笠仍不放心，担心杨虎城直接回西北，掌握军队，为避免夜长梦多，蒋介石和戴笠加快了行动的步伐。蒋介石和戴笠共同作"茧",由蒋介石电召杨虎城再由戴笠"迎接"。计划已定,"茧"已做好,就等着请杨入之。杨虎城到香港的当天,蒋介石就致电杨虎城,叫他立即到南昌见蒋,并说将派戴笠迎接。戴笠也打电报给杨虎城,约杨虎城先到长沙见面后,再去南昌。杨虎城为了早日率部抗战,同意去南昌见蒋,钻进了早已设好的圈套。

30日上午,香港九龙机场,杨虎城乘车到达后,前来送行的人们热烈鼓掌,杨虎城下车和他们一一握手。这时,梁参议早已带人在机场等候,并在四周放哨,作警戒状。飞机在"欢送杨将军北上抗日"的口号声中起飞。

30日午后,按与戴笠的约定,杨将军一行到达长沙,但戴笠没有来长沙迎接,已经去武汉了,留言让杨将军去武昌相见。

12月1日,杨将军乘火车到武昌,戴笠带领行营及省府人员百余人到车站迎接,继而进行了全面控制……

12月2日,在戴笠的"陪同"下,杨将军乘飞机到达南昌,住进寓二纬路1号,出现了本节开头的一幕。

至此,杨虎城才明白,蒋介石召他到南昌,并非已释前嫌,商量抗日,而是为了监禁他,进行报复,但为时已晚,蒋介石也再未见杨。

杨虎城先是被软禁在南昌百花洲熊式辉的一幢别墅里。熊式辉的这幢别墅是独立的洋房,担任内层看守的完全是军统局特务,外层警卫则由宪兵担任,防卫异常严密。这时,杨夫人及公子、随员已先返回西安,蒋介石仍不放过。戴笠派人连哄带骗,将杨夫人及公子骗到南昌,随杨将军一同监禁。

1937年12月南京陷落。蒋介石在离开南昌之前,令戴笠将杨虎城夫妇及公子移往后方。先被解往长沙东郊,后解到益阳桃花坪,最后解往贵州息烽。1939年,戴笠到了息烽,他看到看押杨虎城的地方离公路太近,怕出问题,便命令特务另找地方。特务四处寻找,发现离息烽十里远的山顶上有个玄天洞,戴笠亲自上山察看一遍,决定把杨虎城迁到那里看押。

1940年戴笠又亲往息烽进行布置,除在杨虎城住宅四周设有便衣特务严密看守外,外层宪兵也分两层布岗。宪兵连部设在后山高地,可以控制后山和杨虎城住宅,军统特务队则设在前面上山的路口。白天三五步一个岗哨，彼此都看得清楚，晚上更缩小范围。

杨虎城一直到1949年被蒋介石杀害，都在军统特务的严密看守之下。

擒杀韩复榘

1937年12月下旬的一天，韩复榘来到蒋介石驻济南总参议蒋伯诚那里，说道："日军已过了黄河，我军没有重炮，难以固守。我已命令放弃济南，候中央增援，再行反攻！"蒋伯诚说："请示委员长后再决定吧！"韩复榘不耐烦地说："我已命令各军撤退，你不走，我先走了。"韩复榘的不战而退，使日军得以迅速占领津浦路，同时这一退，也为韩复榘惹下了杀身之祸。

韩复榘，字向方，河北霸县人。原是冯玉祥手下"十三太保"之一，后投

蒋介石和韩复榘合影

靠蒋介石，被任命为山东省政府主席。抗日战争爆发后，任第三路军总司令兼第五战区副司令长官。

韩、蒋之间早就有矛盾。韩复榘投蒋后，虽然获得了蒋介石的大力扶植，但他也感到蒋介石对他的利用不过是暂时的。自己唯有扩大实力，方能自保。在军饷问题上，南京政府军政部对韩部拟采用点名发饷的办法，以防止其暗中扩充，但韩复榘却要求统一领取，自行分配。在军政设施和人事问题上，韩复榘也独断专行，并不完全按南京政府的命令办事。同时，韩复榘并不死心塌地地听从蒋的摆布，而对蒋介石以外的各实力派多方拢络，为蒋所不容。唯韩复榘仍有利用价值，而隐忍不发。韩复榘任山东省主席后，更与国民党中央方面开始了明争暗斗。韩复榘视山东为禁脔，绝不让中央政府插手。控制山东的税收，派兵包围国民党山东省党部，一再逮捕山东省

党部成员,禁止国民党在山东的活动,还派人刺杀山东省党部负责人张苇村,驱走蒋介石布置在山东监视韩复榘的刘珍年部,并大肆扩张武力……这些使蒋韩之间的关系十分紧张,而蒋韩矛盾的激化是在抗日战争爆发以后。

1937年8月,第五战区司令长官李宗仁自徐州到济南召开军事会议,决定由韩复榘负责指挥山东的军事,并承担阻止日军越渡黄河的重要责任。韩复榘要求发重炮三十门配备在黄河南岸,以便固守。李宗仁允许"立即照办"。一面派驻在徐州的炮兵旅史文桂旅长率全旅炮兵,立即开往山东泰安;一面向蒋报告。可是蒋介石得悉一旅重炮调到山东听韩复榘指挥,心中大为不满。11月初,下令调走驻在山东的重炮旅。韩复榘得悉蒋介石调走了驻在山东的重炮旅,怒不可遏,破口大骂蒋介石,说蒋介石这种做法不是抗日,而是想牺牲他的实力,消灭他的军队,并表示,他能做的只有保存实力了。

后来,日军大举进攻,并偷渡门台子黄河渡口,拟横断胶济铁路,进攻济南。守军韩复榘部第二十二师谷良民部,曾向韩报告:"日军千余人已于昨夜(12月20日)在门台子过了黄河,我守军正与日军激战中。"韩复榘闻报回答:"日军过了黄河,我们没有大炮是守不住的,你先撤到周村好了。"

同时,韩复榘命令各军向泰安、兖州方面撤退。1937年12月下旬,留下第十二军孙桐萱留守断后,并放火烧掉省政府、日本领事馆和济南市重要建筑物,韩复榘本人和蒋伯诚也离开了济南。李宗仁来电要韩守泰安,韩回电说:"南京不守,何守泰安?"蒋介石曾打来十万火急电令,令韩复榘不得放弃济南,而韩复榘已到了泰安。蒋介石又急电死守泰安,韩却又到了济宁。最后退到鲁西曹县,方不再往后退了。韩复榘这种保存实力,想割地称雄的做法,惹恼了蒋介石,加上以前韩复榘的种种不忠,终于使蒋介石下了逮韩而杀之的决心。这样,既可收杀一儆百之效,又可表明自己的抗日决心。

津浦路要地相继失守以后,蒋介石就以"不遵命令、放弃守土、勒销烟土、强索民捐、侵吞公款、收缴民枪"等罪名,密令褫夺韩复榘本兼各职,"着拿交军法执行总监部,依法惩办"。但韩复榘手握重兵,又处于与日军接触前线地带，如果处理不当，就会带来变乱，使其铤而走险，投降日本。因此，如何"拿交"韩复榘而又不留后患，是一件很棘手的事。

在这种时候，蒋介石又想到了戴笠。蒋介石与戴笠的配合可谓"默契"，一有机要大事，蒋介石就交给戴笠去"处理"，而戴笠一定会领会蒋介石的意图，尽职尽责地去办。这次，戴笠接受命令后，仔细研究，设计出一套捉拿韩复榘的周密计划。先是戴笠前往郑州、开封一带巡视，一反以前秘密行动的惯例，到处接见负责地方治安的人员，在谈话中透露出要在中原地带召开重要会议，令各地方治安机关妥善布置，准备接待军政长官，并说要为韩的卫队准备住的地方。当时特务处骨干杨蔚正任郑州警察局局长，向戴笠汇报韩复榘投敌迹象的种种情报，戴笠当场大怒斥责，说："韩主席国之干城，委员长倚畀正殷，岂可任意批评。"当时，韩复榘在豫鲁边界的曹县、城武一带，以及郑州等地都布有耳目，戴笠的这些话被韩复榘的耳目听去，报告给韩复榘。戴笠这样做，就是为了让韩的耳目听去，好使韩复榘放松警惕。与此同时，戴笠一面调派特务处人员，化装成铁路员工，以便到时控制火车行动；一面与汤恩伯接洽，抽调汤部一部分精锐，秘密埋伏于预定地点。布置妥当之后，戴笠就回到武汉，向蒋介石请示开会时间。1938年1月初，军委会发出在开封开会的通知。在给韩复榘的通知中，按戴笠的意思，加上"沿途不靖"，请韩多带卫队，善加防卫等话。凡此种种，使韩复榘坦然不疑，率领卫队一团及贴身警卫数十人，前往开封开会。

韩复榘到开封后，被告知卫队住所正在清扫，卫队被嘱留在车上，韩复榘只带贴身卫士十人赴会。1月11日下午7时，蒋介石在河南省政府召开高级将领机密军事会议，并先通知说为了避免日本飞机扰乱，会议在夜晚举行。到了夜晚开会的时候，韩带领卫士来到省政府大门口，看到电灯旁边贴有一张通知，上面写着"参加会议的将领请在此下车"，韩复榘同其他将领一样，下车向里走。到了第二道门口，左边屋门上贴着"随员接待处"，于是韩复榘的卫士都留在接待处了。韩复榘同一些参加会议的将领，一路谈谈笑笑地来到了副官处，看见有一张通知，上写"奉委座谕：今晚高级军事会议，为慎重起见，所有到会将领，不可携带武器进入会议厅，应将随身自卫武器,暂交副官处保管,给予临时收据,俟会议完毕,凭收据取回"。见此,将领们纷纷将手枪从腰里掏出来,交给副官处,取回收据。韩复榘不疑有他,就将身上带的两支手枪,也掏出来交给副官处,把收据放在衣袋里,跟着大家一起进入会议厅。在会议厅里,韩的座位左边是刘峙。

蒋介石亲自主持会议,他一开口就说:"我们抗日是全国一致的,这个重大的责任应该说是我们每一个将领的义不容辞的责任。可是,竟有一个高级将领放弃山东黄河天险的阵地,违抗命令,连续失陷数大城市,使日寇顺利进入山东,影响巨大。我问韩主席,你不放一枪,从黄河北岸,一再向后撤退,继而放弃济南、泰安,使后方动摇,这个责任,该不该由你来承担?"

韩复榘是有胆量的,而且他有傲上的老资格,他听了蒋介石的话,毫不客气地顶上去说:"山东丢失是我的责任,南京丢失是谁应负的责任呢?"

韩复榘的话还未说完,蒋介石就正颜厉色地截住他的话说道:"现在我问的是山东,不是问的南京,南京丢失,自有人负责。"

韩复榘正想反驳,可是,旁边的刘峙拉着他的手说:"向方,委座正在冒火的时候,你先到我的办公室休息一下吧!"于是,他拉着韩的手从会议厅里走了出来。

刘峙装着很亲热的样子,握着韩复榘的手走到院内,早就预备好的一辆小汽车停在那里。刘峙手指着说:"坐上吧,这是我的车子!"韩复榘哪里知道这辆小汽车就是逮捕他的工具。韩先上了车,刘峙说:"我还要参加会议去。"说完就把车门关上了。

这时,汽车前座上有两个人爬到后车厢里来,分左右坐在韩复榘的两旁,出示预先写好的逮捕令给他看,对他说:"你已经被逮捕了。"韩复榘又向窗外一看,沿途布满了宪兵岗哨,他这才知道落入了圈套。汽车飞快地开到了火车站月台上,由两个特务拉着韩的双手,并肩登上了一辆升火待发的专车,并有大批荷枪实弹的特务分布在车厢内。汽笛一声响,火车开了,沿途不停,直达汉口车站,在车上指挥押送韩复榘的就是戴笠。汉口车站也有预备好的押送韩复榘的大小汽车,一共有五辆之多,满载宪兵特务,一起到了江边码头，汽轮渡江到武昌，即把韩复榘交"军法执行总监部"，关押在军事委员会办公厅一座二层楼上，这时已是1月12日的夜晚。

关于韩复榘被捕的经过还有几种说法。一种是李宗仁的回忆。1938年1月初，蒋介石在归德召开军事会议，散会后，当众人离去之时，刘峙忽然站起来说："韩总司令请慢点走，委员长有话要同你讲！"韩复榘闻言留下。这时，会议厅里只剩下蒋介石、刘峙和蒋介石的几个卫士，刘峙指着卫士对韩复榘说："韩总司令，你可以跟他们去。"韩复榘顿时脸色发青，低着头，蹒跚地随卫士去了。

另一种是蒋介石在开封召开军事会议，中间休息时，蒋介石让人把韩复榘叫到讲台后边的休息室，就再也没有出来。半小时后，蒋介石来到会议厅，当众宣布："山东省政府主席兼第三路军总指挥韩复榘不服从命令，擅自撤退，现已扣交军事法庭讯办。"与会众人皆愕然不知所措。

韩复榘被捕后，一直到1月19日才组织高等军法会审，何应钦是审判长，鹿钟麟、何成濬是审判官。21日开始审讯，问韩复榘以下各款：不遵命令，擅自撤退，在山东强索民捐，侵吞公款，收缴民枪，强迫鲁民购买鸦片等。问韩："这些罪证确实，你有何话可以申辩？"询问之下，韩复榘只昂首微笑，一句话也不答复，也不请求宽恕。法官再三追问，还是一言不发，无可奈何，只好仍令还押。其实在逮捕令上，已注明了韩复榘的罪状和革除韩的本兼各职及二级上将，所以这个审判，就是宣判，因此，韩复榘拿定主意，一句话也不回答。

24日晚7时左右，有一个特务走到韩复榘的跟前说："何审判长请你谈话，请跟我去！"韩复榘当时还以为真的是何应钦找他谈话，就随着下楼。到楼梯半腰中一看，院子里布满了持枪待放的哨兵，他才知道自己已死将临头，想回到自己房间。就在他回头上楼，脚刚迈上一步时，站在楼梯边的特务已开枪向他的头上打去。韩一回头，说了一句："打我……"这时连续的射击已把他打倒，歪倒在楼梯上的血泊里。他头上中两弹，身上中五弹。

这里，戴笠又充当了蒋介石的"刽子手"，设计擒杀了韩复榘。为蒋介石铲除异己，可以说是机关算尽。

元老以下

重庆郊外有一个山洞新村，这里树木繁茂，环境幽雅，有几幢别墅式住宅，警卫森严，平素亦少闲杂人等来往。国民政府主席林森、监察院长于右任、司法院长居正等人就居住在这里。

1944年秋的一天下午，新村内突然开进一辆陌生的轿车。车上的人像是来访的客人，却又不下车进宅，只是在车内观察活动。原来，这是军统局电讯处长魏大铭的座车。这天上午，戴笠将魏大铭叫到办公室研究问题，说是据确报，居正院长公馆内有电台活动，他已计划妥定，想派人去搜查。为了稳当起见，叫魏大铭先去侦察一番。魏大铭带人来到这里，围着住宅观察了一圈，见室外没有天线，傍晚后在车内打开收报机监听，直到深夜仍一无所获。又派人伪装成电力公司的工人，敲门进入住宅，查看电表、电线，也没有发现任何装设电台的迹象。又连续侦察了几天，还是没有可疑情况，只好如实地向戴笠回报。戴笠一听，方才取消了其行动计划。

居正

按理，居正是国民党元老，又是国民政府五院院长之一，其名分、地位不比蒋介石差多少，高于各部部长。一个小小的特务处长竟敢到司法院长的公馆明察暗搜，这看来很奇怪，其实不然。因为蒋介石自当上国民党总裁和国防最高委员会委员长之后，大权独揽，俨然一"皇上"，其余文武百官都被他视为"臣子"。特务组织受"皇上"之命，监察各"臣子"，也就不足为怪了。戴笠派了一个处长去搜查，也算看得起居正了。现实中，还有比这更为滑稽的。

一天，国民党中央委员丁惟汾车过小龙坎交通检查所，被扣住了，惹

丁惟汾

起一场风波。当时,正值汪精卫在南京建立伪政权,军统局奉命进行交通管制,严防有人再溜到南京去为虎作伥。检查所的特务正在值勤,一见丁惟汾的车子,忙挥动红旗,拦住路口。司机见车子闯不过,只好打了转,将车子停在右边。按照当时的交通规则,车子应停在左边。停在右边,就是违章。丁惟汾的车子停下后,丁的副官立即下车大骂特务不长眼睛,谁的车子都敢扣。特务有恃无恐,将副官押到检查所,声色俱厉地说:

"第一,检查是政府的规定,任何人都应当接受检查,拒绝检查就是违反政府规定;第二,车应停在左边,停在右边就违反了交通规则,应予处罚。"

副官一见此状,知道"县官不如现管",急忙一再道歉,说明车上坐的是中央委员丁惟汾先生,特务才将车放行。

过了几天,国民党中央举行总理纪念周,丁惟汾未出席,蒋介石问,"丁先生今天怎么没来?"有人早就对军统大有怨气,就说:"丁先生被稽查处检查所扣留了。"蒋介石听了大怒,命令彻查。稽查处属于重庆卫戍总司令部,总司令刘峙受命,立即找到稽查处长赵世瑞,问明情况之后,方知道并没有扣留过丁惟汾。但总裁面子还要照顾,遂下令将特务约束两周,调离检查所。

戴笠领导的特务对一切威胁、影响蒋介石统治的力量进行侦测和破坏。行政院秘书黄睿通敌案就是特务处破获的。

1937年7月28日,蒋介石在南京中山陵孝庐召开最高国防会议,研究对日作战部署。行政院长汪精卫、军事委员会副委员长冯玉祥、军政部长何应钦、副参谋总长白崇禧等七人参加。会议讨论有关战略问题。号称"小诸葛"的白崇禧建议道:"日本悍然不顾一切,蓄意侵略我国领土,其曲在彼而直在我。现在敌军停泊在长江各埠的兵舰,自上海以迄宜昌,不下数十艘,如果在江阴那一段江面最狭处,予以封锁,然后逐个消灭,则敌舰插翅难逃，可给敌人一个重大打击。"蒋介石等人都同声赞好，由负责记录的行政院秘书黄睿记录下来，交军委会执行。

当天晚上，军委会正准备连夜分别电令长江两岸驻守部队集中重型武器对准江心，沿岸截击，见有敌舰便予以击沉。同时调旧船开赴江阴，沉以江底，加以阻塞。并通令沿江各地方政府予以戒备……

哪知第二天，日本所有停泊在长江中游，武汉以下的四十多艘大小舰只，竟于一夕之间，全部连夜撤到安全水域。当局得知这一消息，大为震惊，显然是泄密了。于是命令戴笠严密追查，务必破案，而参与会议记录的秘书最为可疑。特务处一面搜查资料，一面指定专人跟踪黄睿，终于破案。

黄睿，号秋岳，精于文章诗词，颇负时誉，时任行政院简任秘书，负责机要。黄虽然出身寒门，却有挥金如土的名士习气，讲究排场、享受，每月虽然有五六百元，仍入不敷出，日本特务机关遂将其收买。

特务们跟踪了几天，虽然黄在公余之后，进进出出地或赴约会，或探亲友，却始终找不到一点可疑的线索，也没见他和陌生人接触过。可这一时期，中枢的另一秘密又在日本的广播电台公开泄露出来。于是戴笠乃晋谒蒋介石，请中枢再开一次假会，做一假决议，仍由黄记录。同时指派特务加紧跟踪，密切注意黄的一言一行。

就在会议的当天晚上，黄一人坐着黄包车去国民路的一家小饭馆——"五味和"进餐。黄到之后，小饭馆楼上楼下都已坐满，只有外面的大厅还剩两三个空位，但黄却不过去坐，兀自站在大厅门口等候。不久，西边的第二小厅空出座位，跟踪的特务满以为这回他该去坐了，谁知还是不动。直到东边的后厅有了座位，他才笑着进去。跟踪的特务知道这里一定有蹊跷，便也装成吃饭的样子走了进去。

黄一进门，便到衣帽架旁将呢帽挂上，奇怪的是该架上已经有了一顶完全相同的呢帽，两只帽子挂在一起，不仔细看分不出来。

黄挂好帽子，照例点菜吃饭。这时另一座位上的一个人起身付账，随即走到衣帽架旁，摘下黄的帽子戴上，回头与黄打了一个照面，黄微微点头示意，看着那人走了，特务们马上回去报告。

戴笠接到报告后，当即派人定下破案计划，数月后的一天下午，黄睿又独自一人到中山路安乐酒家赴约，跟踪的特务已增至三人。黄进去后，又将帽子挂起来，而且衣架上仍已有了一顶帽子。特务们互相使了个眼色，其中两个人也将帽子挂在衣架上。一时间，架上有了四顶同样的帽子。三个特务简单吃点东西，起身将黄的帽子戴走。出了酒家一检查，里面果然夹着纸条，上面是密写的情报。特务们一声招呼，早已埋伏好的特务，将黄和那个接头人逮捕归案。后来经过审讯，将黄睿判处死刑。

1933年后，特务们还对原国民党中央委员薛笃弼先生长期进行监视侦查，原因是他辞去国民党的中央委员和国民政府的委员不干，到上海去当律师，这引起蒋介石的极大愤恨。加上他在日寇进犯榆关时，提出过举国一致团结的主张，又与蒋介石的意志相违背，更使蒋介石气愤。他去上海时受到上海实业界一些著名人士的欢迎，引起特务处的注意，认为他辞官不干一定别有企图，将对蒋政权不利。当时薛笃弼的事务所和家都在法租界，特务处上海区租界组便经常对他进行监视和侦查。特务们有时装作有事找他，进步人士被逮捕时，更装成这类人士的亲友请他帮助。每当薛笃弼慨然答应或表示同情时，都是特务们上报的最好材料。

从特务处到军统局，对国民党统治阶级内部的监视是全方位的，几乎可以说，除蒋介石本人外的一切人都在其监视范围内，而且所监视的内容也事无巨细。除上述几例外，还可以看一下军统局四大金刚之一的陈恭澍投日后的披露："对检举政府官吏的贪污违法，曾有轰动全国的枪决成都市长杨全宇一事，及迄今尚未解决的经济部翁文灏及杨濂等重要人员营私舞弊案。至于监视反政府嫌疑人员，其高级的有党国元老如李烈钧、陈树人、段锡朋等人，其政府要员有何键、萧振瀛等人，至于下级的科长、校长、教员等亦不少。"特务组织对其内部的监视主要是政治、经济、军事方面的。据档案记载，1942年，军统局共搜集情报六万五千多份，仅是关于统治阶级内部的"政情"、"贪污"两项，就占三分之一以上。

蒋介石从上海滩的一个经纪人，使出浑身解数，用尽各种手段，几经沉浮，才坐上今天这样的位置，其中辛苦，不言自明。为了维护自己的独裁统治，保护这得来不易的地位，蒋介石对任何人都充满了怀疑，不敢放心使用。好在蒋介石身边有一个时刻"秉承领袖意旨，体念领袖苦心"的戴笠,这份对统治阶级内部进行监视的差事自然而然地就落在这个特务头子身上了,统治阶级内部的任何人也就都成了特务侦测的对象了。

对于控制统治阶级内部来说,特务组织确实起到了其他组织、个人所起不到的作用。特务们也常常为此而洋洋得意。1941年戴笠在一次讲话中说:"什么叫特种工作?特种工作就是人之所不能为者我能为,人之所不屑为者我屑为,人之所不愿为者我愿为,人之所不敢为者我敢为,我们要以特殊的工作成绩来表现,这个叫特种工作。"

军事谍报

1940年11月,第三十九集团军总指挥石友三被其部下孙良诚、高树勋扣留,后被用麻绳套着脖子背往黄河沿活埋。何以会出现这一幕呢?

原来,1939年秋,蒋介石任命石友三为第三十九集团军总指挥,同时戴笠派军统特务臧元骏任该部政治部主任兼特别党部书记长。臧元骏率领大批特务,带了电台和密电本到三十九集团军对石友三进行监视。后来,石友三勾结日本,自恃有了新的靠山,对蒋介石不那么恭顺了。石友三反复无常,蒋介石早已知之心怀二志,所以预先派政工特务

反复无常的石友三

臧元骏暗中布置好了最后一着毒手。臧元骏利用石友三与孙良诚、高树勋之间的矛盾,设计处决了石友三。

军统局在对各派系的工作中之所以能起到这么大的作用,与它无时不对这些派系乃至国民党内党政军各界进行侦测、渗透是分不开的。这一点从军统局的前身——特务处的渝三课、蓉组、西康组的活动中可以明显看出。1935年9月,军事委员会委员长武汉行营移到重庆,改称重庆行营,

主持西南四省"剿共"军事，并在成都设立行营办事处。重庆行营设一个第三课，称之为渝三课，课长由戴笠兼任，副课长陈绍平负实际责任。所辖蓉组设在成都行营办事处内。渝三课除了搜集有关红军动向的情报外，对于国民党内各种部队内部情况都作了详细调查。诸如各部队番号、编制、武器、兵种、马匹、车辆、官兵素质、经历、政治背景、能力经验、个人品德、思想倾向等，都在调查项目之中。所有外勤特务，都要从事这项工作，将材料送上后，由内勤特务整理、编审，以师为单位编成系统材料。当时渝三课及其蓉组、西康组对于中央部队，四川部队如刘湘、刘文辉的部队情况都进行过调查，因而对其动向掌握得极为详细。

自从鸦片战争以后，军队一直是中国政治舞台上的一支重要力量。蒋介石依靠其军事力量，才取得国民党的最高统治权，自然深知军队的重要。而南京政府的军队是由各大大小小的军阀组成的，蒋介石对他们深具戒心。在使用各派系军队的同时，派特务对军队的行动进行监视，成为他的一贯做法。因此，深受蒋介石重视、重用的戴笠及他领导的特务处以至后来的军统局，都把军队作为对内活动的重点。抗战爆发后，军统局在各个战区以各种名义派驻特务，搜集各部队官兵的动态，加强蒋介石对各派系部队的控制。军统局对孙殿英部队的监视就是一个例子。

1936年春，孙殿英在太原晋祠不甘寂寞，暗中向各方面活动。当时，华北日寇节节进逼，何应钦撤离北平，宋哲元拥二十九军的实力，集华北军政大权于一身，招兵买马，乘机扩充实力。孙殿英也就时来运转，找到了上台的机会。宋哲元为了借重孙殿英的一点臭名，以壮声势，任命孙殿英为察北保安司令。"七七"事变后，又加委孙殿英为冀北民军司令。宋哲元撤离北京后，孙殿英即树起冀北民军司令的招牌，沿铁路线公路线派出大批旧部收容由北平溃退下来的部队、警察、流氓和青年学生等，很快发展到五六千人，对外号称万人。孙殿英认为冀北民军司令不是正式头衔，就与戴笠勾结，经戴笠的拉拢，投靠了蒋介石。

1938年，蒋介石授予孙殿英部暂编第五军的番号。但蒋介石对孙殿英并不放心，既怕他不得已时投降日伪，为日伪所用；又怕他投降八路军。因此，一直对孙殿英部加强特务控制。1939年前后，戴笠派大特务徐静远、张振武为军事委员会平汉北段爆破总队正副总队长，成立一支千余人的行动爆破队，配属有军统的特工电台，随孙殿英部行动，亦步亦趋地监视孙殿英及其部队的行动。后来，徐静远于1942年夏自重庆返回防地，北渡黄河时淹毙，张振武又被孙殿英拉拢做了挂名师长，并受孙重贿，失去了原先布置的作用。戴笠赶忙又派大特务严家诰以新五军（暂编第五军）高参的名义，随孙殿英部行动。同时，又借加强敌后行动工作为名，调大特务陈仙洲为平汉北段爆破总队长，名义上听孙殿英的指挥，实际上是为了加强对孙部的监视。1942年春，戴笠又派亲信特务头目萧骥为新五军随军情报组长，携电台驻在军部，凡有关孙部的动静，逐日报告军统局。1942年初，日寇有大举扫荡太行山区的企图，戴笠秉承蒋介石的指示，唯恐孙部队不稳定，于是又派文强以军事委员会少将高级参谋名义进驻孙部，借口与太行山上的三个军联络，重点还是对孙部的监视。1943年4月，日寇扫荡太行山区，孙殿英部公然投降日本，后又回归国民党。直到1947年在汤阴战役中被解放军活捉时为止，军统局始终有一部电台，由特务李守静率领，驻在孙殿英的司令部，监视孙的行动。

当时，各个战区的调查统计室都由军统局控制，作为监视各军的公开机构。军统局西北区的任务除了反共和镇压人民外，还负有如下任务：监视、防范西北区的各割据势力，如甘肃、青海的马步芳、马步青兄弟，宁夏的马鸿逵、马鸿宾兄弟，还有新疆的盛世才，西藏的达赖、班禅等；监视当地各军的行动和扩张；搜集甘、宁、青、新、藏五省的军政、党派、财经、文教、社会等情报。1944年，胡宗南的十几万部队开赴新疆，宋希濂任新疆警备司令，军统局立即在新疆警备司令部设调查室，同时成立军统局新疆站和新疆警务处。

此外，郑介民控制的军令部二厅，也向各部队派出了大批的谍报参谋，这些人也都是军统特务，负责对各部队进行监视。

蒋介石把军队视为自己的命根子，但又怕军队发生异变，只好在运用的同时加以控制。戴笠承蒋介石之意，具体负责，多方布置，把军队作为军统局的主要活动对象，为蒋介石掌握军队立下了汗马功劳。

九　反共高手

"深谋远虑"

上海，热闹的法租界。一个高大的男人好像有什么事，急匆匆地走着。这时，两个年轻的女人疾步赶上来，其中一个拉住他，又哭又闹地要拉他回去。那个人一愣，年轻女人不由他分辩便一面骂他没有良心，丢下她又去找别的女人，一面用力扭住他，要拉他上车。另一个女人也从旁相助。这时，看热闹的人群中又闪出两个人来，开口便说："怎么？你们又吵起来了？你们在大街上吵闹太不雅观，大家还是回去好好商量一下吧！"他们推推搡搡，把那男人弄上汽车，开走了。

这是军统特务为了绑架共产党员，而"研究"出的一种"软招"。

自从发动"四·一二"政变以来，蒋介石就撕下了身上的伪装，露出反共反人民的狰狞面目。尤其对于共产党人，似乎有着刻骨的仇恨，非要赶尽杀绝不可。戴笠作为蒋介石的密探和打手，深知蒋介石的心意，时刻扮演着"反共尖兵"的角色。戴笠也一直以反共去讨得蒋介石的欢心，作为升迁的捷径。1932年力行社成立，戴笠身为特务处长，即以反共为职志。"力行社所赋予戴氏第一重要任务，是保卫革命，亦即是保卫国民党和国民政府，而在当时及其以后，对于国民党和政府颠覆最力、危害最大的就是中共。故特务处及后来的军统局，不但反共，而且主要是和中共展开斗争，这一政治性的剧烈斗争，是无地域或时间限制的。"良雄《戴笠传》的这段话，可谓深悉特务的要旨。戴笠也一再强调对中共是一场生死存亡的斗争，一再要求每个特务不要忘记这是最大的心腹之患。

当时中共的地下组织和特务处的破坏与反破坏的较量主要集中在上海。中共地下组织在上海的活动，常常受到特务破坏的威胁。所以中共人员平时的活动特别小心，时时要注意是否有人盯梢，如果有，就要设法摆脱。特别是在去地下机关或回家的路上，更是备加注意，宁可多转些弯，多跑些路，确认无人注意时方进门。特务组织几次遇到脱梢的情况后，乃采用两至三人一组盯梢的办法，人多的地方紧紧跟住，人少的地方再拉开距离。

如果被盯的人进入里弄后,第一个跟踪的人不再跟过去,而是留在弄堂口,注意对方进弄后的动向,暗示第二线的特务跟进弄堂。弄清情况,获得线索后就一网打尽。

发现共产党的组织或人员后,常常采用的办法是绑架和秘密逮捕。力行社上海区专门设有行动组负责其事,后来则以警备司令部侦察大队为掩护,开展这一类活动。开始的时候采用的是强硬的办法,由几个特务以枪威胁,将人强拉上汽车。但是由于被绑架的人总是尽力挣扎,不肯上车,所以常常出现麻烦。虽然特务们都有警备司令部侦察大队的公开身份,有时可以改为公开逮捕,可是这样就失去了秘密行动的意义。

戴笠经常鼓励特务"研究"软的办法。在物质和精神两方面鼓励之下,特务们想出了许多新窍门,戴笠十分欣赏。一是先有人在车内把车门打开,把被抓的人强拉到汽车旁边,挟持的特务用枪抵住腰背,车内的特务猛击他的小腹,这时被击的人自然会将腰一弯,正好是个上车的姿势,后边的特务一推,车内的特务再拉一把,很快就把被抓的人弄入车内,常常几分钟就成功了。二是要侦察好被绑架的人经常走的路线,把汽车开到那里。当对方走到离汽车不远的地方,一个特务从背后用手蒙住他的眼睛,并以大拇指用力按在两耳根下命门部位,使之无法挣脱,另一个特务则紧握对方的两手,同时笑着说:"这下你可猜不着是谁了。"过路的人还以为是在开玩笑,被绑的人还没弄清是怎么回事,已被绑进汽车,纵然发觉想叫喊也来不及。有时事情紧急,来不及弄汽车,一个特务准备一个坚硬的橡皮管或铁管,从对方背后猛击头部,然后逃开。对方被击倒后,另外一个特务就假装这个人的亲友,一面大喊"抓凶手",一面雇人力车假装送往医院,半路却说要回家,将人弄到特务的秘密住所。

戴笠一直鼓励特务打入中共内部去,以便更好地破坏中共组织,但这项工作一直没有成功。蒋介石和戴笠对这一工作最不满意,总责怪各级特务没有尽全力去做。有一次戴笠找上海区区长、书记和几个行动组长在四马路杏花楼吃饭,非常生气地说:"这样搞下去,我们的工作要垮台,你们怎么连一个共产党的组织都打不进去?"

抗日战争时期,国共两党进行了第二次合作,这是出于民族大义、民族利益而结成的广泛的统一战线，这个统一战线为中国人民取得抗日战争的胜利奠定了政治基础。但是国民党和共产党最终是代表不同阶级利益的两个性质不同的政党，因而在合作的同时，充满了尖锐复杂的、各种形式的斗争。运用特务组织，进行各种形式的反共活动，是该时期国民党对共产党的主要手段之一。军统特务头子戴笠在抗战爆发后不久，就在一次谈话中，"特别强调，不要因为报纸上天天宣传国共合作，就忘记了我们该做的一件最重要的工作，就是利用国共合作这一机会，来消灭共产党"。并指示特务们，"对不公开的中共人员可以逮捕汉奸名义，公开囚禁、拘捕、杀害，对公开了的中共人员则可以侦查、监视、利诱、威逼"。他1938年又说："我们国家的真正敌人，国家的心腹之患，不是现在的敌人日本军阀，而是将来的敌人共产党。"

戴笠这样说，也是这样做的。在举国一致进行抗战的时候，他却指示他的特务们，从各方面对中国共产党组织进行打击和破坏，企图借抗战之机，来替蒋介石消灭这个心腹之患。戴笠的原则是：在后方，尽其所能，遏制中共组织的发展；在前线，尽可能地防止中共渗透军事机关，分化军队，并尽力扶植反共的地方武力；在中共根据地，则派员相机渗透，以求更多了解。

深秋的黄土高原，寒风呼啸。崎岖的山路上，走来了三个人和两副骡驮。其中一个头戴着礼帽，身披大氅的中年人，看上去像个做买卖的，紧跟着走在后面的人，黑色的大围巾掩住了大半个脸，只露出两只贼溜溜的眼睛东张西望，刚转过山弯，迎面走来两个八路军战士。"喂，老乡，你们这是上哪去？"一个战士喊到。中年人点头哈腰地说："老总，我们去保安。""你们去保安干什么？""我们是贩皮货的。"中年人指着骡驮子说："天冷了，我们从西口给老乡办了些皮货。""走吧，到我们连部休息一下吧。"两个战士把他们带到了连部。连长是一个长着络腮胡子的年轻人，他问过情况之后，说："带着骡驮子走山路，可不轻巧啊！你们驮的是什么？""都是皮货，不信老总去看。""我们是要检查的。"说完便命令战士出去检查。戴礼帽的中年人一听要检查，心中发毛，把手伸向怀里，听见连长喝道："把枪交出来！"中年人从怀里掏出一个手帕，尴尬地说：

"我掏这个。"连长厉声说:"别装蒜了!不掏我们要搜啦。"中年人看隐瞒不过,被迫掏出两支手枪。这时,一个战士拿着一个绿色的帆布包走了进来,说:"连长,你看。"连长打开一看,原来是一台微型的收发报机。连长笑着对中年人说:"瞧你这皮货商,怎么玩起这玩意儿了?"中年人无话可答了。

原来,戴笠为了打入延安,收取情报,亲自派遣一个潜伏小组,一行三人,携带小型电台,通过胡宗南辖区,企图混进延安搞情报。被中共在军统局的地下组织侦知,立即报告,这个小组刚进入解放区,即被破获。

整个抗日战争时期,戴笠一直想派特务混进延安,以收取情报,从内部破坏中共。张国焘投靠国民党后,在戴笠授意下,举办了"特种政治工作人员训练班",专门培训一批特务准备打入延安活动和在国统区防范中共活动。军统局还在榆林设立陕北站,在汉中设立西北特侦站,专门负责对陕甘宁边区的活动。当时,延安是全国抗日的中心,吸引了大批有志青年,尤其是抗日军政大学,成为青年们向往的圣地。军统局也选派特务,以流亡学生的身份,前往投考。1940年边区保卫部门破获了打入延安内部的军统特务组织,捕获特务数十人。

原来,抗日战争爆发后,戴笠指使特务程慕颐在汉中办了一个特务训练班,专门培训特务派往陕甘宁边区。1940年10月,一个被培训后派回陕北的特务吴南山自首,供出了特务祁三益。祁三益被边区保卫部门抓捕后,经过审讯,把他所知道的情况坦白交待,边区保卫部门掌握了更多的特务线索,并逮捕了一些特务。但还有许多特务已经分别打入中国共产党党政军的各部门,有的甚至进入机要部门,个别女特务已嫁给领导干部,祁三益既不知道这些人的真名实姓,也不知道他们潜伏在哪个地方。延安大小机关、单位、学校数百个,外来干部数万人,还有部队、民兵和群众基层组织,要当面查找又不能惊动这些人。经过研究,决定以召开大会的方法进行识别。这天,保卫部门的人员带着化了装的祁三益等人在会场彩门的两侧分散隐蔽起来,各单位的队伍一队队通过彩门,隐蔽一旁的祁三益睁大眼睛,仔细找寻着汉中特训班熟悉的面孔,认出一个指出一个,保卫部门的工作人员立刻找到领队,问明此人姓名、单位。全部队伍入场完毕,祁三益当场指认了二十四个特训班特务。数天之内,保安部门总共抓捕潜伏在延安和边区其他县的军统特务五十六人，一举粉碎了戴笠苦心经营多年的特务网。后来，戴笠决定撤销军统局西安特侦站，撤销边区周围的榆林组、宜川组、平凉组、韩城组、府谷组、环县组和有汉训班学员的宁夏组、洛阳组、郑州组、胶东组、安徽组、新疆组。

在前线，戴笠的军统局也极力施展反共伎俩。组织地方武装，进行武装摩擦，是军统局采取的一种主要手段。山东是抗日的主战场之一，八路军在抗战爆发后，就开到了这里，开辟敌后抗日根据地。为了同中共争夺这一战略要地，戴笠派秦启荣到山东开展游击活动，对八路军进行骚扰，给八路军造成很大威胁。在陕西、河南等地，也组织大批地方武装，进行反共。

在长江流域收留溃散的武装，组成忠义救国军，与新四军展开对抗，用戴笠的话说："对'奸党'之部队，绝无联络运用之余地，始终应站在敌对地位。"就连特务们自己也承认，"忠救军受戴氏领导，负有抗敌而兼反共任务"。

戴笠与其在抗战胜利后组织的"忠义救国军"军官在苏州合影

在国统区，军统局也极力破坏中共的地下活动。

戴笠，这个蒋介石的"反共尖兵"，时刻在为反共策划着。1942年他就判断，"一旦敌人撤退，'奸匪'（指中共）势必着着进逼"，因此他指示部下，不论在敌前敌后，时刻都要提防中共，不要忘了反共。1945年，日寇败象已露，溃退只是时间问题。这时戴笠指示部属，"准备继续和中共斗争"。

日本投降的大局已经确定时,戴笠马上电令军统局策动伪军、运用伪军,"以防中共滋扰"。同时派军统局所属的别动军、忠义救国军等部队,迅速前往日伪区域。可以说,国民党方面,最早进入并控制沦陷区的,就是形形色色的军统特务及其控制下的武装和人员。

抗战刚结束,戴笠即明令"本局之工作重心,应立即转移到如何对付奸党,如何制止奸党和伪军方面"。日寇投降后,戴笠在一个手令中说:"战事不久可告一结束,唯奸匪问题,非一时所能解决,则吾人之责任,将异常艰巨。"他告诫军统局全体干部:"吾人如不能把握此紧张局势,加倍努力,勇往迈进,则此胜利之战果,不久必归于梦幻泡影,国家民族,将万劫不复矣。"他所指的紧张局势,就是与中共作对。

在对待中共方面,蒋介石是不得已而与之合作,但一直想借抗战之机,将中共消灭;而戴笠深知蒋的意图,领蒋之命令,在破坏中共方面,可说是"深谋远虑",也确实取得了不小的"成绩"。

宣侠父之死

1938年8月的一天,国民政府军事委员会西安行营主任蒋鼎文正在办公室中闭目养神。这时,机要秘书给他送来了蒋介石的电报,电报上赫然写着:"着立即制裁宣侠父。"蒋鼎文接电后不敢怠慢,立即把军统局西北区区长徐一觉召来,写下手令,让他立即执行。手令写着:"派第四科科长徐一觉将宣侠父秘密制裁,具报。"

宣侠父何许人也,竟引起蒋介石对他这样的仇恨?这就得从头说起。

宣侠父,号剑魂,1889年出生于浙江

宣侠父

位于西安七贤庄1号的八路军驻陕西办事处旧影

诸暨。1923年加入中国共产党。曾在冯玉祥、吉鸿昌手下任多种高级职务。1934年任中共特科负责人。1935年到香港进行统战工作。1937年到西安协助周恩来进行统战工作,以第十八集团军少将总参议身份,主持八路军驻西安办事处工作,影响很大,引起国民党蒋介石的仇视。

1937年10月,为了团结抗日,中共中央在西安后宰门七贤庄1号设立了八路军西安办事处,宣侠父负责办事处的具体工作,与国民政府军事委员会西安行营主任蒋鼎文及各方面进行联络,进行统战工作。

宣侠父一到西安,就成为军统局西北区的重要监视对象,西北区经常派特务跟踪监视,把他的言行随时转报军统局。11月初,军统局西北区区长张我佛到西安行营去见行营主任蒋鼎文,看见一个壮实高大的人,坐在沙发上与蒋鼎文谈话。那个人走后,蒋鼎文对张我佛说:"刚才那个人就是宣侠父……这个人狡猾得很,共产党派他来西安不简单,你们要特别注意他。"

张我佛当即指示西安警察分局局长李翰廷,让他在八路军办事处门口加设了一个警察派出所,作为固定监视哨,主要任务是确实掌握宣侠父在办事处的住处和活动,如有迁移或离开西安的迹象,必须立即报告。西北区直属组还派两到三人,专门对宣侠父轮番跟踪,流动侦察,掌握他常到哪些地方去,常和哪些人来往,有什么特殊动作和嗜好,都要如实地向西北区汇报。

1937年冬,戴笠根据西北区的情报,多次向蒋介石报告,说宣侠父勾结杨虎城旧部杜斌承、赵寿山反对蒋介石,以黄埔同学关系煽动国民党军官,指挥共产党西安地下组织进行阴谋破坏等。引起蒋介石的仇视,决定对宣侠父下毒手。

徐一觉回到办公室后,当即把西北区行动组长丁敏之、直属组长李翰廷召来,研究执行办法。为了确保秘密,决定在黑夜进行。李翰廷说,西安城内东南角城墙下马陵有一片荒地,没有老百姓住宅,附近有一口五六丈深的枯井,暗杀后可以把尸体投进井里掩埋,并领着徐一觉和丁敏之到下马陵一带察看了一遍。一天深夜11时,蒋鼎文在后宰门公馆给宣侠父打电话,说有要事相商,把宣侠父"请"了去。谈话一直到深夜1时,到了约定时间,才让宣侠父离开。这个时候,徐一觉已经率领特务埋伏在宣侠父回办事处的路上,为了稳妥,还派了两个特务从蒋鼎文公馆紧跟着宣侠父,监视他的行动。宣侠父一到特务们埋伏的地点,徐一觉等突然跃起,一边将宣侠父架上汽车,一边用棉花堵住他的嘴。宣侠父尽力挣扎,只来得及怒斥一声:"你们绑人呢!"就说不出第二句话了。李翰廷、徐一觉同时下手抓住宣侠父的咽喉,套上绳索,两边拉紧,将宣侠父杀害了。徐一觉在宣侠父衣袋里搜出一块金质怀表和一条黄金表链,塞进自己腰包。汽车立即开往下马陵枯井边。几个特务早已在那里等候,汽车一到,就把宣侠父的尸体从车上抬下来扔进枯井里,填上几筐土埋上就走了。第二天上午,徐一觉向蒋鼎文报告,蒋很满意,特别赏了两千元奖金,徐一觉独吞一千元,剩下的由其他特务瓜分了。

宣侠父将军失踪以后,八路军西安办事处多次向西安行营追问,要蒋鼎文负责把宣侠父交出来。蒋鼎文十分被动,担心宣侠父的尸体被人发现,承担不起责任。次年9月间,蒋鼎文把西北区区长张我佛召去,对他说:"宣侠父的尸体如果让共产党找到了,我负不起责任,你赶紧搬动一下吧。"张我佛赶紧回答:"宣侠父的尸体丢在城内下马陵附近的一口枯井里,我也觉得不稳当,准备起出来,搬到城外去。"蒋鼎文指示说:"搬到城外去比较好,你就去办吧。"宣侠父的尸体又被埋到城外偏僻的地方。

中共中央对宣侠父失踪一事十分关心,一直向国民党方面询问他的下落。到了10月,中央断定宣侠父被杀害了,同蒋介石严重交涉,要求他给一个明确的答复。在无法逃避的情况下,蒋介石只好承认:"宣侠父是我的学生,他背叛了我,是我下令杀掉的。"

这是军统特务暗杀八路军西安办事处负责人的一幕。军统特务除了绑架、秘捕中共人员外,不能逮捕的中共人员,则奉蒋命进行暗杀。早在1933年,蒋介石就曾命戴笠刺杀共产党员吉鸿昌将军。

1933年5月初,蒋介石向日本妥协,签订了《塘沽协定》。冯玉祥在张家口组织察哈尔民众抗日同盟军,自任总司令,任命方振武为前敌总司令,吉鸿昌为副总司令兼革命军事委员会副委员长,又兼抗日同盟军第三军军长。抗日同盟军共辖六个军,总兵力二十余万人,先后收复了沽源、康保、宝昌、多伦等县,取得抗日重大胜利。察哈尔抗日反蒋运动的发展,引起蒋介石的极大恐慌。1933年夏,蒋介石调集黄杰、关麟征、刘戡、商震和庞炳勋等部队,共十一个师十二万人,在日军配合下,妄图消灭抗日同盟军。并派人威胁冯玉祥,冯于8月初被迫宣布下野。方振武、吉鸿昌的部队,在独石口进军途中,受到日军和国民党军四面夹击,蒋介石命商震诱骗方振武,收编他的部队。方振武、吉鸿昌到怀柔见商震时,蒋介石密令逮捕,商震不肯下手,派车送方振武、吉鸿昌逃往天津。

吉鸿昌住在天津法租界国民饭店38号房间,继续联系各方面人士,组织抗日力量。蒋介石获悉后,密令戴笠暗杀吉鸿昌。戴笠命特务处华北区行动组长陈恭澍执行。

一天,特务发现吉鸿昌和友人任应岐、王化南、李干三等在国民饭店房间里打麻将,认为是刺杀的好机会。陈恭澍即派特务吕一民、吕问友、杨玉珊等前往饭店密谋暗杀。经吕一民的策划,先派杨玉珊带一小孩到吉鸿昌等打牌的房间门口玩皮球,并示意杨在陪小孩玩皮球时,故意将皮球扔进打牌的房间,再由杨领着小孩进入房内,以取皮球为名观察吉鸿昌等坐的位置,在拿到皮球退出后,杨即将吉鸿昌坐的位置告诉枪手吕问友。吕问友当即闯入房内,朝那个位置连开数枪,然后逃走。这时,刚好打完了四圈换位搬庄，吉鸿昌和王化南调换了座位。行刺的特务向原来吉鸿昌坐的位置开枪，当场把王化南打死。子弹打在墙上弹了回来，擦伤了吉鸿昌的肩膀。几分钟后，大批巡捕赶到把吉鸿昌等押走。蒋介石要求引渡吉鸿昌，后将吉鸿昌押到北平，关在北平陆军监狱，由军事委员会北平分会代理委员长何应钦审讯。吉鸿昌承认自己是中共党员，坚贞不屈，于11月24日被杀害。

抗日战争时期，蒋介石曾多次指示戴笠，要他选派特务混进延安，暗杀中共的领导人。1942年春夏间，戴笠亲自挑选了三个在军统局一向搞暗杀的特务，去延安进行暗杀。但由于解放区的防范严密，这三个人很快就被逮捕了。军统局以后又陆续挑选几批特务派了去，也都没有成功。

有一次，沈醉问戴笠，为什么不在重庆选一两个中共领导人来暗杀？戴笠听后大骂："你真没有政治头脑，在重庆发生了暗杀中共领导人的事情，任何人都会知道是特务干的。如果发生在延安，便不能说是特务干的，而我们却可以宣传说这是共产党内讧，互相残杀。"可见其阴毒。

军统局为了暗杀中共领导人，制定了周密的计划。按军统惯例，凡对某人进行暗杀，事前一定要尽可能先把对象的警卫情况弄清楚。为了暗杀中共领导，特务们对中共许多领导的警卫情况，进行了详细的调查，并详细列出了中共领导人的警卫人员名单、嗜好等。由此可见军统局用心之深。

军统局内有共产党

1940年的一天深夜，一个年轻女子在街上急匆匆地走着，好像有什么急事。她沿着弯弯曲曲的石阶下坡，来到一扇漆黑的大门前，轻轻地敲着门环，一会儿听见里面有人埋怨地说："深更半夜的，是谁呀？"开门的是一个三十多岁的妇女，她吃惊地打量着这个陌生的女学生，问道："你找谁？""你姓张吗？"那妇女点点头。但她还是用身子堵住门，问道："你是谁？"这个女学生看看四下无人，便悄悄地在她耳边说："我是来送信的！今晚1点，稽查处要来抓人，你们赶快转移！"妇女这才明白过来，连忙对她说："谢谢你，进来休息一会吧。""不了，我要回去了。"她连连叮嘱道："快，马上转移。"然后消失在夜色中。

这个女学生模样的人就是张露萍。她受南方局军事组的委派，领导着军统局电讯总台内的中共地下党支部。今天，电讯总台的共产党员得知稽查处要来这里抓人，她赶紧来通知。由于她的通知，已经暴露的重庆地下党得以及时转移，免遭破坏。

打入军统局内部的中共特工张露萍

张露萍，女，原名余硕卿，1921年出生于四川省崇庆县，在中共川西特委军事委员车耀先的影响下，自中学起就参加革命活动。1937年底到达延安，进入抗大学习，改名黎琳。1938年10月加入中国共产党。后来由中共中央组织部、社会部所派赴重庆，与军统局电讯处的秘密党员张蔚林、冯传庆联络。

张蔚林、冯传庆本是军统局的工作人员，因对国统区的黑暗和腐化，国民党消极抗战、积极反共的政策不满，主动找到中共中央南方局，要求脱离国民党到延安去。后在南方局军事组领导叶剑英、曾希圣的引导下，开始利用在电讯总台工作的有利条件，经常向南方局军事组提供一些重要情报。经过一段时间考察，南方局军事组深信张蔚林、冯传庆对共产党是忠诚可靠的，经南方局军事组研究，为了便于进一步开展工作，根据他们的要求和表现，由叶剑英、曾希圣介绍他们加入中国共产党。

当时，国民党反动派刚刚掀起了第一次反共高潮，重庆的反动气焰更是嚣张，特务机关对中共人员在重庆住所的监视十分严密，张蔚林、冯传庆每次送情报都冒着极大的危险。为了避免张蔚林、冯传庆出入时被发现，南方局决定让黎琳改名张露萍，以张蔚林妹妹的身份，担当张、冯与南方局之间的联络工作。然后找一间房子，让张蔚林搬出特务机关，布置成一个家庭，以便进行联络。同时南方局明确了张露萍的任务：领导在军统局内工作的地下党员，与南方局军事组直接联络，负责传递情报，相机在军统局内发展党员，壮大组织。

接受任务之后，张露萍积极开展工作。不久，在军统局内发展了赵力耕、杨洸、陈国柱、王席珍四人为中共党员，他们都是电讯处的报务员。这样，就更便于开展工作，搜集情报。后经南方局同意，在军统局电讯总台建立了秘密党组织，张露萍任党支部书记。这个党支部就像一柄匕首，深深插入军统局的心脏。

当时人们在军统局罗家湾本部，在军统局电讯总台枣子岚垭，经常能看到一位头戴法兰绒帽、身穿咖啡色连衣裙、脚穿半高跟皮鞋，健美而秀丽的年轻女子，这就是张露萍。她所领导的军统局电讯总台报务主任冯传庆，常根据她的指示，利用电台值班的空隙，巧妙地向延安新华广播电台发出密电。军统局电讯总台机构人员配置表、通讯分布情况、电台的密码、呼号、波长、图表和各种情报，源源不断地转到南方局，又转到延安。军统局几百个电台和上千名电讯工作人员的秘密任务，全部掌握在中共手中。中共中央政治保卫局根据冯传庆的情报，及时捕获了戴笠亲自派遣的妄图潜入延安的特务潜伏小组。由于张露萍的及时通知，已经暴露的重庆地下党的机关和工作人员得到安全转移。

军统局连续出现的泄密事件，使戴笠大发雷霆，严令部属限期破案。于是，军统局内部各机关，特别是机要、电讯部门的稽查工作加强了。那些督察人员，像猎犬似的到处嗅起来。张露萍领导的特别支部终于暴露了。

1940年春节，张露萍经组织同意，回成都探家，同时了解川军情况，以便进一步开展统战工作。自从张露萍探亲走后，张蔚林觉得周围的气氛在变化，显得有些紧张和异常。一次，他在值夜班时，发现室外有人窥视他的行动，回家后，也有人鬼头鬼脑地在附近盯梢，他感到情况不妙。

春节后的一天，他在侦察电台上值班，突然耳机里寂然无声。他马上进行调试，结果发现是发报机的一只真空管烧坏了。他联想到这几天出现的异常情况，觉得情况不妙，便慌慌张张地跑到周公馆，报告说烧坏了一只真空管，要坏事。曾希圣问明了情况，对张蔚林说："烧坏真空管只能算是机械事故，是工作上的过失，不是政治性的问题，也不会发现你是共产党员的。不要慌，买一个补上就完了。"

就在张蔚林到周公馆时，稽查处电讯监察科发现他没有请假就走了，就派人到他家里去搜查，结果在抽屉里发现了密码、军统局各地的电台分布表和张露萍写的暗语。在张蔚林回去后，将他与赵力耕、杨洸、陈国柱、王席珍等人逮捕。当军统特务去抓冯传庆时，他正在办公室里值班。看到特务从车上下来，偷偷包围了他所在的大楼，知道情况不妙，立即钻进地下室，转到防空洞里。钻出防空洞后，潜藏在草丛中，等特务们冲进大楼后，才越墙逃走。直接来到南方局，向叶剑英同志汇报。叶剑英听了他的汇报后，决定送他去延安，并告诉他途中的联络点和联络方法。冯传庆化过装后，由军事组的两位同志送出了周公馆的防空洞，来到雾气濛濛的嘉陵江畔。在茫茫夜色掩护下，冯传庆登上一只小木船，渡江北去。渡过江后，由于过度疲劳，就在一个渔民的草棚子里睡着了。第二天早晨，渔民来时，见到一个头戴礼帽、身穿皮袄的人睡在草堆里，误以为是给日本飞机打信号的汉奸，就把他抓到警察局，后又转到军统局。

南方局的同志送走冯传庆后，正想方设法通知张露萍转移，却收到了张露萍的密信，说她已从成都动身回重庆。原来，军统局在搜查张蔚林住处时，发现张露萍从成都来的信，于是假张蔚林的名义拍了一封电报，称"哥病重，妹速归"。她接到电报后，立即用暗语向南方局报告，同时上车回重庆。结果一到重庆，就落入特务手中。

张露萍等被捕后，全都被关押在军统局控制的重庆稽查处看守所，利用看守所长不知案情的条件，用钱买通后，托这个所长给秘密联络点送去一张报警的便条。当戴笠查出是看守所长送的条子时，气得七窍生烟，立即将这个所长处死。

张露萍被捕后，戴笠怀疑她是南方局派遣的。一天中午，特务带着张露萍从周公馆门前经过，观察她是否和南方局有联系。到了周公馆门前，张露萍立即明白过来，特务是在考察她与南方局的关系。于是她见到同志连看都不看一眼，好像根本不知道这个地方似的从周公馆门前走过去，保护了南方局的安全。

戴笠亲自审讯张露萍。这个杀人不眨眼的恶徒，对张露萍软硬兼施，先是花言巧语，妄图软化；继而酷刑逼供，肉体摧残。但张露萍坚不吐实，戴笠毫无所得。

蒋介石亲自出马干预了！他大骂戴笠无能，命令他："对这七个人，即使搞不出是共产党的证据，也要长期监禁，随时可以处决。"

1941年春，张露萍和她的六名战友，被军统特务转押息烽集中营监禁，张露萍被关在"义斋"，监号是"253"。1941年夏，息烽集中营一改以前酷刑逼供、吊打犯人的手法，大搞所谓"狱政革新"，梦想从"精神软化，攻心为上"的反革命策略中，得到用酷刑和杀戮得不到的东西。息烽集中营地下临时支部认为，特务的"狱政革新"手段更为阴险狡诈。狱中地下党支部决定：在不附带任何政治前提条件下，狱中"囚犯"应该出去参加工作或劳动，以便"将计就计，挫败阴谋；保存力量，以待时机"。

张露萍根据支部的指示，在狱中参加了缝纫厂的劳动，同时做了一些宣传工作。狱中办有《复活》月刊、《养正周报》。为了宣传党的抗日民族统一战线主张，揭露国民党顽固派消极抗日、积极反共的倒行逆施，张露萍不断写诗作文，在上述刊物上发表，促使难友们觉悟。张露萍坚贞不屈，使敌人为之蹙眉摇头，徒叹无可奈何。

1945年夏，戴笠由重庆到贵阳，曾在息烽暂时停留。刚坐下就接到军统局本部的急电报告，说军统西安看守所发生了越狱事件。戴笠即要周养浩停止"新政"，对集中营囚禁的"政治犯"要秘密处决一部分，以免发生意外事故。6月下旬，戴笠由重庆发来密电："将张露萍等七人就地处决，报局备案。"1945年7月14日，张露萍等七烈士在"中国共产党万岁"的高呼声中倒在血泊里。

扑不灭的组织

在一个秋风飒飒的日子里，一辆飞驰的小汽车突然在一个弄堂口停下来。弄堂内迎出两个黑影，鬼鬼祟祟地冲车内说了些什么，车门立即打开，包围了弄堂内一幢三层楼的住宅,要秘密地逮捕三楼上住的一个中共地下党员。

特务中为首的是一个细高的年轻人,他带着两个特务偷偷摸摸地直上三楼,并飞起一脚踢开一扇房门。"不许动,举起手来。"三支手枪同时对准屋里,房间内静悄悄的,没有半点声音。三个特务闪身进屋,原来屋里根本没有人。三支手电在屋里乱晃,房间不大,一张单人床被子叠得整整齐齐,一个写字台和两把靠背椅,家具摆设得无法藏人。

"奇怪,不是说人回来就没出去,11点钟,屋里还亮着灯?"细高个边说边用手去摸被里。突然,他眼里露出狡黠的笑意,说:"哈,被子还有点热乎,人肯定没跑远,你们快分头去楼道里搜查。"

两个特务退了出去,细高个却不肯离开。他拿着手电上下左右乱照,打开窗户往下寻找。窗户正对弄堂,有两个特务在那里把守。他的手电忽然停在天花板上,那里有一个半米见方的天窗,细高个像猫一样跳上桌子,纵身窜进天窗,爬上楼顶。

天依然是黑沉沉的,他伏在人字形的楼顶上四处寻找,发现身后两米处伫着一个高大的黑影,他不由得一惊,忙掉转枪口对准黑影,定睛一看,原来是烟筒,他这才松了一口气。当他来到烟筒附近时,一个身材魁伟的大个子从烟筒后闪出,飞脚踢掉他的手枪。他还没来得及反扑,就被大个子拦腰抱住。

两个人在楼顶上扭打起来。细高个一心想活捉这个共产党要犯,好回去邀功请赏。大个子一个劲地想把他往楼下甩。正打得难解难分之际,其余的特务从天窗上爬了上来。细高个得意地大喊:"快来,在这里。"大个子趁机把他绊倒,死命地抱住他往楼下滚,赶上来的特务一把没有抓住,两个人一起从三层楼顶摔了下去。

这是沈醉在《魔窟生涯》中的一段回忆。当时他是力行社特务处上海区法租界组组长兼淞沪警备司令部侦察大队少校行动组组长。这次他带人抓共产党地下工作者,那个共产党员掉在地上摔死了。沈醉在三楼被一晒衣绳的竹竿挑了一下,落在这个人的身上没摔死,但左眼球却被竹竿挑了出来,其他特务用烟丝堵住他的伤口,用车送医院抢救。

这只是特务组织破坏中共地下组织的一个镜头。戴笠领导的特务处在破坏共产党的组织方面是不遗余力的。良雄的《戴笠传》对此有较详的统计，现择其一段以窥全貌。

"二十三年，河北侦破中共河北省青年团及其在天津等地组织，捕获其省委书记李学书、特委书记韩庆元等多人，使其组织完全瓦解。

"同年，武汉侦破中共代表张仲逊，与叛军孙殿英等勾结案，传说他们阴谋占据河西走廊，联络苏俄，打通国际路线，因张仲逊等多人之被捕，未能得逞。

"同年，南京侦破毛泽东代表姚乃勋，组织反间机构，游说政府官员案，并搜出武器与文件。

"同年，福建侦破中共在厦门地区组织，捕获其'市委'孙吉平等多人，并因此连带破获中共在上海之'海运工作会'、'码头总支部'等组织。

"同年，上海侦破中共的江苏省及江湾地区组织，捕获其'省委'王维、'区委'任广魁等多人。

"二十四年，特务处所破获的共产党组织，以第三国际之'中国情报总支部'为最重要……

"二十五年，陕西侦破中共组织，捕获其负责人王德鸿等，又因此线索，捕获其省委书记等多人。

"同年，福建侦破中共'行动委员会'，捕获其省委书记兼指挥杨向荣等多人。

"二十六年，四川侦破中共'川南区'组织，捕获其'区委'李哲生、'书记'周从民等多人。

"实际上特务处直接间接所摧毁的中共组织各地皆有，如二十五年一年之间，所破获的中共反动案，就有七十余件之多。"

这里所说虽然不一定准确，但特务处此时对中共党组织造成了极大破坏却是毋庸置疑的，就以其中所提到的破坏中共陕西组织来说，就是由特务处西北区所干的，逮捕并杀害中共地下党员二十多人。有时特务们为了邀功请赏，还制造假案，上海区就出过这样的事。一次一个投降特务组织的中共叛徒自称是中共华东方面的重要负责人，企图引诱其他地下党员或革命人士上钩。这引起了上海几个特务的注意,并派人假装共产党与之接触。在这个人称经费困难时,不断对他进行接济。最后决定破案时,戴笠才将此案报告蒋介石。等逮捕后,一看牵连的都是几个特务,才真相大白。这件事花了近半年时间,用去一千多元活动费,动员了二十多人,最后抓到的却是几个特务,气得戴笠大骂上海区的负责人是饭桶,区长王新衡也责怪有关特务在进行这一欺骗活动时没有每天据实报告,弄得真假难分。最后,因为此事已报告了蒋介石,只好以假当真,将错就错。当沈醉把这个假中共华东负责人解到南京时,戴笠还说:"这个家伙竟敢利用我们来掩护他的活动,好在发觉得早,不然要吃他的大亏!"最后将这个叛徒处死。

当时特务处对共产党组织的破坏,常常利用叛徒来进行,在运用酷刑的同时,进行各方面的"诱导",迫使一些意志薄弱的人变节投敌,从而扩大破坏的范围。特务处有特务专负其责,而且起了很大的作用。上面引文中提到的"共产国际情报支部案",就是由于叛徒出卖而破获的。

最初,特务处湖北站逮捕一个共产党员关某,审讯多时没有结果。后来特务处派周养浩去武汉审讯,关某在威胁利诱下叛变,写了一封信,请上海党组织和他联系。不久,一个姓陆的人从上海到武汉,当即被捕,经过严刑之后,陆供出了和上海党组织联系的方法。戴笠马上决定把陆送到上海去,同时他自己也赶到上海亲自指挥。由特务在旅馆开好房间,陆写信请人来这个房间联系。第二天,陆的哥哥陆海防准时赶到,推门一看都不认识,立即转身逃走。这时守候的特务正在打瞌睡,猛听到门响,才惊起追出,连人都没看清楚。外面的特务见这个人要走,就赶紧分头行动,一个人在里面追,另两个人去后面通道上守候。不一会儿,陆海防从侧门跑出来,特务赶忙追过去,趁他滑倒在地时,用手枪柄击伤,才把他抓住。陆海防到侦察大队后,马上叛变,立即带领特务们到法租界公园附近一个僻静马路口去等候他的上级,说这次碰不到,以后就联系不上了。下午4时左右,特务们正在汽车内守候,一个欧洲人走过来,陆海防立即喊道:"就是他!"特务立即将这个人抓住,用汽车带走。

以后陆海防又陆续出卖了许多工作关系,使党的组织遭到很大破坏。那个欧洲人被捕后,一直不说话,陆海防也只知道他叫华尔敦,其余什么也不知道。

华尔敦身上什么证件也没有。当时英法租界的中西侦探,加上警察局侦缉总队、警备司令部侦察大队,以及上海区的特务,几乎全体出动去调查他的住址、活动及有联系的人,以进一步追查他的组织关系。翻天覆地闹了一个月,也没有弄清楚。而该案在社会上影响极大,宋庆龄等人都出面呼吁营救。这就是有名的"怪西人案"。

抗战时期,当蒋介石被迫承认中共的合法地位时,军统特务组织的作用便更为他所重视。军统局忠实地执行蒋介石抗日不忘反共的政策,戴笠也就越来越受到蒋介石的宠爱。

1940年春的一天,成都龙泉峄山,一个大坑边,围着一群特务和十多个被绑着的中共党员。这时,一个领头模样的特务对被绑着的共产党员说:"愿意活的,赶快承认这次抢米事件是由中共指使的;否则就要被活埋,你们要考虑清楚。"之后,逐一追问被绑的人。第一个被问的人坚决地说:"没有什么可说的。"立即被特务投入坑内。这样一个个追问之后,十多个人都被投入坑内。特务们失望到极点,但他们仍未死心,把泥土盖到一半时还问:"想说的快说,不然马上就完了。"回答的是一道道鄙视的目光。十多个共产党员就这样英勇牺牲了。

原来,1940年春,成都平原发生了旱灾,早春作物受到影响。一些大地主、米商和国民党官员,趁机囤积居奇,哄抬粮价,老百姓叫苦连天。老百姓买不到米,而一些达官贵人的粮仓里却堆满了米,甚至从门缝里流出来。有些人去扫取那些流出来的米,管理粮仓的人殴打他们,激起众愤。正在众愤如潮的时候,突然有人喊了一声"抢",怒火中烧的人们一窝蜂拥上去,抢了粮仓。其他地方也受此影响,发生了抢米事件。这本是官逼民反的情况,但戴笠一听到消息,立即进行镇压,并认为这是嫁祸中共的大好机会。戴笠由重庆赶到成都后,立即指使手下散布谣言,说这次抢米事件是由中共指使的。戴笠这样做的目的是,一方面把事件的责任推到共产党身上;另一方面,这样一来便可以说中共破坏统一战线,大肆搜捕中共党员,真是一箭双雕。他先后指挥逮捕了中共四川省委工委书记罗世文、军委委员车耀先等十余人。并连夜亲自审讯,严刑拷打,妄图屈打成招。但被捕的共产党员都宁死不屈。酷刑无效,戴笠又改用软招进行威逼利诱。

罗世文烈士

但不论骗也好，吓也好，均无效果。戴笠黔驴技穷，除将罗世文、车耀先二人押返重庆继续审讯外，其余的人，即在成都杀害。1946年，罗世文、车耀先在重庆被杀害。

为了破坏国统区的中共组织，戴笠可以说是绞尽脑汁，进行了精心的布置。对曾家岩八路军办事处和周公馆的南方局，每处都有军统局的五六个单位在进行监视。对地下党员，则随时以逮捕汉奸名义逮捕杀害。据良雄《戴笠传》载，军统特务还逮捕了共产国际派到中国来帮助组织"中华抗日救亡团"的米罗斯基，"地委书记"王振华等人。仅1944年，军统局所属单位就破获"共产党罪案"939件，去掉350件不实的，还有近600件。

蒋介石和戴笠一直把中共当作蒋介石独裁统治的主要威胁，处心积虑地想要消灭中国共产党，在国统区内，给共产党的组织造成了很大的破坏。但中国共产党的政策和主张顺应历史潮流，深得民心，赢得了广泛的支持。因此，一个共产党员倒下了，十个、百个共产党员又站了起来；一个组织被破坏，在人民群众的掩护下，新的组织很快又诞生，并且不断发展壮大，终于汇集成洪流之势。

十　蒋汪大斗杀

汪精卫之死

1939年，戴笠派人刺汪未成，蒋介石说过一句话："这次汪精卫命不该死，将来还是要上断头台的。"

果然，汪精卫最终还是死在戴笠之手。

死在戴笠之手，就是死在蒋介石之手，戴笠就是蒋介石的一只手。

以前，史学界一直认为汪精卫死于日本医院。后来，有人刊文披露：这是日伪的表面文章，其实，汪精卫死于上海，是被戴笠暗杀的，大抵经过如下：

1943年，汪精卫背部枪伤复发，飞往日本治疗，经日本名医将弹头取出，嘱汪静养。汪精卫乃秘密飞回上海，化名住入虹桥医院，用密电通知广州德政北路陈璧君，被重庆无线电机构侦破。蒋介石知道后，即令戴笠秘密制裁汪精卫。后由军统特务买通虹桥医院护士，在汪精卫吃的药里掺入微量玻璃粉，致使汪精卫死在虹桥医院。

这段资料自然还有待于进一步证实，但蒋介石处心积虑要杀汪精卫却毫无疑义，戴笠为蒋暗杀汪精卫多次筹划也是事实。

蒋汪的恩怨由来已久，蒋欲杀汪的动机也可以说是包含多种因素。

汪精卫是国民党元老，他二十二岁参加同盟会组建工作，追随孙中山奔波革命二十年，曾有刺杀摄政王的"壮举"，也有任广东国民政府主席、国民政府军事委员会主席的"辉煌"。

孙中山逝世前，汪精卫亲伏案头，拟录"总理遗嘱"，可以说是"嫡系"继承人之一。北伐开始后，蒋介石以军权攫取党权、政权，以南京政府与汪精卫的武汉政府对立，意在排汪，独占鳌头。几经争斗，中有函电交驰的"文战"，更有数十万大军的"武杀"，由于汪精卫的名望、地位、影响，蒋介石不得不退避三舍，将独揽大权的野心暂时偃下，与汪精卫联袂入京，共掌南京政府。

抗战爆发，汪精卫在重庆主和不成，乃出走河内，蒋介石劝汪不要投日不成，终于决心杀汪。

杀汪，就要用到戴笠。

1935年11月，国民党四届六中全会上，爱国志士孙凤鸣将三颗子弹打入汪精卫的身体后，戴笠曾受蒋命侦破此案，他调动人马，捕杀孙之妻崔正瑶，刺杀王亚樵。

那时，戴笠是保汪。

保汪是奉蒋介石令；杀汪，也是奉蒋介石令。

1938年12月29日，汪精卫在河内发表"艳电"，响应近卫声明。当晚，蒋介石在重庆黄山官邸单独召见戴笠。

"你知道汪精卫在河内发表的通电吗？"蒋介石劈头就问。

"知道。"戴笠答道："汪精卫竟公然叛国投敌，不除掉这个大汉奸，今后抗战会更加困难。"

"是的。今晚叫你来，就是要你赶紧选派精干人员速飞河内，务将汪精卫暗杀于河内。以绝后患。但河内属法国势力范围，一切行动务须慎重，不可鲁莽行事，进行情况，随时报告我。"

"学生会相机进行，请领袖放心。进行情况随时会向领袖请示汇报。"

戴笠受命后，即开始选调干员，布置一切。

刺杀汪精卫，不是一件简单的事。一是越南是法属殖民地，既不同于国统区，也不同于国内的租界，弄不好就会出麻烦；二是汪精卫多年任职国民党党政中枢，临行前为国民党副总裁，手下有一批精干人马，不用说刺杀本身难以进行，即使刺杀成功，万一泄密，也将产生难以估量的影响；三是汪精卫决心投日，日方亦必有所保护。

为了完成任务，戴笠亲自布置：立即电令河内特务组织严密监视汪精卫一行的动向，做好一切准备。经过侦察，得知汪精卫住在河内哥伦比亚路高朗街27号高级公寓内，住房为204、205两间，汪住204，随员住205，警卫人员住楼下。于是买通了公寓内的服务人员阮小姐，随时掌握汪寓动向。同时在全军统局选调最得力的行动人员经香港前往河内：余乐醒为戴笠驻河内代表，全面指挥策划，陈恭澍（曾任天津站站长、北平区区长，极富暗杀经验）为指挥，唐英杰（军统局武术教官，极擅长手枪射击，会飞檐走壁）为行动组组长，另有八名行动组员，戴笠还把自己的随身警卫，多次见过汪精卫的王鲁翘派去，作为刺汪的目标指示者。

人员选好后，戴笠亲自前往河内视察。然后陆续调派选定人员，为了严格保密，行前对谁都不说是什么任务。先期到达的方炳西，已经租好了一幢两层楼房，作为临时指挥部，买了一辆福特牌轿车，作为交通工具。戴笠到河内当天，忙着跑东跑西，不知忙些什么。第二天深夜回来后，才向几个人交代任务。戴笠先让大家看了汪精卫"艳电"的剪报，然后布置任务说，"在任务方面，我现在可以决定两点：第一，严密监视汪某行动；第二，多方注重汪派分子活动"。"这是一次非常难得的机会，不但要好好掌握，也应该做出表现，否则，我们将死无葬身之地！"又说他回到重庆之后，随时会有电报来，电台和报务人员日内就可赶到。戴笠回重庆后随时打电报来指示机宜。

过了不久，运来大量枪械弹药，戴笠电示他们"希做必要之准备，切切不可轻举妄动"。陈恭澍、余乐醒等人一面派人详细察看汪精卫住处的情况，一面商议选用什么办法动手。余乐醒主张采取"软性行动"，用毒药毒死汪精卫，他拿出一种他研制的药品对陈恭澍说："这药已经实验过多次，性能和效果都非常的好，只要能够使对方吸收，可以保证万无一失。"说着，取出一个纸匣，里面有三个玻璃瓶，瓶里是无色透明液体，分别标有A、B、C的标志。"这些药配起来，注射一滴就可以致人死命，掺在食物里吃下去，也会因神经麻痹失去知觉，导致毙命。"经过侦察，得悉汪精卫吃的早餐面包，是由河内一家面包店送去的新鲜面包。经商量后，决定由唐英杰等秘密守候在面包店通往汪寓的道上，拦截送面包人，用加倍的价钱买下面包，注入毒汁后，再由特务化装送去。但由于拦截、注毒这个过程耽误了一些时间，面包送到汪寓时，汪精卫已吃完了早餐，计划失败。

以后，又设计在浴室放毒气。经过阮小姐提供的消息，汪精卫的浴室水龙头漏水，要找人修理。于是，唐英杰等又把派去修理水管的工人拦截，秘密软禁，派一名略懂维修的行动员冒充修理工前去。水管修好后，把一瓶有剧毒的气瓶放在浴盆与墙角的夹空中，临走时把瓶盖打开，关闭门窗，拟毒死汪精卫。不料行动员走后，汪的一名侍从人员先进去检视。发现空气有问题,忙将门窗敞开,并发现毒气瓶。据此,汪精卫认定是蒋介石派人来河内干的,遂提高了警惕。

1939年3月19日凌晨2时许,又一封电报由重庆发往河内:"着即对汪逆精卫予以严厉制裁,不得延误。"陈恭澍接电后,立即回电:"×电奉悉,遵即积极进行。"同时,召集住在一起的六个人,传阅电令后,布置任务。当夜,派两个人去做最后一次侦察,回来报告说汪就住在原来那间房子里。于是,确定了就在高朗街那间卧室中,刺杀汪精卫。20日上午9时30分,陈恭澍等三人正在研究方案,一个监视哨跑来报告说:"汪家正在打点行装,有全家外出迹象,还不知到哪里去。"不到两分钟,又有内线报告同样消息。时间紧迫,来不及查证,必须马上采取行动。10时刚过,监视哨打回电话,说有两辆黑色大轿车,已经从汪家大门口开走,看样子往红河大桥驶去,他们夫妇都在其内。陈恭澍放下电话,立刻带领手下特务携带武器追了上去。在过了红河大桥不久,遥遥看见有两部黑色轿车停在一块空地上。距离有三百公尺远时,为了防止对方怀疑,陈恭澍命令车子停下来观看,只见一个人露出一只手,其余什么也看不见。陈恭澍一咬牙,将车子飞速地开过去,乘一瞬间看到了汪精卫、陈璧君都在车上,两辆车上共有十来个人。他们正在议论车上有没有安南巡捕时,两辆黑轿车已经飞驰回窜,追了半天也没追上,沮丧而归,只好仍定在晚上行动。

20日夜11时40分,七个行动特务悄悄出发了。分工由四人进入室内,执行暗杀任务,二人巡回门外,做警戒哨,陈恭澍指挥。到了汪寓附近,车子刚停下来,突然有两个安南巡捕走过来,要求将车子开走,特务们拿出准备好的四千五百元,笑嘻嘻地递上去,安南巡捕接过看了看,满意地走了。

高朗街位于河内高级住宅区,环境幽雅。27号面临林荫大道,老榕树参差不齐,椰子树高耸入云天。就在这一派美好的热带风光中,正在酝酿着一场震惊世界的谋杀案。

黑暗中只见几个黑影翻进了院子,用斧头砸开大门,冲进庭院,跃上楼梯。这当口被警卫人员发现,他们一路枪击,杀开一条血路,就向侦察好的汪精卫卧室冲去。冲上二楼,卧室的门却扭不开,一个特务冲过来,

汪精卫及其秘书曾仲鸣

用斧子将室门劈开一个洞，见里面一个人上半身趴在床底下，腰和下半身露在外面，看不见脸，估计是汪精卫，便举枪打去。一阵枪响，眼看三颗子弹打入那人腰背，急忙下楼往外逃。车子刚开动，大批军警已经赶来，他们赶紧逃之夭夭。车上，行动特务对陈恭澍说："事情已经办完了，眼看着汪精卫的腰部中了三枪，两条腿只颤动了几下，就不再动弹了，整个身子都蜷伏在床下。遗憾的是始终没有看到面孔。"陈恭澍如释重负。不料早晨内线即来电话告诉说："那个人（指汪精卫）一颗子弹也没有挨着。伤的是曾仲鸣。"不久，这个人又来电话说，有三个人被捕了。这三个人后来被越南当局判了七年徒刑，王鲁翘后来在上海法租界被捕，解河内判刑九年。1945年日本投降，河内当局将四人释放，军统局发给他们一笔奖金，并补发了薪金，各晋升两级。

据《蒋总统秘录》记载："3月21日，汪兆铭秘书曾仲鸣在河内高朗街汪的隐秘住宅中被爱国志士诛杀。因为刚好就在这一天夜晚，汪兆铭偶然换了卧室就寝，刺客误认曾仲鸣为汪本人，对室内射击了数枪。"据香港《春秋》杂志载，汪精卫听到枪声后，曾出门询问，被何文杰推回室内，在黑暗中坐在门旁靠壁的地上，汪精卫听到曾仲鸣的呻吟声，几次想冲门而出，都被拦住。

刺汪失败后，余乐醒、陈恭澍等人旋即离开河内经香港返渝。戴笠听取了全面汇报后，又向蒋介石汇报，并表示自己辜负了领袖的重托，自请处分。蒋介石说："事情虽未成功，但你们是尽了力的。汪精卫这次不该死，将来还是要上断头台的。"

这次刺汪不成，严重地刺激了汪精卫，3月27日，他发表了《举一个例》一文，披露了1937年12月国防最高会议常务委员会会议记录，揭示国民党蒋介石早有与日本谋和的举动，而非自己的私人行为。迄后，汪精卫先后到日本、上海与日本侵略者密谈，终于建立了南京汪伪政权。

蒋介石对此恨之入骨，又曾多次命戴笠派人刺杀汪精卫，但这时汪既已有日本扶持，又有一批汉奸保卫，声势、实力均非昔比，刺杀难奏效。即使前文所述的在虹桥医院的慢性毒杀，也是要极费周折的。

汪精卫虽死，蒋介石仍难解心头之恨。抗战胜利后，蒋记政府"还都"前夕，特派工兵将汪精卫坟墓炸掉，将其尸焚化扬灰。

汪精卫的老婆陈璧君，做到汪记国民党中央委员、广东政治指导员。日本投降后，又是由蒋介石命军统局将其逮捕的。

说起陈璧君的被捕经过也颇有点戏剧性。

汪精卫及其妻子陈璧君

日本投降后，郑介民给汪伪广东省省长褚民谊一封蒋介石的电报，让褚与汪夫人各携秘书一人"来渝商谈"，并说"备有专机"相迎，陈璧君等不疑有他，高高兴兴地准备飞往重庆，并购广东特产洋桃一筐，准备送给宋美龄。不料汽车并没有去机场，而是在珠江大桥附近，改乘汽船，送到了监押地。

1946年，陈璧君被江苏高等法院判处无期徒刑，关押在上海，解放后死于上海监狱医院。

杀敌除奸

1938年3月，北平的早春乍暖还寒，气温飘忽不定，正是苦风的季节。

28日下午，一块块的云团在上空翻腾着，天阴郁郁的，似乎要下雨，或许还要下雪。

1时40分左右，东四牌楼南大街金鱼胡同东口，光陆电影院门前，出现了六七个人。这些人个个精悍利落，神情紧张。为首的一摆脑袋，他们便分成两伙，装着若无其事的样子来到煤渣胡同的两个入口。

1时57分，一辆警车护卫着一辆轿车开进胡同，向日本宪兵队驶去。当这辆轿车正要转弯驶入胡同时，乔装打扮的军统局天津站站长陈恭澍将手中的礼帽扣到头上，早已集结在胡同口的特务们见到这个信号，当即拔出手枪冲向轿车，一时枪声大作，子弹雨点般地洒向轿车……

这就是军统北平站、天津站联合行动的刺杀汉奸王克敏的行动。

卢沟桥事变之后，日军占领了华北，侵占全中国的意图已昭然若揭，这严重侵害了英美资产阶级的在华利益，对国民党蒋介石的统治也是个极大的威胁。于是，在1937年7月17日的演说中，蒋介石公开谈到"战端一开，地无分南北，人无分老幼，皆有守土抗战之责"。随着国民党蒋介石态度的变化，国民政府军事委员会调查统计局第二处处长戴笠于7月13日在牯岭致电北平军统组织，谓"此间认日方无和平解决之诚意，自应与之抗战"。7月30日又致电天津站，命"组织便衣队到处扰乱，借以发挥特工之威力"。于是，整个华北的特工组织立刻紧张起来。

日本帝国主义发动全面侵华战争后，为掩人耳目，节省人力、财力，采取了"以华治华"的方针，到处策动、运用汉奸，成立伪组织、伪政权，以作为其侵略中国、治服中国的工具。为了破坏日本帝国主义这一阴谋，惩戒卖国投敌的汉奸，维护国民党的统治利益，国民党特务组织决定广泛开展诛戮汉奸的行动。1937年8月16日，戴笠又致电天津站，命令进行"汉奸之制裁"的行动，而华北的汉奸巨头王克敏，就成了军统刺杀的第一个对象。

王克敏（1873—1945），字叔鲁，浙江余杭人，曾任北洋军阀政府财政总长、国民党政府东北政务委员会委员、冀察政务委员会委员等职。卢沟桥事变后，在日本侵略者的策动下，组织成立伪华北临时政府，王克敏任行政委员会委员长，进行了一系列卖国投敌的勾当，从而被列入了戴笠的暗杀名单。1938年2月，戴笠打电报给军统局天津站站长陈恭澍，命令他组织对王克敏进行制裁。陈恭澍受命后来到北平，经北平特务组织的帮助，找到了一个姓武的伪军军官，通过他，陈恭澍又结识了王克敏的警卫队长。原准备通过警卫队长刺杀王克敏，但这个队长不敢下手。在戴笠几次来电催促下，陈恭澍决定亲自带人动手。后来经多方努力查明，王克敏每周二下午2时一定到煤渣胡同日本宪兵队，乃决定在这里动手。到了3月28日这天，陈恭澍把部下分成两组，第一组集中火力射杀王克敏，第二组以火力封锁警卫人员，掩护第一组。

伪中华民国临时政府行政委员会委员长王克敏

且说枪声一起，王克敏的护卫人员纷纷下车还击，日本宪兵队也派兵冲了出来。陈恭澍一看情况不好，急忙下令撤回，并布置人探听消息。当天下午5时多，接到报告说，王克敏重伤未死，死的是一个日本顾问。以后几次想下手，但王克敏已成惊弓之鸟，戒备森严，终不能得。

王克敏虽然大难不死，但其他汉奸头目却一个接一个地倒在了军统特务的刀枪之下。

1938年11月，刺死伪河北省教育厅厅长陶尚铭。陶原为国民党政府的滦榆区行政督察专员，变节投日。

1939年2月，击毙伪天津商会会长王竹林于法租界兆丰花园。王竹林曾组织中日经济提携协会，以物资资敌，并任反蒋大会会长。

同年，在天津大光明戏院，击毙伪联合准备银行天津分行经理兼天津海关总监督程锡庚。

1940年1月，在北平击毙伪建设总署局长俞大纯。

同年5月，击毙伪华北政务委员会教育总长方宗鳌于北平。

"锄奸诛叛",是抗战时期戴笠领导的军统局的一项重要任务,而这一任务又是和蒋介石的整个抗战思路分不开的。一方面,蒋介石坚持抗战,从抗战开始,蒋介石就全面调整军事部署,调动全国军队节节抵抗,以实现"持久消耗战"、"以空间换取时间"的战略;另一方面,蒋介石不愿将国民党的军队,特别是自己的嫡系部队在抗战中损失太大,以影响战后的实力,减弱与中共斗争的力量。所以,他根据战争局势的变化,不断调整自己的方针,进入相持阶段后,采取"政治重于军事、民众重于士兵、精神重于物质、训练重于作战"的方针,在军事对日抵抗上,比前期有所消极。而这时,汪精卫投敌,大小汉奸先后仿效,引起了蒋介石的痛恨,必须对汉奸进行严厉打击。这个任务,自然又是非戴笠莫属。

按照良雄的分析,"诛锄汉奸,消极目的:是要儆告汉奸,不要为敌人张目,仗敌人势力,残害自己同胞。积极目的:是要使广大陷区人民,知邪正,辨顺逆,知道政府力量仍可达到陷区,藉以增加其向心力"。此外,"还别有一重要目的,就是掌握运用伪组织,以掩护各种对敌斗争工作。抗战后期,戴氏独能掌握八十万伪军,并有很多伪组织头目,输诚于戴氏,为他所运用,与大力锄奸,是有连带关系的,因为他们知道戴氏有力量,能随时置他们于死地"。但是,诛杀汉奸,旨在杀一以儆百。故须择其罪大恶极,死心塌地,为虎作伥,或经政府通缉有案者。也就是说,戴笠的除奸,是服从服务于蒋介石的总的抗战战略,而且目标的选择,也往往要经蒋介石批准的。

军统局的暗杀汉奸工作,主要在华北和东南两个地区进行,除华北地区的上述行动外,1938年至1942年,东南地区的主要行动有:

1938年3月,在上海击毙伪维新政府军政部部长周凤岐;

同年7月,在南京击伤伪维新政府海军部部长任援道;

1939年2月,在上海击杀伪维新政府外交部长陈箓;

1940年8月,在上海击毙投日的帮会头目张啸林;

同年11月,斧劈伪上海市市长傅筱庵;

1941年,在杭州击毙伪杭州市市长谭书奎;

同年9月,在吴县击毙伪清乡委员会署长谢叔锐;

1942年,在杭州击毙伪军事委员会委员兼"潮汕军"总司令黄大伟。

华中、华南两区,军统局也在武汉、香港、广州等地击杀汉奸多人。这其中,尤以陈箓、傅筱庵之被暗杀震动最大,这也是陈恭澍众多暗杀活动中最得意的"杰作"。

陈箓是1938年农历除夕之夜,在他的家里,被刘戈青等人击杀的。

日军占领上海后,上海出现了两个汉奸组织,一个是苏锡文的大道市政府,另一个是梁鸿志的维新政府。后来维新政府搬到南京,和王克敏的伪华北临时政府遥相呼应。陈箓以南北总长兼维新政府的外交部长身份,协调与伪华北临时政府的关系。他既死心塌地地投靠日本人,又生怕有人刺杀他,于是雇佣了二十多个警卫保镖,不离左右地护卫着。

1938年冬,军统局的老牌特务王天木被派到上海当区长,很想干几件震动的事给戴笠看看,于是决定暗杀陈箓,选定由刘戈青执行。刘戈青年方二十几岁,出生于厦门,1935年于暨南大学毕业后,为戴笠罗致到军统局,在上海区从事行动工作。刘戈青受命后,即开始做各种准备。他有一个朋友叫刘海山,曾当过孙中山的卫士,是个民族感很强的人。刘海山与陈箓的保镖张××很熟识,一听要干掉陈箓,马上答应参加,并找张××,让张画了一张陈箓家的住宅图。

伪中华民国维新政府外交部部长陈箓

陈箓的宅邸是愚园新村25号,一边是静安寺路的巡捕房,一边是意大利营房,还有一边是日本人的一个机关,其环境可谓十分保险。他家的门口设有岗亭,站着一个保镖,弄堂两头各有一个保镖,三个人互为犄角之势,相互呼应,布置得相当严密。

"海山先生！陈箓住宅的情形，不会有变动吧？"行动的那天晚上刘戈青问。

"张国卿告诉我，明天过年，陈箓今天下午3时由南京回来，过年祭祖，7点钟吃过夜饭。大家忙着过年，谁注意咱们干什么！"刘海山说着，拍了拍胸脯，"老弟！你放心，我陪你一道去。"

刘戈青马上去找负责保管武器的取枪，结果这些枪埋藏多时，已经生锈，只好准备好斧头和锯子，准备把陈箓的头锯下来，挂在电杆上。因为过去汉奸们杀人就将头挂在电杆上，写着"抗日分子的结果"，所以要以其人之道还治其人之身。

1938年农历除夕，陈箓从南京回家过年，约了好多亲戚吃年夜饭。刘戈青选定在吃晚饭前，沿途巡捕和保镖快要换班的时候去。因为这个时候保镖已经站了很久，精神疲惫，注意力也松懈了，是最好的时机。

这天下午下着毛毛雨，特别冷。刘戈青、刘海山还有五个行动员在靠近愚园路的沧州饭店集合后，向陈宅方向走去，快接近愚园新村时，透过雨幕看到了三个保镖正在岗亭里避雨，抽香烟。刘海山一看，从刘戈青手里夺过那支生锈的手枪，动作利落迅速，一个箭步跳到岗亭前，指着三个人低喝："不许动！"刘戈青跟上去，缴下三支手枪。随之，刘海山监视三个保镖，刘戈青带领几个人从后门进去，冲进厨房。厨房里正忙得一塌糊涂，一个保镖正在同厨娘鬼混，刘戈青枪指到他的心口，他才发现，乖乖把枪交出。他们留下一个人负责看守，余人准备悄悄地进去杀陈箓，不料慌张中一个特务的枪走火了，惊动了人们，房子里一下乱了套。坐在客厅沙发上的陈箓听到枪声，拿块坐垫遮住脸面和胸部。刘戈青不敢怠慢，冲进去给了陈箓两枪，眼看他倒下去死了。刘戈青取出准备好的抗战标语，放在陈箓身上，出来后下令迅速撤退。保镖们缩在楼上打枪，刘戈青贴着墙下的射击死角往外撤。事先，刘戈青已经命令一个特务雇了一辆汽车停在巷口。等人上来后，司机把车子开到了杜美路，他们赶紧下车散去，所有的枪都扔掉。刘戈青回到家里，换了一身华丽的衣服来到舞厅，跳了一夜舞。

就是这个刘戈青，1939年，被七十六号逮捕。1940年春，由上海押解南京宁海路5号狱，但受到李士群的优待，趁隙逃出，经香港回到重庆。后王天木被七十六号逮捕投敌，陈恭澍即被派为上海区长。

陈恭澍任上海区区长后，马上调整组织，加强行动人员的配置。时间不长，戴笠打给他一份亲译的电报，内容竟是："兄乎！河内一击未成，竟胆小如鼠尔！"陈恭澍受到刺激，马上安排行动。当时上海区的工作主要是搞刺杀活动，戴笠指示说："吾人于京沪两地及京沪线上，必须扩大行动，以发扬吾人之权威。请策励部置，积极行动，藉以寒奸贼之胆。"行动的第一个目标，是法捕房政治部华籍督察长程海涛。当时法租界巡捕房逮捕了许多抗日分子，并多次伙同日本宪兵搜查军统在上海的各单位，程海涛是其中主要策划分子之一。军统特务多次在电话中警告过他，希望他能有所收敛，但这个人冥顽不化，于是决定将其制裁。陈恭澍部置一、二、三、四行动大队各自循自己的工作路线相机执行，并预拟行动方案上报，可等了许久不见动静。

10月19日早晨，陈恭澍起来打开报纸一看，一条消息赫然进入眼帘："程某被枪击毙命。"到了10时，行动四大队送来一个小火柴盒大的小包，打开包装纸，里面是一张纸条，上面报告说："10月18日下午6时20分，在法租界贝勒路和康悌路交叉口，本队已将奉命制裁有案的法捕房督察长程海涛予以击毙。"报告中指出："据侦查获悉，程海涛有时乘自用黄包车从贝勒路康悌路一带经过，似为特别警戒，唯去处不定。故指派队员××等四人分两班轮流守候于该路转角处，已有数月。至10月18日下午6时许，发现程某乘车沿马路右侧扬扬而来，当即由队员××在旁掩护，另一队员××拔枪射击两响，程当场毙命……"此案报重庆后，军统局发给奖金法币三千元，按惯例，少部分发给内勤人员，余交经办单位发给有功人员。

1939年10月至11月间，戴笠又派吴××到上海执行特定任务，策动随王天木投敌的三个队员马河图、岳清江、丁宝龄归队。并令三人执行对军统投伪的陈明楚、何行键之制裁。陈明楚原为上海区助理书记，投伪后被任为七十六号特工总部第一处处长；何行键原任忠义救国军第二纵队指挥官，投伪后被任为反共救国军第二路军司令。12月24日晚，陈、何与王天木等十多人分乘几部汽车，浩浩荡荡地开到沪西一带舞厅寻欢作乐。转了一家又一家，25日0时30分，转到愚园路惠尔登舞厅门前时，随行王天木的侍卫马河图、岳清江、丁宝龄三人对准陈明楚、何行键连开数枪，二人应声倒地，躺在血泊之中。马河图等三人得手后，来到吴××布置好的落脚地点，后随同吴××经可行途径返后方。陈、何二人被送到医院，抢救不及身亡。王天木在场却毫发未损，一时搅成轩然大波，七十六号马上将其扣押，却无法查明他与此案的联系，几经周折，不了了之。

1940年1月15日，上海区第二队又暗杀了汉奸俞叶封。俞是浙江杭州人，曾任伪总商会会长，组织新亚和平促进会，为日军搜购军需物资。1938年6月军统上海区曾奉令执行制裁俞叶封，但没有得手。1940年1月15日这天晚上，俞叶封到更新舞台看戏，正看得入神之时，坐在邻座的上海区二队的行动人员双手交叉抱在胸前，暗暗拔出腰间的手枪，对准俞的心脏部位，扣动了扳机，"砰"的一声，俞倒在血泊中，台上台下一片混乱，刺客乘机逃跑。俞叶封在入院一个多小时后死去。

但这一年，上海震动最大的案子，要属刺杀伪上海市长傅筱庵，这也是军统局上海区策动的。

傅筱庵（1872—1940），浙江宁波人，名宗耀，字筱庵，曾任华兴保险公司经理、中国通商银行董事及总经理、上海总务委员会会长等职。1939年苏锡文的大道市政府被取消后，傅出任伪上海特别市市长，直到汪伪政权建立，仍在日本侵略者的支持下继续任市长一职，故上了军统局的暗杀名单。

军统局上海区接到刺杀傅筱庵的命令后，即开始进行侦测，经多方侦察获悉，傅筱庵有独睡习惯，连老婆、姨太太也不能轻易进入他的卧室，只有一个跟随多年的仆人朱升，早晚侍候茶水点心，可以穿

伪中华民国维新政府上海市市长傅筱庵（与汪合流后任伪上海特别市市长）

房入户无阻，于是把重点放在朱升身上。这个朱升是山东人，深得傅筱庵信任，他每天早上要到菜市场买菜，领有禁区特别通行证。此人别无嗜好，只是三天两头跑到永安公司顶楼天韵楼逛逛游戏场，去得久了，便和天韵楼的一个女招待混熟了，有时不免与之聊聊，以解烦闷。军统人员知道这一线索，如获至宝，决定借着那个女招待，怂恿朱升下水。且说朱升每次到天韵楼，那个女招待都笑面相迎，特别亲热。朱升虽年逾四十，但独居已久，饱食终日，无所用心，一旦美色当前，其何以堪？便自然而然地沉溺在爱河欲海中了。两人郎情妾意，百般缠绵，不久就在北浙江路发施公司后面赁房而寓。于是，几个"邻居"与这个女招待没事时就赌钱。这个女人很快就欠下了累累赌债，军统人员以索债为由，帮助这个女人"想办法"。时间长了，女招待未免动心，于是在朱升身上使出全部本领，一缠二娇三哭闹，终于缠得朱升答应了。军统人员又帮助他进行具体设计，朱升提出在事成后索要五万元奖金。军统局上海区第二行动大队马上将情况向上海区报告。上海区区长陈恭澍接到报告后，马上派人进行复查。9月下旬报到区部，经过两三次查复无误，方予以批准。这时已到了10月初。第二行动大队马上催促朱升伺机进行。

10月11日晨3时，傅筱庵从外面宴罢归来，朱升照例送上一碗炖好的白木耳汤，傅筱庵打着呵欠说："太累了，人老了，太不中用了。"朱升见状，认为时机难得，回到厨房将一把斧头藏好，过了一个小时后便折到上房，右手持斧，左手推开房门，见傅筱庵正面向里睡，他蹑脚走到床前，咬着牙举起斧头，对着傅筱庵的头劈下去……

朱升得手后，按预先规定的暗号，将窗帘放下，提着菜篮子，登上脚踏车，装作上菜市场的模样，转到公共租界，在军统人员的接应下，上了太古轮船南行香港，后又到重庆。

11日下午，军统局上海区的交通员送来了第二大队的书面报告。这是一个折成三四寸宽，七八寸长的纸条，折叠成三个连在一起的方块，以表示是最速件，暗示交通员不许打开看，必须立即传递。报告内容很简单，说是朱升已经完成使命，现已脱险，正由某人护送浦东。

当天，上海晚报刊登了傅筱庵被刺身死的消息。10月12日，重庆《大公报》刊登中央社香港11日电云：

沪讯：11日晨，虹口敌军防区内发生一巨杀案，被杀者为沪伪市长傅筱庵，当时即伤重毙命。消息传出后，全市人民无不称快。

查傅逆筱庵被杀地点，系在虹口祥德路26弄2号寓所内，距日本海军陆战队极近，平日警卫森严，除派有伪警卫队二十余名在屋宇四周驻守外，并雇白俄保镖十二名保护。傅逆睡眠时，则由保镖在卧室外警卫。

10日晚，傅逆在法租界亲友处聚宴，到11日晨3时返寓就寝。其妾住居房后，至4时许，妾闻异声，急趋前探视，发觉傅逆满面流血，计中三刀：一在眼部，一在下颏，一在颈部。尤以颈部伤势最重，头颅几将割断，下颏则削去一块，眼球亦将挖出，气息已无，凶手逃逸无踪。

敌方得报，即派员调查，认为傅逆门禁森严，外人绝难以轻易出入，乃检查室内，发觉一老仆名朱升，又名陈中南者已失踪。敌除在虹口一带特别戒严搜查居户外，并派员会同租界巡捕至南京路某号朱之寓所搜捕。据同屋人云：朱夫妇已于周前转移，不知何往。

据悉，朱系山东人，年四十二岁，傅逆于民国十六年被国府通缉避居大连时所雇，随傅逆已十三年，来沪后任傅逆卧室清洁工作，月薪二十二元。

朱杀傅逆后，乘自行车出门逃逸，途中曾遇另一女仆，诱称已辞职返家云。傅逆被杀后，敌伪均极为震惊惶恐，除电伪政院报告外，并严缉凶手，悬赏五万元。敌方并令京沪火车停驶，以为搜缉。

傅逆尸体，仍停寓内，何时入殓，尚未定期。按傅逆名宗耀，字筱庵，年六十九岁，浙江宁波人……历任江南造舰所监督、北京政府办内地自来水公司总经理、中国银行监理、上海造币厂监督、国务院高等顾问、上海总商会会长、招商局总理、中国通商银行董事长、四明银行董事、美国钞票公司驻沪华经理、汉冶萍股东联合会会长兼董事会副会长。民国十六年因援助孙传芳，被国府通缉逃往大连。民国二十七年10月

6日，继苏逆锡文任沪市伪市长，迄今适足两年。平日为虎作伥，鱼肉市民，出卖国家民族，甘作敌人走狗，为汉奸群中巨憝之一。

民国二十七年11月25日，曾一度遇刺，其保镖被击毙，傅逆则躲避幸免，此次卒被刺死，为国家除一巨逆，为民族除一罪魁，全国人民闻之无不欣然称快，可谓国庆声中一幕庆贺喜剧。尤以傅逆被杀地点，在虹口敌军势力范围内，敌竟不能保护一傀儡，自不得向租界方面有所藉口矣。

傅氏一妻一妾。妻×氏，于去冬病死，妾张氏，华北籍，现已扶正。有子女各一，女嫁通商银行经理宋有圭为妻；子名品青，任中汇银行总稽核，有子九女四，参加所谓东亚大市联盟会，不料竟先期而死云。

这段报道所述较详，但对凶器的说法与军统局上海区的说法不一致。当时的报道有的说是斧，有的说是刀，其他细节方面也小有出入，但对朱升为刺杀者一事，是多方公认的。

傅筱庵遇刺身死，对日伪震动颇大，日本的中国派遣军总司令部报道部部长在傅案发生的次日发表讲话：

傅筱庵上海市长之凶变，鉴于新中国建设途上，上海之重要性，实遗憾至极，不胜哀悼。以身命献于和平建国，东亚新秩序建设为理念之所谓世纪革命事业之傅市长，早已有所觉悟到一切不测之凶变，故亦素有准备之心。唯持有战后新使命意义而再创发足之大上海，如今无论经济上、政治上以及国际上均示跃进之发达。成为新中国的心脏，国际情势之触角，市政府责任亦更重大。然忽于此时牺牲此伟大之名市长，不特为上海之损害，亦为全中国之大损害也……

可见傅筱庵之死对日伪创痛之深。

蒋介石的特务与汪精卫的爪牙各受主命，纷纷向对方展开刺杀活动。当时日军虽占领上海，伪政权也已建立，但中统、军统在这两个地方却仍有很大的势力，而西方如英、法、德、意等各国租界的存在，也是对

设在上海英租界附近的极司菲尔路76号院，是汪伪特工的总部

七十六号的一个掣肘，因此中统、军统对伪方人员的刺杀，亦有相当的威力。

在刺杀汉奸，杀一儆百的同时，戴笠还奉命对日酋组织狙杀。正如良雄所说："至于敌人，既为外寇，又复残暴绝伦，犹之毒蛇猛兽，杀之唯恐不多，而且非用最激烈手段不可。"按《戴笠传》所述，狙杀的敌酋大致如下。

1939年，在北平有伪华北政务委员会顾问山本荣；南京有敌使馆武官三浦大佐；武汉有日本大本营视察官野田太郎少将；上海有及川贞作大佐、高木少将。

1940年，有"圆"部队贞森一郎大佐、警备官平野；河南的日特务机关"西山会馆"负责人山本午、宪兵队长上村、伪绥靖公署顾问皆川雅雄大佐；绥远有敌少将司令兼包头市副市长沙岛；北平有敌"兴亚院"高级视察高月中佐，乘兼中佐；上海有少将司令久保田。

1941年，在上海有敌第四预备旅团旅团长福本少将，海军武官藤田大佐，领事馆书记官川崎，海军学校校长任一中将、海军司令清水少将、北川中佐等；华南有日驻澳门总领事福井保光；武汉有特务分室主任植村岩藏、陆军中佐太田一郎。

1942年，上海有敌海军司令部主任木野大佐；武汉有敌炮舰舰长谷口；华中有敌宪兵司令美座少将、青木大佐、田野中佐；福州有敌特务机关长泽重信。

1940年九十月间，军统局上海区曾受命对日军官兵大开杀戒，前后袭击五十余次。据1941年11月28日《中华日报》、《新申报》发表的"蓝衣社在沪所犯案件统计表"所列，此期间被军统上海区刺杀而死的日军官兵十八名，受伤的三十七名，此统计表为日本占领军方面根据记录所公布的，而且姓名、时间、地点、伤亡程度均列在其上，大致可信。

狙杀汉奸、日酋，虽可震慑敌伪气焰，但于抗日大计却无大补益。而且每次行动后，遭殃的总是附近的中国老百姓。因为每次行动后，日伪总是封锁现场，任意逮捕附近居民，除严刑拷打外，还趁机肆意掳掠奸淫，无恶不作。戴笠的暗杀虽然打击了日伪统治，顺应了蒋介石抗战的要求，但也给人民带来了很大的伤害。

十一　对日间谍战

游击乎？反共乎？

1937年9月4日上午8时，戴笠带领机要秘书毛人凤来到上海法租界拉斐德路枫林桥三极电所。三极电所是特务处初步培训无线电技术人员的学校，当时这所学校已决定迁往武汉，但戴笠仍在"八·一三"事变发生的第二天，调文强到该所任所长，实际上是以此招牌作掩护，从事对日工作。戴笠一到电所，即掏出一份蒋介石的电文给文强看，电文限戴笠、杜月笙一个月内合作组织一支一万人的部队配合正规军对日作战。戴笠对文强说要建立一个苏浙行动委员会，在该会之下建立一支一万人的武装游击部队，名称为别动队，并说了其组织设置和人员编制，命令文强据此起草一份组织行动大纲和编制表，限当日晚7时写成草稿，讨论并亲自缮写后与杜月笙会谈。

5日晚7时，戴笠率领一批高级骨干分子乘三部汽车，如约来到法租界赵主教路刘志陆公馆会谈。杜月笙方面有相当的人参加。会谈结果，一致同意草拟的苏浙行动委员会组织行动大纲和编制预算书，呈复蒋介石。过了两日，双方原班人马举行第二次会谈，决定高级人员安排问题。

原来，上海战事正激烈进行时，戴笠指挥特务处人员配合国民党正规部队守卫上海，其主要任务是在前线收集军事情报，不断报送蒋介石。同时，也组织人力参加了一些零星战斗，或抢运武器弹药。上海近在京畿，国人瞩目，蒋介石亦十分关心淞沪战事。戴笠自然不会放弃这样的表现机会，因此一直在上海指挥调动特务处人马。

但是，日军不断增兵，攻势不断推进，国民党正规军抵敌不住，戴笠觉得这是一个发展

杜月笙

自己势力的大好机会。于是建议蒋介石设立游击武装，参加上海抗战。蒋介石本来持"持久消耗战"、"以空间换取时间"的战略，为避免正规部队损耗过大，亦想以民众力量参与抗敌，乃当即批准，并命戴笠主持其事。

但是，在上海民间最有活动能量的是杜月笙的帮会势力，如欲在上海组织民众力量，离开杜月笙是肯定不行的，因而戴笠又把杜月笙拉了进来。可是以杜月笙的资格、声望、地位均非戴笠所能调动，这件事又非戴笠主持不可，于是，戴笠请准蒋介石，乃以蒋为号召，又拉了一大批权贵加入，以平衡杜月笙的心理，但实际负责的还是戴笠。

由此，便产生了苏浙行动委员会的组织。

苏浙行动委员会以蒋介石为委员长，委员有吴铁城、宋子文、俞鸿钧、贝祖贻、钱新之、杜月笙、杨虎、张治中、俞作柏、刘志陆、吉章简、蔡劲军，戴笠以委员兼书记长，设书记长办公室，负实际责任。这样，戴笠实际上取得了代蒋介石指挥的地位，连杜月笙也要买账。

20世纪30年代的杜月笙，身兼数职，拥有众多头衔：中华民国海陆空总司令部参议（少将军衔），上海地方协会会长，中汇银行董事长，上海市临时参议会议长，法租界纳税华人会主席，上海中国商业丝棉贸易协会主任，上海股票交易所成员，上海市商会常务监察，中华蒸汽商业航海公司常务委员会委员，《申报》、《时事新报》、《商报》、《新闻报》董事会主席。

苏浙行动委员会下设别动队，刘志陆为总队长。下设五个支队，支队长一部分以杜月笙手下的帮会头目充任，一部分以特务处人员担当。全别动队共有一万零八百人，有特务处人员、帮会分子和青年学生。别动队配合正规军对日作战，并在沪西、浦东、苏州河等地袭击日军，使其伤亡很大。日军占领上海后，苏浙行动委员会别动队大部分溃散，余两千余人，撤至安徽祁门之历口，以松江、青浦两训练班学生为基干，重新整训编组，更名为别动队教导总团，由戴笠自兼团长。

1938年5月，教导团改为忠义救国军，由戴笠兼任总指挥，俞作柏为副总指挥，指挥部设在汉口。忠义救国军初设两个支队，后来收编国民党的流散部队，扩编为十个支队和一个行动总队。忠义救国军中上层干部均以特务处人员担任，后来则派马志超为指挥，活动在苏浙皖三省，沿京沪、沪杭两路和长江下游。并且指挥一些海上游击武力和爆破队。

这是戴笠亲自组织指挥的第一支游击武装。此后，特务武装便不断在蒋介石的支持下、戴笠的操纵下发展起来。

1937年平津陷落后，戴笠曾指挥特务处天津站站长陈恭澍、北平站站长王天木组织滦榆游击指挥部，有两千余人，但时间不长即告溃散，并曾派人联络李杜的东北抗日救国军，欲图控制，亦未得逞。

1939年，蒋介石曾命令各战区设立便衣混城队，在沦陷区城市进行各种破坏活动，并命令戴笠负责此事。1940年4月，戴笠呈准在洛阳、上饶、韶关、长沙、襄阳、迁江、宜川、柳州、五原及苏鲁边区，设立十个编练处，分属十个战区，调派军统高级骨干为编练专员，从各战区的国民党军队中挑选士兵进行训练。各战区便衣混城队的情况不一致，多者训练千人以上，少者不足三百人，还有的战区未及训练。1942年1月，另行建立别动军，将混城队收编，共编为七个纵队。1943年，中美合作所成立，别动军并入其内，由美国特务对其进行训练和装备。

此外，军统局控制的武装还有各地行动总队、爆破总队，像平汉路爆破部队、湘鄂区行动总队、京沪行动总队、越南工作队等。这些行动总队多者达数千人，基本任务是进行破坏和捣乱，有时也对日伪军进行截击和突袭。

军统局所控制的特务武装，全部兵员约为六万人。这些部队的任务是配合国民党军队对日作战，破坏有关的军事设施，如桥梁、车站、码头、电线、仓库等，这就是戴笠所说的游击。

蒋介石对这一部分武装给予了一定重视，1940年3月，蒋介石在重庆召开参谋长会议，提到混城队时说："这也是便衣队的一种。只要我们能设法接近敌人，攻其无备，那么一个人就可以发挥一连甚至一营人的效力……在各军选定攻击目标，发动攻势几个月之前，混入敌军城市之内，事先不必通知他们要求何时攻城，只令他们届时专任造谣、放火及各种扰乱等任务，等我军进攻时，发动内应。"

在国民党中，便衣游击队是戴笠最早提出并组织实施的。最早在1937年7月13日，戴笠就电令特务处天津站负责人："我津站工作除注意确实情报之探取外,并应注意游击别动工作之策动与掌握,兄对现有之便衣队,应即亲往点验,切实考查,善为运用,俾能肩负破坏敌方扰乱敌方之工作为要。"随着抗战形势的推进,游击战不断展开,戴笠对此的认识也不断加深,1940年,戴笠致电毛人凤说:"照目前内外情势观察起来,抗战局面,必更入于困苦艰难之境内,今后特工如不能掌握,民间武力与游击队,无论情报与行动,均难达成任务,而经济亦将无法维持矣。"因此,戴笠对于军统局如何去组织、控制游击武装十分重视,迭下手令、电令具体指示、布置。

但是,应该而且必须指出的是:戴笠指挥的游击武装,不仅仅抑或可以说更重要的不是游击日伪,而是在于反共——与共产党搞摩擦,争群众,争地盘。他对游击武装的认识是:"既可为本局担任情报行动之工作,复可与敌伪异党争取群众,且必要时,可为本局解决经济之困难也。"因此,"此为吾人坚决抗战支持工作扩大收获之迫切要图"。忠义救国军的总指挥马志超、副总指挥兼淞沪指挥官杨蔚、被称为"游击能手"的阮清源,对这一点认识都十分明确,并均曾指挥所部与新四军和共产党的游击队打过仗。

戴笠指挥的游击武装,既抗日,又反共。根据形势的需要,有时以抗日为主,有时以反共为主。无论抗日和反共,都能起到国民党其他部队所起不到的作用。也正是因为这一特殊功用,游击武装得到戴笠的无比重视,也得到蒋介石的首肯。

抗战胜利前后,特务武装反共的任务更变得头等重要。抗战胜利后,这些武装全部编为交通警察总局,"负责全国铁路、公路、航路治安的维护和矿区的警卫工作"。这完全是针对中国共产党的。当时,国民党迫切需要把正规部队从后方运到内战前线,这就需要确保交通线的畅通。戴笠为了服膺蒋介石的内战方针,就利用游击武装负起了这个责任。这一点,不得不说戴笠有点远见。抗战胜利前,他就指示部下说:"抗战胜利后,各方必疏于防范,而共匪必乘机而起,作全面叛变。为使我戡乱大军能机动灵活起来,交通的维护是最重要的措施。务必尽全力来维护交通的安全与畅通……"

敌后大破坏

蒋介石"持久消耗战"的战略出发点之一，就是日本是一个小国，支持不了长期战争。"消耗"一方面是要消耗日军的兵力，另一方面是消耗敌人的物资，以达到致敌兵源枯竭，物资匮乏，支持不了战争的目的。而这其中的重要一项，就是要在敌后大搞破坏，使其兵疲辎溃，特别是在敌占区或将为敌占领区破坏敌之军火设备，打破日军"以战养战"的战略。

这一任务，自然又责无旁贷地交给了戴笠。

军统局成立后第一次大规模的破坏活动的目标不在日军占领区，却是暂时尚为国民党占据的武汉。

1938年8月，恰与以戴笠负实际责任的国民政府军事委员会调查统计局在武汉成立的同时，日军共动员海陆空军约一百万人，兵分三路，开始了围攻武汉的主力战。国民党虽然也部署了六十余个师的兵力，却不堪打击，到10月25、26日先后放弃汉口、武昌。撤出前，蒋介石交给戴笠一个特别的差事，就是将武昌、汉口、汉阳三地与军事有关的设施，如厂矿、仓库等进行"反资敌破坏"。当时军事委员会下令，该任务由武汉卫戍总司令部指挥，军统局执行。戴笠受命后，即与卫戍总司令部会商，在司令部下设武汉爆破大队，由军统局湖北站站长朱若愚任大队长，抽调工程技术人员和特务以及工兵、宪兵、警卫部队，计划爆破目标三十八处，纵火目标六十七处。为了确保完成任务，戴笠特抽调临澧训练班的一百名毕业生到武汉，其中六十名为学过爆破的专家。行动前，戴笠召集在武汉的军统局骨干开会，宣布自己留在武汉，亲自督导，要求军统局的其他人员密切配合。10月25日晚7时，国民党的军队已全部撤离武汉。日军近在咫尺，爆破纵火开始，到12时，共破坏目标六十九处。

到26日晨，特务们在艾家嘴集合，由蔡甸向宜昌撤退。戴笠的指挥所设在法租界，爆破开始后，所有租界均已封闭，禁止出入。特务们情急之下，找到一辆消防车，伪装成消防人员，冲入法租界，接出戴笠，登上汽艇逃命。

途中又遇三架日军的水上飞机，停在长江中，见到汽艇，立即用机枪扫射。汽艇急忙回返，改沿内河向沔阳进发。途中汽艇又搁浅，换乘小船。27日晚，方抵达沙市，后又到长沙。

武汉"反资敌破坏"拉开了军统局所属特务对日骚扰破坏的序幕。为了实施这一工作，军统局先后成立平汉路爆破总队和各种行动队。戴笠命令其部下"破坏公路与铁路之桥梁，炸毁敌占领之矿场与工厂，袭击敌伪机关，及破坏敌之仓库、机场、车站与码头"。

为了大规模开展敌后破坏工作，戴笠迭下命令，具体指示，组织实施。下面是戴笠关于这方面的几则手令和电文，阅之可窥一斑：

时际今日，对敌后之破坏工作，甚关重要，本局负有此种责任，不容放弃，且本局奉总长之命，办理爆破人员训练班，即系肩负是项任务之指示也。故应根据已成立事实与事前之需要，及本局过去对铁道与公路破坏之成绩，再呈何总长请求照发经费，准予继续行动，并函请贺主任向总长说明委座前批之旨趣，以促其成。（1941年7月27日手令）

查各沦陷地区破坏工作，去年即奉何总长命由本局办理，并由兵工署供给各人用以破坏之器材，而训练亦由各人负责。兹因训练之迟缓，与各铁道各公路线破坏力量之薄弱，与破坏材料之不易运入沦陷地区，及本局设计指导督察之不周，致较少成绩表现，本人受良心与责任之督责，惶愧万分。现除饬忠义救国军加强京沪沪杭苏嘉各铁道，与京沪京杭沪杭各公路破坏外，对湘鄂线应运用方步舟，津浦线应运用谢冰，平汉南段应用岳烛远，速选派豫南籍之人员，于信阳以南、广水以北地区，收编一部分（约一营）武力，专负铁路破坏之责，至广九路则电谢镇南与邹适相商，于石龙附近组织一铁道破坏队（官兵约一连），积极动作。其经费可于何总长前发策动东北工作十五万经费中移用，至其他各铁道各公路沿线有破坏队或行动组之组织者，亦应即作有计划之策动为要。至爆训班之人事，应即予加强，刘总教官个人无法推动也。王东坡同志已来，可即由人事科与谈离息之原因，拟令其负爆

训班之责也。（1941年9月10日手令）

自10月本局上海工作遭受巨大损失后，继以太平洋战事之爆发，公共租界被敌占领，我在沪工作，更受莫大之影响，吾只能于此时支撑工作，成绩卓著，至为感佩！弟对我在沪同志之生活与工作如何维持与推进，至为系念！弟意兄处工作于绝对秘密之原则下，应请设法扩展对敌军之行动，与其对上海之设施，请兄多多探示，在可能范围以内，并请兄作行动之部署，以宏工作之效果，亦即以展兄之怀抱也。特电奉达，敬祝新年进步！弟雷云叩，微亥渝亲。（1941年11月5日电上海嵩岳）

在戴笠的领导督促下，各地军统组织在敌后展开了各种形式的破坏活动。

爆破的一种方式，是在江河和陆地上布雷，打击日军。长江和洞庭湖，本来是中国内河交通的重要水域，但因日海军的优势，反为其利用。为了破坏日军航运，军统局通过中美合作所从美国海军请来水雷专家和技术人员，研究、传授长江、洞庭湖布雷方法，然后实施，破坏日军航运。据良雄《戴笠传》载："中美所各单位所布大型水雷，则数以万计。其所炸毁敌大型船舰，已查实者，在二十四艘以上，小型船舰及车辆等更多。"

在军统局的破坏活动中，有些确实起了一定作用。焦作煤矿和黄河铁桥的爆破就是其一。

日军偷袭珍珠港后，曾一度占有优势。可是，自1942年6月以后，中途岛海战、加达康纳尔战役相继失利，丧失了在太平洋的制空权和制海权。美军以澳大利亚为基地，不断增强机动舰队和陆战队的实力，准备反守为攻，日军通往南洋的海上运输线受到严重威胁。在中国，由于美空军力量增加，加之军统局的各种破坏活动，日军的长江补给线也受到阻碍。于是日军于1943年制定了"虎号作战计划"，准备在1944年1月开始，打通平粤铁路交通线，新辟一条补给线。戴笠获悉这一情报后，即计划炸毁焦作煤矿和黄河铁桥，以阻滞日军的军事行动。

焦作煤矿位于河南省，产量极丰富，是平汉、陇海铁路火车燃料的重要来源，当时为日军占领利用。此爆破由军统局河南站指挥，军统局调中美合作所别动军第五纵队配合平汉铁路爆破总队执行，另商请第一战区挺进十三纵队调四个大队，武陟保安大队协助配合。1944年1月12日夜，由平汉路爆破总队编成的六个爆破组在别动军六个突击队的掩护下，趁风雪天黑之际，扑向煤矿。其余队伍则破坏煤矿附近的铁路、桥梁、电线。焦作煤矿的日伪官兵有两千多人，黑夜里不明真相，盲目出击，终让军统得手，焦作煤矿在一阵轰隆声中被炸毁，生产陷于停顿。

平汉路爆破总队在炸毁焦作煤矿后，立即着手炸黄河铁桥的准备。这架黄河大桥长达两公里，有一百九十个孔，是连通黄河南北铁路的唯一设施。桥的周围有铁丝网两道，电网一道，桥头和沙滩上均设有碉堡，两端各驻有日伪军一个排，防范十分严密。1月21日午夜，平汉路爆破队在别动军的掩护下，强行冲到桥上进行爆破，共炸塌五十个桥孔。爆炸过程中，日伪军闻警而至，出动一千三百多人，向大桥附近围抄，并出动四架飞机配合作战。突围中，军统局有十六人被俘，一人失踪，一人负伤，日伪抢修大桥用了两个多月，直到3月25日方才修复，从而消耗了大量人力物力，延迟了作战时间。

配合平汉路爆破总队的行动，军统局中南区所属组织参与了阻碍日军打通大陆交通线的行动。其主要行动是为美国第十四航空大队和第二战斗机大队提供情报，轰炸日伪军的军用装备，骚扰日军部队，阻碍破坏日军的进攻。但由于国民党军队无能，这些特工组织和游击部队在日军的猛烈进攻面前无异于杯水车薪，终致日军先后攻占郑州、洛阳、衡阳、长沙、柳州、桂林，于1944年12月获得了豫湘桂战役的胜利，打通了大陆交通线。

爆炸中最有意义的是天马号专车被炸出轨，这是由军统局苏州站进行的。

苏州站的站长顾伟，曾任淞沪指挥部谍报大队长，此人反共、抗日都有两下子，后被戴笠任命为苏州站站长。

他到任后，扩大了苏州站组织，下设上海、常熟、苏州三个工作组，一个爆破组和一个行动队，其行动主要目标是京沪铁路，曾先后十七次进行破坏，炸毁火车头十个以上。

汪精卫投敌后，拟在南京与日本签署条约，并发表中日满三国共同宣言。

到了预定签约的这一天，上海的日伪军政要人乘坐天马号专车，到南京去参加签约典礼。为了壮大声势，事先大为宣传。此情报传到重庆，戴笠为了给日伪一个"当头棒喝"，特令苏州站爆破天马号专车。

当时，日伪为了保护京沪铁路，在铁路两侧挖掘深沟，沟外架设电网，沿线修筑碉堡，并派兵日夜巡逻，爆炸行动确非易事。

顾伟接受任务后，多次与爆破组长实地勘查，选择好埋雷的适当地点。预定日期的前一天深夜，他与爆破组人员越过电网和壕沟，悄悄地埋设了两枚电控地雷。

第二天，天马号专车驶到埋雷地点，两名特务适时按动了电钮，地雷准确爆炸。前面的地雷炸翻了车头，阻止后面的车厢跟进；后面的地雷随之爆炸，又掀动车体向前冲击。结果，天马变成了死马，仰翻拥挤在一堆，车上的日本内阁庆贺专使及日伪随员多人被炸得非死即伤。

当时，按动电钮的两个特务埋伏在距爆炸地点三百公尺外的树丛中，听到爆炸声，一时高兴，竟然想去勘察一下爆破效果，刚走出树丛，就被日军打死。

此事传到京沪，中外通讯社争相报道，曾引起很大轰动。

破坏的同时，军统局所属游击武力，也对敌人进行了伏击和进攻。

1938年6月的一天，无锡的广野部队一个中队一百多人下乡扫荡后，乘船回无锡。忠义救国军的阮清源（化名袁亚承）探知后，率数十人埋伏在江阴祝塘的艾家桥附近。

次日上午，折腾了一夜的日军筋疲力竭，东倒西歪地睡在船上。进入伏击圈后，阮清源一声令下，数十人一齐将手榴弹甩到船上。敌人措手不及，尚未来得及还击，船已被炸得天翻地覆，最后只逃走了二十八人。

军统局的湘鄂赣边区行动总队的三个支队也都对日军进行了多次伏击、袭击。

1945年1月18日深夜，日军大型货轮和客货两用轮各一艘，经过富池口江面，被第一支队用水雷炸沉。第一支队鄱阳湖挺进队也曾炸毁敌运输舰五艘，桥梁一座。其他两个支队也都有较大行动。

一些游击部队还在敌占区进行了综合性破坏活动。

1941年，日本发动了太平洋战争，为了打击日军气焰，戴笠决定于1942年春节前后在上海进行一次大规模行动。经过多方探讨，决定在1942年2月14日，农历除夕进行。具体组织实施的又是阮清源。

阮清源的计划分四个方面进行：

一、组织纵火队，由五十人组成，由沪西潜入租界，每人携带两瓶汽油，根据目标分散在各个角落，于晚上9时同时放火；

二、组织爆破队，在真如和南翔之间，炸断京沪铁路，在梅家街和莘庄之间，爆毁沪杭铁路，并命令要多埋炸药，震吓全市；

三、组织惊扰队，以一百人组成，分散上海各处，每人携两枚手榴弹，在同一时间将手榴弹投掷爆炸，使全上海响遍爆炸声，造成全市骚动，无法控制；

四、组织袭击队，以勇敢善战队员，组成一支队伍，袭击在沪西的一个日军炮兵大队。

这次综合行动计划周详严密，到了除夕晚上9时，各处一同发动，一时之间，爆炸声不绝于耳，全市各处一同起火，铁路被炸，炮兵队的骡马被袭击后四处奔跑，消防车全部出动，却不知先救哪里的火为好，造成上海日军的全面混乱。

据军统局统计，整个抗日战争时期，军统局所属单位对日伪方面，共突击五百九十五次，破坏二千二百一十九次，击毙敌伪人员一万八千四百四十人，击伤五千五百余人，俘虏五百六十余人；炸毁火车机车四百九十余辆，车厢一千六百余节，汽车五百余辆；破坏飞机七十一架，仓库船舶四百余次；爆破铁道公路桥梁二百五十余座；破坏路轨二千八百余米。

正是因为戴笠在抗战中的特殊表现，才使蒋介石在戴死后敢于冒天下之大不韪，公开进行褒扬、隆重祭奠和举行葬礼。

罗斯福想见戴笠

1943年11月，罗斯福、丘吉尔、蒋介石在开罗召开会议，决定对德、

1943年蒋介石与罗斯福、丘吉尔、宋美龄于开罗会议期间合影

日的作战计划,这是众所周知的事。但开罗会议期间还有一件事,却鲜为人知。

罗斯福曾对蒋介石说:他想见见戴笠。

罗斯福为什么想见戴笠?难道是因为戴笠是蒋介石的忠实学生、得力臂膀吗?显然不是。

罗斯福想见戴笠,是因为戴笠的情报曾给美军带来了极为重要的战略价值。换句话说,是因为戴笠的对日间谍战搞得十分出色,特别是情报战,曾使美军在诸多战役中尝到了甜头。

美国人历来视国民党为一个无能的、低效的象征。但在这个无能、低效的集合中,戴笠领导的军统局却的确是一个高效的机构。这一点又与戴笠本人的辛勤努力分不开。戴笠曾经手令部下:每天早7时至夜2时为他的工作时间,如遇紧急情况,则随时可以报告。

在对日间谍战上,戴笠也自有一套办法。

早在1937年,抗战一爆发,戴笠就开始对日进行了间谍和反间谍工作。

1937年9月中旬,特务处上海办事处上校处长文强经人介绍,与两个上海大学毕业的学生程克祥和彭寿见了面,经过交谈,二人提出要成立个文友社作为掩护机构,以便在英法租界和日本海军俱乐部等地从事对日工作。文友社以程为社长，彭为经理，设男女记者五个人，并请特务处一次发给法币一万元，租用一幢三层楼房，购置小轿车一部，配司机一人。

文强向戴笠汇报后，戴笠即命连夜拟妥文件，上报备案，批下一万元，限三日内将文友社这座反间谍巢穴布置起来。文强即请黄埔六期毕业的特务人员王某作为门卫兼收发，并选了两个年轻貌美，经过特务训练的女特务通过考试，进入文友社任记者。这两个女特务以新闻记者的身份混入同文书院和日本海军俱乐部，搜集到不少情报资料。特别是日谍的行踪及其在租界和上海近郊的联络点和关系人，也大致有了眉目，而日谍还蒙在鼓里，对她们从未怀疑。

一次通过这两个女记者的引诱，将同文书院一个叫福田信一的教授绑架过来，他是以教授职业作掩护的日谍。通过租界时，因为行动的特务没有看住他，他竟大声呼救起来，这个特务当时慌了手脚。两个女特务急中生智对跑过来的安南巡捕说：家兄有精神病，做姐妹的要护送他入精神病院去检查病状。安南巡捕毫不怀疑地走了，就这样把这个日本间谍绑到了南市警察局。

淞沪抗战打到9月底10月，处于紧张的胶着状态。当时，国民政府幻想请九国公约国出面调解、干涉、解决争端，德国大使陶德曼也出面斡旋。中日双方都想了解对方的企图，以便有所策动，于是展开了一场奇妙的间谍战。

一天早晨，文强突然接到戴笠的电话，命令他马上去福履理路，文强乘车前往，离大门远远地将车停下。一进大门，戴笠穿着睡衣在廊下等着，要与文强共进早餐，并递给他一份电报："华北日本特务机关长松室孝良的助手南本实隆少将潜来上海，请注意。"进屋坐下后，戴笠对文强交待了任务，说南本实隆是一条毒蛇，多次想消灭他都没得手，这次决不能让他滑过。说完，掏出一支准备好的马牌三号左轮枪，三十发子弹和五百元特别费推给文强，并让他自己挑选助手。

四天之后，戴笠又将文强叫去，说南本实隆已经与别动队总部参谋长杨振华联络，命令文强化装成军事委员会少将高级参谋李文范，晚8时到静安寺路一百弄十号与日谍会面，骗取他们的信任，同时布置侦察队了解会面地点，拍照每个出入人员。文强受令前往，当晚开始与南本等人会谈，南本当即赠一捆中央银行的钞票为见面礼。文强带着这一捆东西回到善钟路苏浙行动委员会办公大楼，向戴笠汇报。戴笠听了报告，当即指着他鼻子叫道："念观兄，你怎么把毒蛇的赠礼不加考虑就带回来了？如果一声爆炸，玉石俱焚，那还了得吗……"他越说越气，连声音也喊哑了。这时苏浙行动委员会技术室主任余乐醒急忙走过来，将钞票捆拿到水池旁检查，其他人都卧倒后，用导线进行引爆试验，结果寂然无声，又用砖头砸打，也不见异状。剪开一看，是一万元法币，方才放下心来，讨论第二次会面的问题。

两天以后，文强坐着一辆汽车，窗内悬着红球在外白渡桥等待，一辆同样悬着红球的汽车迎面开来，文强只身上了这辆车，飞速驶入海军俱乐部。这次会面，南本提出了四个问题：中国统帅部的决心如何？对日作战兵力配备如何？九国公约之制裁倡议是否出自宋子文？对陶德曼斡旋的看法如何？文强汇报戴笠后，由助手将这四个问题写出来，与南本等人讨价还价。南本又提出要暗杀宋子文。双方继续周旋几次后，戴笠决定干掉南本。

第八次会谈前，赵理君带领行动人员事先进入会谈地点的阁楼，在厕所里拉了一条电线，通到阁楼的铃上，约定文强在厕所拉铃为号，开始行动。一切布置就绪。但过了约定的上午9时对方还没有来，戴笠连连打电话询问，巡逻哨说前几次见面时拍过照片的人一个都不见出现，显然是脱钩了。到了下午6时，戴笠终于下令撤退，这件反间谍工作以骗得四十六万元法币为结果而告终。

在整个抗战期间，国民党特务组织与日伪方面的勾勾搭搭、尔虞我诈、互相利用的事不胜枚举，但间谍战主要的还是体现在情报的刺探和行动的破坏上。

1941年秋的一天，重庆漱庐军统局本部戴笠办公室的电话铃突然响了起来，戴笠放下厚厚的文本，拿起话筒。"戴雨农吗？"一听到这尖尖的男高音，戴笠马上站起，"啪"的一个立正："报告校长，是学生戴笠。""厦门的电台通不通？""报告校长，通的。"戴笠不假思索、随口答道。"厦门港内有无日本兵舰，立刻查报。""是，校长。"戴笠放下话筒，立即拟就电文，交译电科译成密码，由军统局总台发往厦门站。不料，译电员匆匆向戴笠报告，说厦门电台已数日不通，电报发不出去。戴笠闻报大惊，这不仅是完不成委座交给的任务的问题，而且事情传出，不落个欺骗领袖的罪名，也得戴个工作不力、失职的帽子。他带着一身冷汗，立即找到电讯处处长魏大铭，命他查明原因，尽快通报。这时已是中午12时。魏大铭受命后，午饭也顾不上吃，立刻赶到总台，亲自呼叫，结果一叫就通了。原来是讯号太微弱，业务不精通的人察觉不出来。魏大铭当即用密码将命令下达。不到一个小时，收到回电，说港内只有一艘日本兵舰，昨天才进港的。魏大铭急携此电回报戴笠。坐卧不安的戴笠喜出望外，当即报告蒋介石。后来戴笠在一次总理纪念周上做报告时说，他早已准备好手枪，如果通不了，就一枪打死魏大铭，然后自杀向蒋介石谢罪。戴笠就是常用这种方法，恐吓特务们必须诚信不二，严守纪律的，至于如果真的不通，他是否真的自杀，只有他自己才知道了。不过，这个事例从一个侧面说明了特务组织对情报工作的重视。

整个特务工作最初就是以情报搜集而发轫，到了抗战期间，则成为对日间谍战的重要内容。戴笠在致鲍志鸿电中说："本局职司军事情报之搜集，故对情报布置，与现有工作之指导督饬，至关重要。"他的要求则是："吾人之情报布置，必须做到在任何情况之下，均能使情报不间断，是为至要。"

特务工作按照总的大类分，实际上主要是行动和情报，在对日间谍战期间，军统局的行动时而以刺杀为主，时而以破坏、狙击为主，而情报工作都一直贯穿于始终，可说未有丝毫懈怠过。

太平洋战争后期，日本与美国打了几次海战，损失惨重。一次受巨创后，把剩余的舰队隐藏起来，准备休整后做最后的挣扎，美国的海、空军几次侦察，准备消灭，可就是找不到地方。后来，还是军统局的间谍得到准确情报，才得以认准。

原来，上海区有个姓叶的女特务，正当妙龄，美貌妖娆，早就打入到日本特务机关，担任翻译工作。她利用美色，勾引了日本特务机关长崛内干城，常常与其出入舞厅、酒吧，深为其信任。一天，她陪崛内等几个日本军官喝酒，秀色美酒，使这几个久鳏的鬼子酩酊大醉。正在吆五喝六之间，东京给崛内发来一封亲译密电。崛内烂醉之中，告诉叶小姐帮助他翻译，并说了放密码本的地方。这份电报提到了日本残余舰队在日本与琉球之间。叶小姐知道这个消息后，趁隙向军统局上海区报告，重庆军统局接到电文后，即通知美军。美国空军飞临这个海域上空，盘旋一圈，未发现舰队，却发现了一个地图上没有的"小岛"。美国轰炸机把"小岛"夷为平地。原来，这个小岛即是由日本舰队伪装的假岛。同时，还根据台湾和澎湖列岛潜伏特务的报告，美军袭击了琉球、澎湖的日军基地。这一阵狂轰滥炸，一举击沉日方大小船舰八十三艘，飞机二百余架，使其一蹶不振。"由于情报准确，罗斯福曾专函致谢。"

当时，军统局为了获得情报，在国内的沦陷区和越南、泰国、缅甸、菲律宾、新加坡、印度等国家的几个不同地点都设有潜伏特务，而且都配有电台。而电台侦收的范围，更连日本的本土都在其内，从而获得了大量的情报。据良雄《戴笠传》讲，"供给美国潜艇司令部之一百五十余件情报，即曾使他们顺利地击沉敌人大型军舰二十艘，约共二十万吨。所击沉小型军舰及货运船只，又数倍于此"。如1944年8月，根据军统局的情报，美军奇袭日军塞布基地，一举击毁敌机七十架，兵舰十一艘，从而保证了顺利进占菲律宾。同年10月，日本侵略者集中一部分海空军，企图固守雷伊泰岛，待机夹攻美军。其中之一路，在穿过海峡时，被中美合作所桂林站侦悉，通知美军。美军据此发动突然袭击，遂将日军主力击溃，整个舰队除一艘巡洋舰负伤逃脱外，共击沉航空母舰四艘，其余战舰两艘，驱逐舰四艘。抗战结束后，美国海军站说："中美所在中国沿海岸地区之侦察人员，于美潜艇对日本航运之攻击，亦多贡献。他们经常将日本船只的行动，探查确实，迅速报告合作总部，美潜艇即根据此项情报，能按时出击，在预知地点将敌航行船只击沉。"这就难怪罗斯福要注意戴笠了。

此外，军统局的敌后潜伏组织对沦陷区的一切政治、经济、社会动态等也密切注视，及时报告。这些情报究竟有多少，就目前资料尚无法统计，但从军统局1942年情报表看，这一年军统局的公开、秘密单位共搜集有关"敌情"、"敌伪"情报计一万三千五百五十五份，占当年十二种情报总数的百分之二十点八，而在其他如军事、社情、经济等种类的情报中，还存在着一些有关日伪方面的情报。据良雄《戴笠传》载，1942年，军统局的情报份数还是"略有减少"的一年，而在1938年和1945年，其情报份数分别达到八万四千零八十七份和十五万二千八百三十九份。可见其对日伪情报工作的规模是相当庞大的了。

在军统局开展对日间谍战，从事暗杀、破坏、搜集情报的同时，日伪方面特别是日伪的特工系统亦对国民党的特工组织进行了积极的反击活动。这既可视为军统局对日间谍战所引起的反应，也是双方间谍战的主要内容之一。而由于特务组织的特殊形式和特务人员的素质——大多没有坚定的民族思想和国家利益观念，因而大批特务在被俘后投靠日伪，并供出所知道的特务组织，因而往往是一人被抓，整个组织即告覆灭；一地组织被破获，连带几地组织倾覆。看一下华北地区军统组织的情况，就可窥斑知豹。

华北是军统特务组织早期开始经营的地区之一，其组织规模较大，结构完整。抗战爆发后，从事了大量的反日活动。1939年，原军统局华北区区长、时任上海区区长的王天木在上海投靠汪伪七十六号特工总部，将华北的特务组织出卖，导致华北军统组织的大溃灭。先是天津站站长以下人员全部被捕。继而，由天津波及北平，又由北平波及下去，张家口、归绥、大同等地的组织先后落入日伪之手。大批人员被捕，有的投降，有的坐牢，有的被杀，军统在华北的组织丧失殆尽。

1940年初，军统局重新布置恢复天津的组织，派倪中立任天津站站长。倪到天津不久，又遭日本特务机关破获，将倪杀害。以后又有设立，但也很快败露。

面对此种情况，军统局为了确保潜伏人员的安全，以保证情报工作不致中断，决定设立单独活动的电台单位，情报与通讯兼做，与其他单位不发生横的联系，以加强保密性能。自1941年后到1945年，军统局在日伪统治区建立这种独立潜伏台数十个，大多维持到日本投降，不时地提供一些有关的情报。

军统局上海区也是几经破坏，几次重建的，并因此牵连到南京、青岛等地的特务组织。

1939年7月，军统老牌杀手王鲁翘奉戴笠之命来到上海，突然接到上海区区长王天木的邀请，约他到寓所密谈，在赴约途中，被五个日本便衣拦劫，企图将其强行绑架出法租界，王鲁翘拼命反抗，被法捕房带去。当时日军尚未进入租界，所以当日方提出引渡时，被法捕房拒绝。

原来，王天木等人投日伪后，已将上海区的全部组织、人员名单、住址等提供给日本宪兵队和七十六号特工总部，因而导致一连串的打击落在上海区和其他几个地方的特务组织头上。到1944年以后，眼见日伪大势已去，大汉奸陈公博、周佛海为给自己留条后路，曾掩护过这些特务组织。

1944年7月9日，沪二区的电台出了毛病。这天，区长陈祖康与几个特务正在对外联络地点浙东学会打麻将，两个日本宪兵押着沪二区的余会计来了。日本宪兵问余认不认识在场的几个人。

"不认识。"余会计说。

"你说电台架设在这里，怎么说不认识这里的人，根本说谎。"宪兵狠狠地扇了余两个耳光，但也只好悻悻地走了。原来沪二区的电台被破坏，多人被捕，余会计到这里来就是要让他们知道这里出事了。

这几个人在宪兵走后，急忙商讨营救办法，想来想去，只好请陈公博帮忙。经过联系，第二天，陈祖康去见陈公博："陈先生，昨天晚上我托徐先生转告的事情，想已知悉。我们的立场虽然不同，但我们都是中国人……""我明白，"陈公博说，"这件事情，我负责办理……"

第二天中午，陈公博邀请上海市特务处处长五岛及日本宪兵队特高课长官长光吃饭，对他们说："我前次到日本，贵国阿部首相坚请我设法打通重庆路线，我费了很大力气，现在刚刚有点头绪，你们就来破坏，是何道理？""请问市长，究竟是怎么回事？"五岛和长光莫名其妙，只好问道。"我单位电台被你们破坏了。"陈公博马上将情况说了一遍。"因为事先没有联系，不知是阁下的单位，请原谅。"五岛、长光连忙道歉。

"我和贵国首相联络，请立刻将电台送还，释放被捕人员。"五岛、长光唯唯而退。人机放还以后，陈祖康又与五岛、长光勾结在一起，互相利用。

戴笠对沦陷区的军统组织采取的是随败随建的办法，一个地方的组织被破获后，马上调派新的特务重新组建。加之一些已经叛投日伪的特务虽然为七十六号效力，但暗中又多与重庆方面沟通，因而，军统局在敌后的情报基本没有间断过。这也是蒋介石对戴笠特别器重的原因之一。而中统局就不行了，往往是一破即垮，无力再建，因此其情报大受影响。所以，徐恩曾虽与戴笠几乎同时开始为蒋介石搞情报，中统局、军统局同时组建，二人同时成为负实际责任的副局长，但结果却大不相同：徐恩曾被蒋介石手令免去本兼各职，永不录用，以后也确实没有再用；而戴笠却大权频增，实力暴涨，甚至被蒋介石泽被后代子孙。

一个在宦海中淹没，一个在宦海中升腾，其主要原因在于对蒋介石的作用不同——徐恩曾想当官，于是把本业搁置一边，一味地钻营交结；戴笠却是对蒋介石忠贞不渝，拼死效力。

这一切，又都是在抗战中开始，也是在抗战中结束的。

十二　"奇妙"的运用

蒋介石、戴笠、周佛海

周佛海的一生太复杂了：他早年参加中国共产党，曾出席中国共产党第一次全国代表大会；后脱离中国共产党，投靠国民党；1938年，随汪精卫投敌，成为汪伪政权的核心人物。1948年2月，病死狱中。

周佛海与蒋介石有扯不清的关系。

当汉奸前，他与蒋介石有直接关系，投靠国民党后，深得蒋介石赏识，曾任南京政府中央陆军军官学校政治部主任、国民党中央宣传部长、蒋介石侍从室副主任等要职。投敌叛国后，仍与蒋介石有不解情缘。

周佛海

汪伪政权的核心人物是汪精卫、陈公博、周佛海。蒋介石对汪伪政权人物恨之入骨——多次谋杀汪精卫，陈公博被判死刑，许多一等人物也被判处死刑，如阮柏生、鲍文桂等，独对周佛海网开一面。1946年11月，周佛海被南京政府江苏高等法院以汉奸罪判处死刑，蒋介石亲笔写信给司法院院长和司法行政部部长，指出："该犯似可免于一死。"并以国民政府主席名义下令"准将该犯周佛海原判之死刑，减为无期徒刑"。

当汉奸后，周佛海与蒋介石的关系是通过戴笠建立、运用的。有人说：如果戴笠不因空难早死，周佛海也不会病死狱中。

这话自然无从证明，但周佛海改判无期后，其老婆因周病沉，确曾托人找到毛人凤，送上数十根金条，想让周佛海保外就医，但未能如愿。毛人凤之所以未敢接受礼物,乃因顾虑郑介民。如果戴笠在世,确实是不会有此顾虑的。当然,戴笠是否有使周保外就医的胆子,却又要看蒋介石的脸色行事了。

戴笠与周佛海本无特殊关系,其密切联系是周追随汪投日后,遵蒋之命建立的。说起此事,还要从唐生明说起。

1940年春,时任湖南常桃警备司令兼湖南省第二行政督察专员与保安司令的唐生明突然接到戴笠的电报,意谓"闻兄有倦勤之意,望先将家务安顿妥当后,即行来渝,因有要事急待当面商议……"

唐生明到渝后,戴笠即将其接到曾家岩戴公馆。

"有一个很重要、很重要的特殊任务,校长同我讲过好几次,只有你能够担任。我所在上海和南京的组织绝大部分被敌人破坏了,那个地方的工作,校长认为比任何地方都重要,但不容易找到一个很适当的人。后来还是校长提出了你,认为你最适宜……校长说你很能干……他很了解你,对你一直很重视。"安顿下来后,戴笠很快非常严肃地提出了这个问题,并对唐生明提出的一切要求都满口答应。

唐生明答应后,戴笠即带唐生明去见蒋介石。见面后,蒋介石稍微寒暄夸奖,就说:"戴笠报告我,你很好,很能干,我现在决定要你去上海。这个任务只有你最适合。"

第三天,蒋介石又邀唐生明、戴笠与蒋夫妇共同吃饭,给他一万元特别费和一张蒋中正、宋美龄签字的照片,命他一切与戴笠联系。

经过蒋介石的亲自"召见"、"垂询"、"训示"后,唐生明在戴笠的具体安排下,终于踏上了经香港转赴上海的飞机。

蒋介石、戴笠给唐生明任务有三项:一是设法掩护在上海、南京的军统特务,已被逮捕的设法营救;二是相机转达蒋介石对汉奸会"宽大",必要时进行联络;三是与日伪共同反共。

唐生明到上海、南京后,很快与汪伪政府的要人们交往起来,并被任命为汪伪政府军事委员会委员,清乡委员会委员兼军事处处长。

唐生明在与周佛海的交往中,知道周母马氏、周妻、岳父等都在湖南原籍,即通过秘密电台报告了戴笠。戴笠立即派人将其母亲和岳父接到贵州息烽软禁起来，以控制周佛海。据说，周佛海奉母至孝，听到母亲被软禁后，十分难过，在接受记者采访时，却故意表示："我相信这不是重庆当局直接干的，一定是地方无知者所为，相信不久可脱险。"戴笠听到这些反应后，即用其母亲的口气，给周佛海写了封信，说自己已由政府招待在四川，盼望周佛海早早归来，以慰余年。信后还写了四句诗："忠奸不两立，生死莫相违；知否渝中母？倚闾望子归。"通过香港军统局办事处转上海第二情报站，又由情报站想法送到湖南路周佛海公馆。信封上写明周佛海亲启。信里另附一纸，约定三天内，如有回信，可送交指定地点，转往重庆。但这封信送去之后，当时未见周佛海回音。

直到1943年3月，有一个名叫程克祥的，来到重庆枣子岚垭漱庐军统局对外联络机关，说是南京来的，有重要公事报告，经过考察，拿出从日记本上撕下来的一页纸，是周佛海通过戴笠转报蒋介石的一封信，表示他悔悟前非，愿立功赎罪，听候驱策。

"九·一八"事变后，程克祥曾受国民党元老于右任派遣，到伪满洲国的新京——长春搜集情报，后加入军统局，留在南京区为情报员。因其与一些日本人相熟，打入汪伪政权内部，曾任点编委员会总务处长，从而了解到不少情报。后来，因南京区区长钱新民被捕牵连，被七十六号逮捕。其时正值周佛海收到其母亲的信，想与军统局建立联系，而又不得其便的时候，听说逮捕了军统人员，即以有关重要案情，需亲自审问的名义，将其要来，优礼相待，程克祥反而不得要领。

原来，随着战争形势的变化，周佛海越来越认识到，中国的抗战必将胜利，日伪的统治必然灭亡。他在1942年末的日记中写道："两年前今日，离开重庆，回首前尘，恍如隔世。两年来不仅国家情势，个人身世，发生无限变化，即世界情形与两年前亦有巨大变动。今后如何发展，非人力所能预知，瞻观察日本疲惫不堪情形又似重庆见解为正当，而吾人为错误矣。""返寓后客少人稀，因得冷静考虑，深觉在汉在渝时，对日本之观察甚为错误，今事实表现，在足以证明抗战派之理论正确。"由于此认识，周佛海便急于同蒋介石挂上钩，以留后路。而这一过程，又是通过戴笠的部下程克祥来进行的。于是，程克祥由阶下囚变成了座上客。

1943年2月一个星期六的下午,程克祥在周佛海的内弟杨惺华的陪同下,来到周公馆。"周先生,我想回重庆去,你看怎么样?"一见面,程克祥就试探着问。"你准备何时动身?先叫惺华给你办好通行证。"周佛海爽快地说。"谢谢周先生,这次回重庆后,我一定把周先生的好意,详细报告戴先生。"

"你盼咐下去,3点钟以前我不见客。"周对杨说。然后,对程克祥说:"我和雨农是好朋友,请你代表我向雨农兄说,我很感激他对我老母和岳父的照顾与保护。今后如果有需要我的地方,只要我力所能及,一定尽力而为。"并托他将给蒋介石的信,带给戴笠转报。在周佛海与军统局的安排下,程克祥辗转来到重庆。

程克祥到达重庆后三天,戴笠在报告蒋介石后,通知军统局有关人员,招待程克祥参加"四·一"大会。军统局的前身——复兴社特务处建立于1932年4月1日,每年的这一天,军统局都要举行庆祝活动,称"四·一"大会。并让优待周佛海的母亲,以备程克祥去探望。后来,程果然去探望周母,回来说:"周母生活很好,天天吃白木耳呢。"

这以后的一天,戴笠在曾家岩自己的家里请程克祥吃饭。席间,戴笠对程克祥说:"只要周佛海能立功赎罪,领袖对他是可以宽大的。现在你仍回南京去,担任南京区区长,我这里派文书、译电、报务员各一人,随带报机密码,跟你同去,先在南京建立电台,与重庆通报,然后将周佛海的情况,随时报告。"并对策反和其他等工作,进行了具体指示。程克祥回到南京后,由周佛海帮助,在上海开了一家钟表店作掩护,设立了电台,也就建立了周佛海与军统局的直接联系。后来,军统局利用与周佛海的关系,在汪伪政权内部又安插了不少特务,成为日本投降后,军统局操纵周佛海控制上海的"桥梁"和"传令兵"。抗战后期,为了加强对汉奸、伪军的联络工作,军统局特设一个策反委员会来专门指导这项工作。

戴笠为了拉拢周佛海,也确实做了不少工作。1944年,周的母亲在息烽有病,戴笠闻讯后,立即派人把她送到贵阳中央医院医治,后来,周母病死，戴笠亲自充当孝子执绋。事后，戴笠把周母死后的照片寄给周佛海，其中一张便是戴笠代周当孝子跪在灵前的照片。周佛海看后，自然很感动，更加死心塌地地为蒋介石效命。他经常将日伪方面的重要政治、经济、军事情报通过军统局的电台报告重庆。由于他的特殊地位，确有很多颇有价值的情报。如日寇在东京召开的"大东亚六国会议"情况，伪满洲国的政治、经济情况，日军进攻贵阳的兵力时间等，都由周佛海报告戴笠，再由戴笠报告蒋介石。

据良雄《戴笠传》记载，戴笠曾准备运用控制的伪军分别控制长江及津浦等路交通，并请美国十四航空队支援，截断敌人运输线，另以忠义救国军、别动军为主力，配合伪军占领京沪、粤汉各路切断敌人退路，以各地行动队分途扰敌，以策应国民党军队反攻。为达此目的，戴笠特命周佛海储备械弹于指定地点，以备必要时供给前线部队。后计划尚未实施，日本就投降了。这时，自然又要用到周佛海。

1945年8月12日，上海一座豪华的公馆里，周佛海正在与几个心腹密议，研究如何执行戴笠的命令。原来他刚刚接到军统局以重庆军事委员会名义发来的电报，派周佛海维持上海秩序。阅电后，周佛海一则以喜，一则以愁。喜者，日本投降，重庆终于给了他名义，可名正言顺地为重庆效力，这可以说是蒋介石给周佛海指了一条生路；愁者，电报中是"派周佛海为上海市行动总队总队长"，以这个头衔是很难命令上海的各种日伪武装和各种力量的。后来军统在上海的头目们经过商议，乃"将错就错接受这个名义，把它扩大为上海市行动总指挥部"并立即打电报给军统局请示。第二天军统局的回电来了，内容是：一、上海市行动总指挥部已报请军委会备案；二、上海市水陆军警应统属上海市行动总指挥部指挥。周佛海接此电后，于14日晚到上海市无线电广播电台广播，宣布成立上海市行动总指挥部，维持上海市临时治安，并宣布委派罗君强、熊剑东、刘明夏为副总指挥，程克祥为秘书长，彭寿副之，徐肇明为参谋长，杜伯威副之。继之，在上海市张贴布告，声称"奉军事委员会电令，负责维护上海临时治安，严禁聚众集会游行和散发传单……"后来，周佛海又让内弟杨惺华组织了一个上海市行动总指挥部特务大队，开到南京去维持社会治安。

戴笠及军统局视南京、上海、杭州为其首先必抢占之目标，故在请准蒋介石利用日伪力量控制京、沪、杭局势的同时，命令早在东南沿海活动的别动军、忠义救国军向这三个地区挺进。其部署是：淞沪指挥部的部队警戒上海近郊和浦东，防止新四军、游击队向上海郊区渗入。第一纵队、第二纵队向杭州推进。成立京沪行动总队负责京沪铁路交通维护，沪杭行动总队负责沪杭铁路交通。美军特务头子梅乐斯则下令给中美所的美方人员"应遵守中国单位指挥官的命令……尽速将所有武器和弹药运交忠救军，继续予以后勤支援"。

8月15日，忠义救国军淞沪指挥官阮清源奉戴笠电令赶到上海，找到周佛海，领得十亿元的伪储备票，作为该部队的开支。8月16日，阮清源部领到周佛海发给的大批"卫"字臂章，作为维持上海社会治安的标志，开进市内。继而，郭履洲部等军统控制的武装也相继开进上海，与周佛海等人每天花天酒地，称兄道弟，共同控制上海局势。周佛海为了赎罪，投靠蒋介石、戴笠，也像当年背蒋投日一样，毫不保留，当国民党军队和接收人员抵沪后，先后把所属伪税警团、伪上海市保安部、伪十二军之十二个团等部队、伪储备银行所有之储备黄金五十多万两、白银七百六十三万多两、银币三十三万元、美金五百五十万元、日币九百二十三万元、日本公债二十亿元及其他股票不动产等，皆交由国民党方面接收。这也为后来蒋赦周一死创造了条件。

9月初，戴笠、梅乐斯及中美合作所参谋长李崇诗先后带领人马到达上海，布置接收事宜。稍停，将其所利用的汉奸该撤的撤，该抓的抓，一些与军统关系密切的则被任命为各种官衔，摇身一变，成为军统地下斗争的"功臣"。周佛海则被戴笠派人接到重庆，优待在磁器口缫丝厂军统办事处，在设有沙发、弹簧床、卫生设备的房间里过起了高雅的"客居"生活。戴笠死后，无人再保，在舆论的强烈呼吁下，蒋介石不得不把周佛海提交江苏高等法院。这才有了周佛海被判死刑，蒋介石亲自写信讲情、减刑之事。改判无期徒刑后，周被关在南京老虎桥监狱，仍然享受优待，住单间牢房，铁架床铺，自备伙食。

策反乎？勾结乎？

蒋介石对于投日的汉奸，一方面十分痛恨——因为他们从自己的麾下跑到日本人一边，削弱了自身的力量；另一方面又总想利用他们——一是利用他们共同打击中国共产党及人民军队，二是利用他们提供日伪方面的情报，三是利用他们在抗战后为自己争地盘。

但是，痛恨简单，可以公开通缉，可以派员暗杀，可以在抗战胜利后算总账；但利用就复杂了——既要与他们建立联系，又不能让世人知道。这是非常微妙的。

于是，利用只好是秘密的，间接的，自己不直接地出面。

于是，戴笠就又多了一个任务，就是掌握运用汉奸、伪军，美其名曰：策反。军统局的策反委员会就是为这一目的而设立的。

但实际上，一方面是策反——通过拉拢、控制汉奸，使他们提供各方面情报，有利于打击日伪，树立蒋介石的抗战形象；另一方面是勾结——勾结起来共同反共、打击人民抗日力量。

戴笠最早的策反是从抗战爆发就开始的。

卢沟桥事件爆发，戴笠即令部下策动伪军反正。当时，殷汝耕成立了伪冀东自治政府，下面组织了保安队。特务处华北组织即开始策动这些保安队反正。冀东保安队一、二纵队的队长分别是张庆余、张砚田，戴笠特命部下王抚洲陪二张之老长官去天津与张庆余见面，又由部下吴安之联系，策动伪保安队一万四千人听蒋介石命令。二张在吴安之介绍下，曾派代表到南京见过郑介民。7月23日，戴笠电令张等相机行动。29日，张部在河北通县反正，炸毁日军火药库，杀死日籍官兵二百余人。

以后，又曾策动"皇协第一军"的一部，击毙军长李福和，拉出军队反正，由戴笠请准蒋介石，将其反正部队编为河北游击总队。

但这时，蒋介石还是致力抗战之时，因此，策反伪军也是为了打击日伪。以后则不然了。随着战事的进展，蒋介石一方面看到抗战必将胜利，因而誓与日军战争到底；另一方面他看到中国共产党领导的人民武装力量迅速壮大，戒惧渐增，于是，乃大幅度与伪军勾结，以备将来与共产党斗争之用。

1943年，戴笠奉蒋介石之命，在军统局专门设立策反委员会。"依据军委会所颁之各项策伪法令，分饬驻敌后及接近陷区之工作单位，专设策反机构，配合当前战略需要，妥密进行，分别布置。迄年底，经策动成熟，待机来归之伪军部队有三十七起，达四十二万六千二百七十二人。"到1944年底，"已达七十三起，官兵五十六万一千零三十人，枪四十一万九千二百四十六枝"。

抗战中后期，日军败象日露，伪政权的高官显爵们为给自己留条后路，纷纷挖门打洞，与重庆建立联系。戴笠奉蒋介石之命，大显身手，与许多日伪要员进行勾结。除前述周佛海外，尚有陈公博等多人。

陈公博是汪伪政权的二号人物，军统局曾派了一个韩某某到陈公博身边进行联系。其用意是到必要时，由陈公博出面，实现蒋汪政权的统一。汪精卫死后，陈公博代理伪南京国民政府主席，曾想与蒋介石共同宣布重庆与南京的统一，拟派韩某某到重庆请示。但这时日伪统治已摇摇欲坠，蒋介石自然不愿落个通伪之嫌，于是拒绝，只是叫韩告陈，暂时维持现状，准备协助接收。陈公博自然懂得蒋介石的弦外之音，知道这一招失败，蒋介石一定不会放过他，因此在日本投降后，匆匆逃往日本，想逃一活命。这一消息为戴笠手下侦悉，报告蒋介石，由何应钦出面，将陈公博押解回中国。

像伪海军部长任援道、伪社会部部长丁默邨、伪考试院副院长缪斌、伪浙江省省长等，都有戴笠的部下与他们联

陈公博（1892—1946），原籍广东南海人；早年在北京大学哲学系学习；中共"一大"代表；曾赴美留学，回国后代理广东大学校长、国民党二届中央委员及常务委员、实业部长、军事委员会第五部部长；汪伪政权时期出任立法院院长、军事委员会副委员长、政治部训练部部长等职

系,其目的是既分化日伪,又可合作共同对付新四军。

当时,蒋介石派往江南打游击的"苏鲁皖游击副总指挥"李长江,他的部队经常和新四军一道对日伪作战。蒋介石指示在缪斌身边的军统特务,让缪斌代表汪伪政府与李谈判,这边则指示李让其投汪。于是,李长江通过缪斌的联系,接受了汪精卫第一集团军总司令的头衔,并马上进攻与其部配合作战的新四军。蒋介石的这一招特别毒辣——新四军对李部防不胜防,损失不小。而李长江又是投汪后进攻新四军的,所以,蒋介石又把攻打新四军的责任,一起推到汪伪身上,而不负破坏统一战线的责任。

抗战结束后,缪斌自以为有了这一项功劳,绝不会有事,于是常常夸耀。不料,蒋介石最怕的就是别人说他与日伪勾结,因此,指示戴笠,一到上海,马上将其逮捕,并第一个把他公开枪决。

对汉奸、伪军的策反,可以说是蒋介石的一个政治策略,用良雄《戴笠传》的话来讲,其"积极目标,是准备反攻时,策应我军作战,协力打击敌人。或运用其力量,达成某项重要任务。(对个别伪组织人员)消极目标,是保持联络,使不为敌人所利用,不为有害抗战的事。同时运

汪伪政权时期出任军事委员会常务委员、军事参议院副院长、海军部部长的任援道

丁默邨(1903—1947),湖南常德人;中共党员;脱党后,曾任国民党军事委员会少将参议、调查统计局第三处处长等职;汪伪政权时期出任76号特工总部主任、交通部部长、社会福利部部长、浙江省省长、省党部主任委员、驻杭绥靖主任兼保安司令等职;抗战胜利后,出任国民党军务会浙江地区军务委员,以所辖二十五个团的兵力接受国民政府改编;1947年7月5日以汉奸罪被处决于南京老虎桥监狱

用其关系,掩护敌后工作"。良雄没有公开说出口的就是最重要的一个目的:与中共斗争。

但是,进行策反也有很多困难,良雄分析说,这些困难首先就是无法证明自己的身份,在敌后工作,是不可以携带政府公文书的。其次,几乎所有伪组织人员,都希望取得官文书,以为凭证,他们顾虑策反人员不可信赖,亦顾虑政府背信,而政府是从不作任何书面承诺的。最后,是伪军希望能给予名义,在某种情况下,准其反正。但当时的主管机关——军政部,是绝对不同意给予任何名义的,亦绝对不接受伪军反正。甚至有时因特殊情形,已经呈准军委会,命令某军事机关,核给名义,亦未必遵照办理。

汪伪政权时期出任立法院副院长、考试院副院长、军事委员会委员的缪斌

但是,戴笠的策反工作,确实很有成效,这是因为伪组织人员"都知道只有蒋公可以左右他们命运,更知道戴氏为蒋公所亲信,有他担当,可以上通于天,值得信赖"。

这一段话,分析得还是很恰切的——蒋介石信任戴笠负责指挥策反,汉奸们知道蒋戴关系,只有戴笠策反,他们才肯答应。

八十万伪军归麾下

策反、运用伪军,很重要的一个目的,是用于抗战后的抢占地盘,与共产党争天下——这是蒋介石预先伏下的一着棋。

这着棋由于日本宣布投降而紧急运作起来。

1945年8月12日,重庆军统局本部,戴笠手下的三员大将——毛人凤、王新衡、徐志道正忙于各自的公务,突然,译电员送来了戴笠在安徽歙县洪琴村发来的特急电报。电报说："当此敌寇宣布接受无条件投降之时，我国军尚未能进入全国各重要据点之沦陷地区，本局应立即分别电令各地业有接洽与已联络成熟之可靠伪方军警部队，立即以业奉中央命令出动维持地方秩序，并出示安民，尤其须联合民众防止奸匪进入各沦陷地区，对各该地区之敌军，并负责监视，使其将人员与武器集中，并须予以生活之维持，以静待中央命令之处置；我各地区秘密工作人员，并应立即选派得力人员，协助各当地之有力伪方军警与政治之首脑而与中央有接洽或已接受委任者，切实掌握所部，以全力按照上列指示，切实照办，并与各该地区内中央其他机关同志密切联系，通力合作……同时，我别动军各纵队与本局各行动部队，应立即兼程向附近各重要城市推进，并控制各交通要点，一面监视敌军，一面防止'共匪'。"同时电报指令"由毛人凤将兄弟此电面呈委座，请示一切，以免处置失当"。接到电报后，在毛人凤主持下，军统局立刻忙乱起来，布置戴笠指示的一切。

原来，1945年6月希特勒败亡后，日本侵略者的失败命运已定，时间亦为期不远。戴笠即与中美合作所副主任、美国海军少将梅乐斯赶往东南沿海一带，布置一切。其主要方针一方面是"加强控制伪军与伪组织，运用各种力量，维持地方治安，严防中共破坏，保护交通要道，安抚战俘，协助国军接管"；另一方面是部署在东南的由军统局指挥、操纵的中美合作所各别动军、忠义救国军等游杂部队，尽快抢先进入上海、南京、杭州等各大城市，防止新四军、游击队等人民武装前去受降。戴笠这次行动时，就带去了不少委任状，以发给伪军头目，令其维持当地治安，防止人民军队进入。8月11日，戴笠得悉日本天皇只要保留天皇体制就可投降的消息，马上行动起来。上项电报后，又电令军统局："速根据既定方案，就本局历年所策动伪军125部中之实力较大者，呈请委座给予先遣军名义。其次，则给予纵队或支队名义。"在戴笠的策动与操纵下，各地伪军果然都行动起来了。

与前述抢占京、沪、杭的同时，军统局对华南、华北沦陷区也都采取了运用伪军、汉奸的做法。

华南伪军、汉奸的策反和运用，是从招桂章开始的。招桂章早年曾是蒋介石的同事。蒋介石在粤军总司令许崇智手下时，招桂章是粤军总部的舰艇处处长，时任汪伪政权广州要港司令。1942年10月，招桂章辗转托人，捎给蒋介石一封信，说他当了汉奸是身不由己，现在很后悔，请蒋介石饶恕他，并愿受蒋的驱策。蒋批示："如招某确系接受驱策，许以将功折罪。着军统局派员妥为联系具报。"戴笠受命后，就派姚虎臣与招桂章联系，并特别成立了一个粤海站，设在澳门，专门从事策反招桂章的工作。

1944年4月，军统局粤海站广州组组长苏某派人到澳门报告，说时任汪伪政府海军部次长的招桂章请假回到广州，请粤海站去人联络。粤海站副站长何崇校即化装成商人，在招的老朋友郑卓的安排下，前往广州多宝路昌华街14号招公馆去见招。见面后，何胡诌说："我从重庆到达澳门，是蒋委员长派来见招先生的，他嘱我在见到招先生时代他问候。"招桂章说："桂章堕落成汉奸，蒋委员长不以桂章为耻，竟派人远道冒险来看我，桂章不能不感激。委员长对桂章如有驱策，桂章绝对服从。"于是，何崇校就向招桂章布置，要派一部电台随在他身边，随时提供情报，到反攻时，要防止共产党的武装占据沿海大城市。招都一一承诺。后经何崇校电告军统局。军统局除复电嘉奖外，还命令其继续策反其他伪军高级将领。

1944年8月，招桂章回到广州，重任广州要港司令，军统局特意派了一批人到广州成立光粤站，姚虎臣为站长，专做招的工作。因招与姚合不来，又将粤海站与光粤站合并，改派何崇校为光粤站站长，将姚虎臣调回重庆。

且说姚虎臣在回重庆途中，被日本宪兵逮捕，自称为国军少将，专搞"和平运动"的，并联系过招桂章。当时日军在南洋战事屡屡失利，正在千方百计搞"和平运动"，因而不仅让姚平安通过日军防区，回到国统区，而且鼓励招桂章与国民党方面联络。1945年2月，何崇校就与招桂章商定了如何防止中共军队的方案，并报军统局。军统局批复同意，并电令委任招桂章为广州先遣军司令，是正式委任伪军将领的第一人，其他人则是在日寇投降前夕或投降后委任的。何崇校接到电令后，觉得叫招桂章指挥广州及其附近的伪军，光一个先遣军司令名义还不够，于是，在抄转给招桂章时，有意添了一个"总"字，即为"兹委任招桂章为广州先遣军总司令"。

此后，何崇校又运动策反伪广东绥署参谋长许廷杰、伪三十师团长林建新等。

8月15日，日本正式宣布投降后，何崇校当即运动招桂章与日本南支派遣军司令部参谋长富田和日伪各方通报，并继而控制广州局势。

8月17日，招桂章将伪广东省政府的头面人物找到招宅，由何崇校以中央派遣工作人员的身份宣布："蒋委员长已委招先生为广州先遣军总司令，并成立总司令部，在我中央军未到之前，维持社会治安。"同时，命令各厅长照旧负责，保护财产公物，机关档案，以待国民党中央派人接收。

8月18日，军统局连续发给广东几份电报，转达军事委员会的任命。其中委任伪二十师师长为东宝先遣军司令，三十师师长为广九先遣军司令，四十五师师长为中顺先遣军司令等，都是按其原驻地来任命的。

8月19日，招桂章穿着海军中将服装，在越华路新布置好的总部就职，并大宴宾客庆贺。

迄后，中美合作所别动军及国民党的其他人员、部队相继进入广州。到9月16日，国民党第二方面军司令长官张发奎的中将高参张励率领前进指挥所人员二百余人乘飞机到达广州，先遣军总部结束，招桂章以汉奸罪被判刑十年，许廷杰被判五年。

华北的策动、运用伪军是由军统局驻天津的独立电台执行的。

1944年冬，军统局即命令天津潜伏台台长舒季衡策反伪军，扰乱敌后。舒季衡找到宋梅村。宋是保定军校第一期毕业生，曾任军阀孙传芳部下的旅长、杭州警备司令等职。抗战前，在宋哲元的冀察绥靖公署任参谋长，华北沦陷后闲居天津。舒季衡征得宋的同意后，报请军统局任命宋为少将策反专员。当欧、亚、非战场上盟军开始反攻，轴心国大势已去时，伪军头目惶惶不可终日，急于另找靠山。宋梅村通过关系，与日伪华北绥靖军总司令杜锡钧接上关系。不久，杜调任为伪河北省省长，伪南京政府派门致中继任总司令。宋梅村通过伪华北绥靖军清河军校教育长拉拢门致中下属的各集团军头目，与绥靖军第一集团军、第二集团军、第三集团军、第四集团军、第五集团军、第八集团军、第九集团军司令部都拉上关系。1945年年初，舒季衡则先后与伪青县、沧县、献县、大城县警备队长拉上关系。宋梅村也与伪武清县县长兼警备队长，汉沽长芦盐警队队长取得联络，舒季衡将以上各部报请军统局备案。

日本投降的次日，戴笠就以军事委员会名义，任命门致中为河北先遣军总司令，驻防原地，严防八路军入城。舒季衡接到任命的电报后，即派宋梅村送往北平，并监督门致中举行了就职仪式。两三天后，门致中派一个上校科长和一个秘书随宋到津，要求与军统局直接建立联系。舒即派一电讯人员去北平，设立驻门致中部电台，规定了密码、呼号、波长和通讯时间，由舒季衡通知军统局电讯总台按约定试通。与此同时，蒋介石又通过军统局任命伪华北绥靖军第八集团军司令王铁相为山东先遣军胶东总指挥，未及上任，所部即被八路军胶东部队歼灭。在此前后，军统局先后委任原伪青县警备队长为河北省青沧先遣军司令，沧县、献县、大城县三个警备队队长为其部下团长；原伪新海县县长兼警备队队长为河北省新盐先遣军司令，盐山县警备队队长为其部下团长；原伪武清县县长兼警备队队长为武清县先遣军司令；安次县警备队队长为安次县先遣军司令；原天津惠中饭店经理张鹏飞为唐滦先遣军司令。此外，军统局还派张子奇、刘建华、马步周、康亚夫、李本德、王芝彬、王华甫等多人在华北策动伪军，像孙殿英、孙良诚、郝鹏举、张岚峰等部伪军，都与军统局挂上了关系。

8月21日，国民政府行政院院长宋子文通过舒季衡的电台致电伪华北政务委员会委员长王荫泰，命王在国军未到之前，维护秩序，静待接收。舒季衡、宋梅村还给不少汉奸伪军番号和任命，利用他们维持地方治安，防止八路军和游击队受降。

实际上，戴笠运用伪军，完全是按蒋介石旨意行事的。当日本帝国主义战败投降时，国民党正规部队尚在远离敌人的国统区，一时之间，难以赶赴沦陷区。其游杂部队虽距敌占区不远，但战斗力极弱，指挥系统紊乱，无法和共产党领导的人民军队抗衡。因而，蒋介石一方面严令八路军、新四军在原驻地不动；另一方面运用伪军，防止人民军队受降，并严令日伪军只能向国民党蒋介石指定的军队、人员投降。

1945年8月11日，蒋介石连下三道命令：一是命令朱德总司令"所有该集团军所属部队，应就原地驻防待命"，不得"擅自行动"；二是命令伪军"负责维持地方治安"，并由军事委员会批准由"军统局或就近军事机关，酌给名义"，抵抗人民武装；三是命令国民党军队"加紧作战"，"积极推进,勿稍松懈"。中国陆军总司令何应钦则命令日本驻华派遣军总司令冈村宁次,当人民军队收缴其武器时,日军应"作有效之防卫"。当时,仅由军统局策动,并给予名义负"维持当地秩序责任"的伪军,就有九十七股,八十多万人。除上述上海、广州、北平等地外,还有南京任援道、徐州郝鹏举、武汉叶蓬、开封庞炳勋、泰州孙良诚、归绥李守信、商邱张岚峰等。一般兵力在两万以上,均给予暂编某路先遣军司令名义,其余亦分别给予暂编军、师、纵队、支队等名义。"于是,凡军统局所策动伪军,皆拒绝中共劝诱,并掉转枪口,以对付中共。"在上海、武汉、包头等地,军统局的武装及其所运用的伪军,都曾与中国共产党领导的人民武装进行过战斗,并对中共地下党组织进行破坏。

军统局对伪军的策反和运用,一定程度上抵制了人民军队的受降,为国民党军队进占各大城市,赢得了时间。这一点,良雄的《戴笠传》说得很明白:"唯须知道当时国军,大部分均远在西南与西北,以最速方法行动,亦需相当时间。如新六军空运南京,是在9月5日以后;第四方面军空运上海,亦在6日以后;第十集团军沿汉宜路急驰武汉,7日以后,始陆续到达。东南地区如此,华北更不须说。"事实上,在美国海空军的帮助下,到10月,国民党的军队才控制了华北地区。而这一段时间,很多地方是由军统局运用、控制的伪军"维持",并在后来转交给国民党的。这些伪军的大部分后来即被改编为国民党的军队,一些地方武装,如警备队之流,则改为保安团。

军统局在运用伪军的同时,对于侵占中国八年,无恶不做的日军,也进行联络运用,据良雄《戴笠传》讲,当戴笠听到日军将要投降的消息后,"立即派其干部刘方雄驰赴南京",与日本驻华派遣军总司令冈村宁次密约"在我军未接管前,在京、沪、杭等重要城市日军,如纵容中共进入,或以武器交与中共,中国政府将视彼为第一战犯,尽法惩治。反之,我政府将予以优待,并使其安全返国"。"政府以后给予冈村宁次以遣俘联络官名义,据说亦是出于戴氏之建议。"

军统局在策动日、伪军拒绝中共受降的同时,亦将其所属武力迅速调往日伪区域,进行"接收"。当时部署的情况如下:

京沪方面：

——派忠义救国军温台区指挥官郭履洲，率领所部及海上行动部队与中美所第八班之三个教导营，进占崇明、浦东，扼守上海前门，这支部队，在第三方面军到达后，即改为护路司令部，担任京沪、沪杭两线护路任务；

——派忠义救国军淞沪指挥官阮清源，率领所部，由太湖沿岸，挺进至吴淞一带，在各要地设防，以固上海侧背；

——派中美所参谋长李崇诗，率部挺进至上海市区，协助维护市郊治安，这支部队，纯由中美所第一及第八班学生所编组而成；

——派军统局京沪行动总队，并配属忠义救国军之一部，挺进至南京近郊，以监视中共活动。

浙江方面：

——派忠义救国军杭鄞区指挥官鲍步超，率部推进至杭州近郊设防；

——派中美所第七训练班各班教导营，经淳安推进至沪杭线，相机支援上海；

——派忠义救国军第一、第二两个纵队，沿天目山区要地设防，监视浙西一带中共，并相机支援杭州；

——派忠义救国军第三纵队向沪杭线挺进，准备必要时，再推进至上海市郊，同时，以沪杭行动部队，负维护交通之责。

福建方面：

派中美所第六训练班各教导营，推进至漳厦地区，负责维持厦门一带治安。

华中方面：

——派军统局湘鄂赣区区长唐新，以军事特派员名义，率领该区行动总队，及中美所第二技训班学生，由修水挺进至武汉，督同伪军，维持武汉治安；

——派别动军第二纵队由湖南挺进至鄂南，维护粤汉路南段交通，并为湘鄂赣区之后援；

——派别动军华中指挥陶一珊，率部挺进至长沙近郊，维护水陆交通。

山东方面：

——派中美合作所第三训练班教导营挺进至徐州，维护津浦路交通。

绥远方面：

——派中美所第四班各教导营，协防包头。

华南方面：

——派别动军，向广州、梧州进发。

可以说，国民党方面，最早进入并控制沦陷区的，就是形形色色的军统特务及其控制下的武装和人员，就是戴笠的部下。

戴笠运用伪军和游击武力，为蒋介石抢夺胜利果实又立了一功。

肃奸的"学问"

"所谓整肃汉奸，就是要把曾经参加伪组织、背叛国家、罪行显著的人，逮捕归案，绳之以法，以儆效尤。"这是良雄《戴笠传》上的概括。《戴雨农先生年谱》讲："自敌军投降后，先生奉命统一办理肃清汉奸工作；为国家树纲常，为民族维正气。"

可谓冠冕堂皇，义正词严。

可是，"肃奸为何独责成戴笠？"良雄也说："这种任务，是可以由司法机关承担，亦可以另组机构承办的。责成于一情报机关，显得不合常情，难免不有人以为草率，亦难免不有人以为戴氏揽权。"

其实，蒋介石命戴笠负责肃奸，这里面颇有学问。

自抗战爆发后，蒋介石就开始派人和日伪方面进行"和谈"，其中曾有诱拉陈公博出面，实现重庆与南京"统一"的密议。为此，蒋介石通过戴笠派了大批特务到伪政权方面活动，

汪伪政权建立时的汪精卫和褚民谊在交谈（1940年3月30日）

从华北到华南,从华东到华中,各地军统特务都与伪政权中的政界、军界要人建立了各种联系。说策反也好,说勾结也好,总之,这种活动是事实。抗战胜利,蒋介石又是通过戴笠,委任伪军政要人,运用、控制几乎所有的伪军。其中,最重要的是蒋介石通过戴笠手下的特务,与日伪勾结起来共同反共。

这些活动,抗战时期秘密运用,蒋介石知道,戴笠知道,具体参与的人知道;但人民不知道,社会舆论不知道。于是,抗战胜利,沦陷区百姓高呼"中华民国万岁"、"蒋委员长万岁"。

蒋介石,是一般百姓眼中指挥抗战的领袖。

抗战胜利了,蒋介石不说,戴笠不说,戴笠的部下也不敢说。可是,那些与戴笠联系,为蒋介石出过一点力的汉奸却不能不说。

不说,你就是汉奸,应该逮捕,应该杀头,应该判刑。说了,你就是"地下抗战"的英雄,不仅无罪,反而有功。

可是,蒋介石却不能让他们说。试想:如果人们知道了"蒋委员长"身在抗日行列,却与日伪频送秋波,人们眼中的汉奸是蒋介石的"英雄",人们会怎么看,人们会怎么说?

那时,蒋介石在人民的眼中,还能是指挥抗战的领袖吗?人们还会高呼"蒋委员长万岁"吗?

因此,不能让这些人说话。让他们进监狱,让他们死,都可以,反正他们已经对蒋介石没用了。但就是不能让他们说话,更不能让他们说真话。

用司法机关,或成立一个其他机构惩治汉奸,蒋介石都信不过。

于是,蒋介石又选中了戴笠。因为戴笠可信;因为戴笠能"秉承领袖意旨,体念领袖苦心";因为戴笠了解每一个与蒋介石一方有联系者的情况,自能掌握"分寸"。

戴笠,是能为蒋介石处理好这一事情的最佳人选。

当时,蒋介石决定的肃奸原则有以下几点:"因为东北地区,情形特殊,对于伪满人员,一律不咎既往。其他地区,亦本'首恶必惩,胁从罔究'之旨,从宽处理。逮捕奸嫌,一律送交法院审理定罪。"

戴笠受命后,马上在军统局组织了一个肃奸委员会,并研究制定办法:

"（一）中央肃奸范围，以全国二十五个大城市为度，分别设立肃奸分会，主持其事。（二）以外地区之肃奸工作，责令各地方政府依法办理。（三）军统局所属各地工作单位，一律加强调查，搜集证据，但非奉命令，不得擅行逮捕。（四）请政府指定法院，集中审理汉奸案件。（五）属于汉奸所有财物，一律交由'敌伪财产管理局'处理。（六）对于经过策反，归命政府，与掩护协助工作的伪方人员，由军统局依据事实，为之证明。"

蒋介石的原则和戴笠的办法，看起来似乎都很正规，实际运用起来，却有很多奥妙。比如：何为必惩之首恶？何为罔究之胁从？如何从宽？均应经军统局"调查，搜集证据"才能确定。提供证据权，证明"地下英雄权"也就是汉奸的生杀予夺权。

肃奸一般分为三个步骤，一是逮捕，二是审判定罪，三是执行。逮捕之权在戴笠之手；"依法"审判要有证据，提供证据之权也在戴笠之手；执行之中，一些个别汉奸的关押亦在戴笠之手。

在戴笠之手，就等于在蒋介石之手。因而实际上是由蒋介石全面操纵，戴笠具体执行。况且还有一条：就是经过"策反"、"运用"的汉奸，军统局可以"提供证明"，这几乎就是把肃奸大权全部交给了戴笠，有极大的伸缩性了。

戴笠逮捕汉奸，也确实是费尽了心机。先是运用汉奸，维持地方治安，阻止人民武装受降，同时表示中央会对他们"宽大"，稳住汉奸心神，使他们死心塌地地为蒋介石效力。待国民党已经控制局势后，采取突然袭击方式，一夜之间，将上海、南京等地汉奸一律逮捕。对广州的陈璧君、褚民谊等则采取欺骗手法，"邀请"他们去重庆，赴机场途中秘密逮捕。

北平汉奸的逮捕更富戏剧性。1945年12月16日，北平的重要汉奸首领接到了伪华北联合准备银行行长汪时璟的请帖，说要设家宴款待各位。这些汉奸平素与汪均有较多交往，未疑有他，欣然赴宴。正当他们酒酣耳热之时，戴笠突然出现在宴席之上，身后站满了全副武装的军统人员，戴笠宣布"入席诸位被捕，生活上已奉命作好安排。希望安心守法，听候国法之审理。家属不受株连"等语，当即押送东城炮局胡同监狱。被捕的有王克敏、王荫泰、王揖唐、齐燮元、曹汝霖、周作人、唐仰杜、苏体仁等人。

逮捕之后就是审理。这对蒋介石来说，是一件难堪的事，因为许多汉奸都与蒋介石有过联系，他们为了保全自己，自然会供出自己如何与重庆联系，如何为重庆工作等。他们中有很多人因为拿出了当年与重庆联系的证据，供出了与重庆联系的情况而被很快判处死刑灭口，如陈公博、缪斌等。而一些次要的汉奸因与戴笠拉上了各种关系而保住了性命，如周佛海、汪时璟等。

经戴笠之手逮捕的汉奸共计四千六百九十二名，但还有许多汉奸因为买通了戴笠而逍遥法外，甚至还有官运亨通，受到重用者。这又是符合蒋介石的"宽大"精神的。蒋介石也曾命戴笠将伪蒙疆自治政府的头号蒙奸德穆楚克栋鲁普、大汉奸李守信等用专机护送重庆，面见蒋介石，以备反共之用。

肃奸，蒋介石编导了一场"双簧戏"，而戴笠则是其中的主角。

十三　命者？时也！

戴笠不得好死

1946年3月17日。上海，一个罕见的恶天。

狂风挟着暴雨，猛烈地扑打着、摇晃着这座刚从日寇铁蹄下收复半年的东方商埠。

乌云，漆黑如墨；大地，一片迷茫。

午后1时。高空不停地回荡着一个电波："机场、机场，我是航空委员会222号专机，请求降落，请求降落！"一遍一遍地呼叫，上海机场没有回答。222号专机只好转向它飞。

稍后，北平机场接到电讯，说222号专机将折返青岛。继而，又说正在南京上空，准备穿云下降。

且说南京此刻也正是阴云密布，能见度只有二百米，还伴有阵阵雷雨。飞机坚持要降落，南京机场通报后只好打开战时跑道——跑道两侧设有油槽，将油倒入槽内点燃，两旁一线通明，从高空即可看清。准备好后，机场想通知飞机降落，但怎么呼叫也联系不上——

中华民国航空委员会D·C·47型222号专机去向不明。

机上，坐着军事委员会调查统计局局长戴笠。

这一天，中国的历史上记载着这样两件事。

一、中国国民党六届二中全会在重庆举行第十九次大会及闭幕式。戴笠座机失去联络时，"蒋委员长"正以国民党总裁身份在闭幕典礼上致词。据《中国国民党第六届中央执行委员会第二次全体会议记录》记载：第十九次大会于该日下午1时15分散会，"休息十分钟后，继续举行闭幕典礼，总裁主席并致词，随即礼成，全会至此圆满闭幕"，这次全会确定了彻底推翻政协决议的方针。

二、中国共产党代表周恩来将军、美国总统特使马歇尔的代表吉伦将军、中国国民党代表张治中将军就东北停战问题正在举行谈判。

却说戴笠原定17日飞到上海，18日在沪主持军统局上海办事处总理纪念周后，即飞返重庆。

专机于17日上午11时45分离开青岛沧口机场，到下午1时6分与南京机场失去联络。首先是京、沪机场急电航空委员会，分电各机场查询，并派出两架飞机四处寻觅。与此同时，军统局上海办事处也已收到青岛站关于戴笠何时起飞、何时到达的通知，左等不来，右等不来。到了下午4时，再也沉不住气，乃电军统局南京办事处，并向有关方面查询，均无结果，乃急电重庆军统局本部。

军统局主任秘书毛人凤得此消息后，十分震惊，一方面令军统局总台的二十多部电台全部开放，搜索专机电讯；另一方面急电有关地方的军统组织查问，仍是杳无音讯。

18日清晨，毛人凤急忙跑到蒋介石的官邸报告，蒋介石一听，非常着急，亲询航空委员会主任周至柔，命他马上派飞机沿途查找。并命毛人凤选派将级特务一人，带电台、报务员和医生，乘专机寻找。指令"一定要把戴笠科长找回来"。当毛人凤领着军统局总务处处长沈醉去见蒋介石时，"老头子"亲自写下了"无论何人，不许伤害戴笠，应负责妥为护送出境，此令"的手令，并加盖公章。

正当沈醉等人练习跳伞，准备第二天乘专机去寻找时，南京方面来电，说发现一架失事的飞机，可能就是戴笠的座机，正在调查中。

原来，就在18日清晨，周至柔奉蒋介石之命，派出八架专机寻找的同时，军统局南京办事处的特务们全体出动，在南京附近展开搜索，没有结果。19日，南京办事处主任刘启瑞与李人士兵分两路，继续寻找。刘启瑞与夫人高东平、戴笠的原勤务兵贾金南沿京芜线前进，傍晚到达江宁县板桥镇，听农民说，附近山中曾有爆炸声，并有火光，在区公所见到捡获的手枪两支，军统局人事处处长龚仙舫的图章一枚。于是，急忙以火把照明，踏着泥泞山路，向山坡上搜索。到了山顶，见尸体横陈，已烧成黑炭。于是，一面派人守护，一面向上级报告，并组织调查、收尸等事宜。

该事发生后，上海《申报》曾派特派员前往现场调查。3月25日，《申报》以显著位置刊登新闻，其标题为，"军委会调查统计局长戴笠将军确已遇难乘机误触南京马鞍山"。

据该报报道：由于在现场发现戴氏手枪，行李钥匙，并在焦炭中寻得形似戴笠所戴的金牙而确定出是戴笠，"该尸脑骨破裂，一手亦毁"。运回南京后，因尸体早已残缺不全，不成人形，于是"用丝棉分装上下部，凑成整体，冠以礼帽，覆以绸衾，然后入殓"。

戴笠死了。戴笠没有得善终。

戴笠死于飞机失事。这本已成为定论。军统局、航空委员会经过调查后，都认定是飞机撞在山上"坠毁"，《申报》特派员也在调查后得出结论，是"误触山顶失事殒命"。可若干年后，却又出现了两种新说法。

其一，唐人先生在《金陵春梦》一书中说，戴笠所掌握的武装特务的战斗力已超过蒋介石军队的战斗力。于是，在陈果夫的怂恿下，由蒋介石下令，陈果夫筹划，以一个飞行员配给戴笠，有意撞山，暗杀戴笠。

其二，《文摘旬刊》第289期转摘车学樟推荐的，载于1988年12月17日《周末》上的一篇文章，说，据"一位当年曾在军统干过事的旅日华人×君"披露，戴笠是由军统局平津办事处主任马汉三指派刘玉珠赶到青岛，以军统局督导员身份，以检查飞机安全状况为名登上飞机，把一颗经过伪装的高爆力定时炸弹塞进一只木箱，后因定时炸弹爆炸，飞机坠毁。

这两种说法都不能成立。

第一，蒋介石当时不可能有杀戴笠之心，反而正是最需要戴笠的时候。戴笠所控制的特务武装为抗日时期的忠义救国军，中美合作所别动队及一些游击武装，抗战结束后编入交通警察总局，共十八个交警总队，六万四千人。这些武装全部美式装备，经过美特训练。装备、素质确属蒋军中的上乘，但它没有重武器，没有装甲部队，说它能把蒋介石的二百万正规军消灭，实在过于牵强。况且，蒋介石用人，从来都是制衡原则，给你重权者不给你地位，给你地位者不给重权。戴笠虽有重任重权（实际上也受到严密制约，并非如人们所演义的有生杀予夺大权，他杀一个人，也得蒋介石批准），但武职不过少将，党里不过一普通党员。连"中委"都不是，为了"体念领袖苦心"，常常受国民党中三流人物的气也得忍着，如何与蒋介石抗衡？况戴笠死时，国民党已通过其六届二中全会确定了撕毁政协决议的方针，步步向中共紧逼。可以说，剑拔弩张，就要大打出手了。

而与中共斗法，戴笠确实是难得的"良才"——两大特务组织中，中统头目徐恩曾因反共不力被蒋介石手令撤职，"永不录用"，继任者叶秀峰虽百般表现，却一时连中统内部都难以统一，哪里还有大手笔。唯有戴笠久经反共，经验丰富，系统庞大，如臂使指，所以后人曾说：假如雨农不死，大陆不会如此迅速"变色"。此语虽有夸张——国民党统治的崩溃，在于它失去了民心，在于它违背了历史发展的规律，在于它内部的种种矛盾无以自解，一个戴笠何能回天？但在反共问题上，戴笠是无可取代的"高手"，却是毫无疑问的。所以，蒋介石在最坚决反共的时候，也就是最需要戴笠的时候。况且，戴笠并没有专机，每行都是航委会派机，势不能将预先安排的"死士"指定配给戴笠。据记载，此专机上的一位一级飞行员毕业于中央航校第七期轰炸科，两位三级飞行员分别毕业于军校十七期航校十五期和军校十八期航校十六期，根本无唐人先生所说毕业于美国航校的人。可见，唐人先生之说不成立矣。

第二，马汉三派刘玉珠送炸弹之说，漏洞更大。一是戴笠行动极为诡秘，具体行程只有毛人凤几个高级特务知道。如果戴笠已经想收拾马汉三，他就更不会对马透露他行动的具体时间。二是戴笠在青岛起飞，安全即使不由自己卫士负责，也应由青岛站负责，刘玉珠是北平区人，根本无理由上机检查安全。三是定时炸弹的定时至为关键。×君说，戴机10时多起飞。那么青岛到上海仅一个小时，炸弹自应定在12时前爆炸。而事实上，戴笠是11时45分起飞，1时6分以后出事。最后，如果机舱中的"高爆力定时炸弹"爆炸后，飞机坠毁，那么机舱中的人势必早在炸弹空中爆炸时，已一命呜呼。但《申报》特派员调查后说："据附近居民谈，当时曾闻及凄惨之喊叫，唯以机中子弹爆炸，不敢近前营救。"半空中死了的人如何能到地下还有"凄惨之喊叫"？可见定时炸弹说之妄。

唐人先生与×君之说，都顺应了人们的良好愿望——反动派内部矛盾重重，互相斗杀；也适应了近年来一般人的一种心理——反传统，反定论。把天翻过来才好，才是一种新说，而新说必定是比旧说吃香的，因而也是比旧说合理的。

然而，良好愿望也好，新说也好，却改变不了已成的事实：

——1947年3月15日，戴笠由北平去天津机场，飞济南；

——3月16日，由济南飞青岛；

——3月17日，上午11时45分由青岛沧口机场起飞；

——下午1时许，在上海上空盘旋，因暴雨不能降落，转飞南京；

——1时6分，向南京机场呼叫，请求降落，因能见度极差，降落途中触山焚毁。

蒋介石哭了

戴笠死了。

据美联社报道："可靠方面说，蒋委员长闻悉他的可靠的股肱死讯时哭了。"

作为乱世中一统中华的政治家、独裁者，蒋介石性格刚毅、冷酷、鲜动柔情。他早年亲刺陶成章，一统江山后，又杀邓演达、杨杏佛、史量才、韩复榘；"四·一二"政变后，千百万共产党人和革命志士在他的屠刀下血流成河；抗日期间，决黄河大堤，灾民颠沛流离，尸身枕藉；长沙大火，亲信弟子酆悌一命替罪……凡此种种，他一念即定，挥手即行，似乎连眉头都没皱一下。

可是，戴笠的死讯使他流下了泪水。

他为痛失股肱而哭："心伤天丧，五内俱煎。"

他为自身江山而哭，因为戴笠"雄才冠群英，山河澄清仗汝绩；奇祸从天降，风云变幻痛予心！"

在他的部下中，能使蒋介石如此动情的，恐怕寥寥无几，甚或仅戴笠一人矣。

戴笠死了，官方报纸一段时间内只字不提，其他媒介却竞相报道。

1946年3月25日，延安《解放日报》以"国民党特务头子戴笠坠机毙命"为标题，摘登合众社、美联社的报道与评述。

合众社称戴笠为"中国秘密警察首脑"。说他是"中国的神秘人物，以残酷无情著称。对于他的生平，实际上无从获悉，仅最近才获得他的照片。因为极巨大的盖斯塔波（即盖世太保——引者）的权力而受到许多人的恐惧和憎恨，常常引起与希姆莱相比……他名义上是军委会调查统计局第二号领袖，实际上是全世界闻所未闻的最秘密组织之一的首脑"。

美联社称他为"中国秘密警察头子，战时中美合作组织首领，传奇性的戴笠将军"，说他之死"似乎完全与他活着时候一样的神秘……"

1946年4月1日，中共主办的喉舌——重庆《新华日报》以"中国的希姆莱死了"为题，报道了戴笠的死讯。

文中称戴笠为"中外闻名的老牌特务头子"。在转述了《申报》有关当时情况的报道后，余恨难消地写道：

"可是，今天——

"戴笠——尝到了走头无路永世不得翻身的滋味。

"戴笠——尝到了火烧与子弹爆炸的滋味。

"戴笠——今天，发出了'凄惨的叫声'。

"戴笠——今天，尝到了恐怖与死亡的滋味。

"在墨索里尼被枪毙，希姆莱被捕服毒的消息以后，这个消息真值得大字标题：'大快人心！'"

针对官方报纸只字不提的情况写道："一只恶狗害人太多了，死后连豢养者也不好意思公开哀挽的。"

"戴笠死得太便宜了！"

也许是共产党的抨击激怒了蒋介石；也许是国民党直到6月才下定与共产党血战到底的决心；抑或是国民党高层内对戴笠的褒贬不一，难下定论。总之，戴笠死后，国民党官方很沉默了一些时候，却又突然给戴笠极大的"殊荣"。

1946年6月11日，国民政府明令褒扬戴笠的"丰功伟绩"："故军事委员会调查统计局局长戴笠，智虑忠纯，谋勇兼备，早岁参加革命，屡濒于危。北伐之役，戮力戎行，厥功甚伟。抗战军兴，调综军事情报，精勤益励，用能制敌机先，克奏膺功。比以兼办肃奸工作，不遑宁处。讵料航机失事，竟以身殉，缅怀往绩，痛悼良深。该故局长应予明令褒扬，着追赠陆军中将，准照集团军总司令阵亡例公葬,并交部从优议恤。生平事迹,存备宣付史馆,用示政府笃念勋劳之意。此令。"

继而,隆重举行祭奠活动。

6月12日,南京中山东路357号的门口,素车白马,都来公祭戴笠。

祭堂中央置戴笠遗像,上悬蒋介石手书"碧血千秋"四字。国民政府褒扬令刊于灵旁。挽联花圈置灵堂内外,极一时之盛。

上午9时,国民党总裁、国民政府主席、国民政府军事委员会委员长蒋介石身穿戎装,与宋子文、白崇禧、贺耀祖、刘健群等在哀乐声中步入灵堂。上香,献花圈后,宣读祭文曰:

> 维中华民国三十五年六月十二日,国民政府主席蒋中正,谨以醴酒香花,致祭于戴故局长雨农同志之灵曰:呜呼!笳鼓频喧,兵祸犹延,匹夫有责,共扫腥膻。胡期一朝,殒此英贤,心伤天丧,五内俱煎。忆昔黄埔,君受陶铸,天资英敏,慧眼独具。志虑超群,先迈骥步,蹑险履危,靡有瞻顾。洎乎北伐,乃效前驱,出没虎穴,妙应戎谋。安澜江表,多所询予,剖疑陈筹,参从弥劭。乃维纪纲,车航重劳,

蒋介石亲自出席戴笠的葬礼

刺微入隐，洗髓伐毛。牛角紾昔，刮磨勤究，奇谋密运，葆就炎徽，胜算曲逮，远绥朔辽。蜗角蛮触，于莺渐消，事葳而思，厥功丕昭。抗倭军兴，咸惧将压。料敌除奸，庙谋咸洽。财蠹政螫，无远不察，以振颓风，以正国法。爱寄股肱，干济中枢，素蝇直道，民颂来苏。更勤捍卫，别出鸿图，荡决之功，埒于虎符。友邦刮目，誉为奇谋，庶绩之茂，堪冠吾徒。介节皎然，持躬寅亮，名位数颁，均表谦让。美德高风，为世所仰，勖勉十恩，补天是望。薄言凯旋，洞察遍访，肃奸捕逆，大义所尚。中道云殂，口存心想，皓月孤光，繁星昭朗。悾念时艰，深哀吾党，唯君之死，不可补偿。忠勇足式。益以谦光，以此策励，宣垂史章。褒功崇德，民不能忘，清酒爰奠，来格来尝。

尚飨！

由于蒋介石亲临致祭，把戴笠的丧事推向了最高峰。

6月14日，戴笠尸棺移往紫金山灵谷寺。据说送行者不下数万人，并多处设路祭。

在此前后，国民党各地方当局亦纷纷举行公祭，其时间、主祭人、规模如下：

地点	时间	主祭人	规模
北平	4月13日	李宗仁	六千二百人
济南	5月17日	何思源	四千三百人
贵阳	5月17日	杨　森	四千七百人
武汉	5月19日	程　潜	八千人
重庆	5月20日	王缵绪	六千三百人
成都	5月20日	张　群	五千四百人
南昌	5月25日	王陵基	三千七百人
上海	5月26日	杜月笙	八千二百人
合肥	5月30日	李品仙	三千二百人
无锡	5月30日	汤恩伯	四千人
兰州	6月2日	谷正伦	三千二百人
广州	6月14日	罗卓英	四千人

福州	6月14日	刘建绪	三千八百人
徐州	6月26日	薛　岳	三千六百人
昆明	5月20日	卢　汉	四千二百人

……

但是，尽管国民党蒋介石把戴笠抬得极高，吹得白璧无瑕，却限于当时的情势，不能说他最大的"功劳"——反共，而只能说他北伐，说他抗战，说他肃贪肃奸……

这，恐怕也是蒋介石的一大遗憾吧？

而国民党的党政军高级官员事实上也都是戴笠为蒋介石监视的对象，格于蒋介石的威权，却不得不出面祭奠这个平常侧目而视的特务头子，有多少出自真心，又有多少出自应付，恐怕也只有他们自己心里才清楚了。

1946年8月的一天，国民党的"至尊"蒋介石冒着酷暑，亲自为戴笠寻找墓地。

1947年3月4日，南京政府将戴笠公葬于紫金山麓"国民革命将士公墓"，墓碑由吴铁城所书"故戴笠中将之墓"七字。沈醉在《我这三十年》中写道："戴笠的墓地是蒋介石亲自选定的，是我亲手为之营造的。当时军统局主任秘书毛人凤担心戴笠的棺材会被人打开鞭尸，就叫我设法弄得特别结实。我特意让人用水泥渣搅拌灌在墓穴里，使棺木与整个墓穴结成为一大块，这样便不容易把棺木打开了。1949年，毛人凤与许多大特务研究，想设法将戴笠的尸体掘出火化，带往台湾，以免落入共产党手中，被粉尸碎骨。只因修得太坚固，非用炸药不能将那几尺厚的水泥炸开，而且，即使把坟墓炸开了，

抬着戴笠遗像的送葬队伍行走到南京中山陵烈士陵园时的情景

尸骨也会被炸成粉末，研究的结果，只好决定不动。"

南京解放后，在各界人士的强烈要求下，这个特务头子的坟墓终于被掘毁。

命者，时也！

1946年，戴笠死了，蒋介石为痛失股肱而哭。三年后，蒋介石为痛失大陆而黯然泣下。蒋介石、戴笠都迷信。

蒋介石第一次下野，太虚和尚说他是"飞龙返渊，腾骧有望"，果然不久东山再起。1949年第三次下野，回到溪口后，蒋介石又去求签，却求出个"大意失荆州，关公走麦城"几个字来。于是，蒋介石失去了大陆。

戴笠发迹后，曾命手下去他家乡探求：为什么他的家乡出了几个大官，却都不得好死。这个部下到江山考察了一番后得出结论：江山的山脉从仙霞关向北绵延，气势雄壮，可是到了石门，山势突然中断，自然象征着大人物不得善终，戴笠深以为然。

实际上，地形地势有它的形成原因，社会兴替更有自身发展规律。戴笠不死，凭他个人及几个特务，也绝不会阻挡住历史前进的车轮，而且他自己当时都是自身难保。政协会议时，蒋介石已命戴笠筹划改组军统局，并推荐别人担任主要职务，实际由戴笠控制。其后，国民党内反对军统局的呼声日高，毛人凤致电戴笠"谨防端锅"，可见其下一步之艰难。至于蒋介石痛失大陆，自有更多的主、客观原因，论者探讨多多。绝非什么求签、算命所能预测、决定。

戴笠之死，巧也。

蒋介石之败，时代也。